花文廷教授纪念文集

德风沐蕙　花馥长馨

文集编委会◎编

北京大学出版社
PEKING UNIVERSITY PRESS

图书在版编目(CIP)数据

花文廷教授纪念文集 / 文集编委会编. -- 北京 : 北京大学出版社, 2025. 7. -- ISBN 978-7-301-36568-7

Ⅰ. K825.46-53

中国国家版本馆 CIP 数据核字第 20258LU752 号

书　　名	花文廷教授纪念文集 HUA WENTING JIAOSHOU JINIAN WENJI
著作责任者	文集编委会　编
责任编辑	王树通
标准书号	ISBN 978-7-301-36568-7
出版发行	北京大学出版社
地　　址	北京市海淀区成府路 205 号　100871
网　　址	http://www.pup.cn　新浪微博：@北京大学出版社
电子邮箱	编辑部 lk2@pup.cn　总编室 zpup@pup.cn
电　　话	邮购部 010-62752015　发行部 010-62750672 编辑部 010-62764976
印 刷 者	北京中科印刷有限公司
经 销 者	新华书店
	880 毫米×1230 毫米　A5　10 印张　16 彩插　250 千字 2025 年 7 月第 1 版　2025 年 7 月第 1 次印刷
定　　价	100.00 元

文集编委会

花文廷(1935.2.26—2021.2.14)，江苏沭阳人，有机化学家，中国共产党党员，北京大学化学与分子工程学院教授，有机化学专业博士生导师。1962年毕业于北京大学化学系，遂留校任教，历任北京大学化学系党总支书记、校党委常委、校党办主任、科技开发部主任、自然科学处处长、北京大学副教务长、研究生院常务副院长等职。

花文廷享受国务院颁发的政府特殊津贴，自1972年《化学通报》复刊后长期担任副主编。在完成党政工作的同时，他一直坚守在教学和科研第一线，共培养出数十名博士、硕士研究生。其科研方向为杂环化学和药物合成，主要从事新型大环的合成、结构和光电性能研究，先后合成血管紧张素转化酶抑制剂、非甾体消炎镇痛药、增智健脑药等十余种二类新药，获四项发明专利。在五员杂环的合成和结构的系列研究中，提出了一种标识芳香性的新方法，发现了一个具有实用意义的新反应；在大环化学研究中，合成了一类新型的具有导电性能的全共轭平面大环，同时还发现了一类新型的强荧光剂，它们可望成为一种优良的光电材料。主要著述有《杂环化学》和译著《现代合成反应》等；发表论文89篇，专利4篇，会议论文8篇。

《杂环化学》（邢其毅院士亲笔为该书作序）出版于国内杂环化学参考书还很缺乏的 20 世纪 90 年代初，为推动和发展我国的杂环化学和药物研究做出了重要贡献

花文廷 2004 年受聘为全国科学技术名词审定委员会委员，负责《化学名词》一书中杂环化合物名词的定义与命名

1962 年毕业后留校，在有机教研室任助教。图为正在指导本科生毕业论文（1965）

阿尔巴尼亚留学生 Tahir Elezi 和他的几任指导老师（李安模，左一；童沈阳，后；花文廷，右二；郭国霖，右一）办公楼前合影（1975-03）

Tahir Elezi 和化学系各学科指导老师校门合影（后排左一为花文廷，1975-03）

Tahir Elezi 和老师们在一起（1975-03）

出席会议的北大教师有：周培源（一排左三）、邢其毅（次后排右二）、张龙翔（二排右三）、文重（二排右二）、季爱雪（二排左四）、李崇熙（后排右四）、叶蕴华（二排左六）、花文廷（后排左二），还有先后调离北大的陆德培（次后排左二）和施溥涛（后排左四）

20 世纪 80 年代末，参加国家自然科学基金委在昆明召开的天然产物重大项目会议期间合影（左起依次为兰州大学的贾忠建和北京大学的邢其毅、花文廷、李明谦；会上，邢其毅院士主持“我国独特的丰产的若干天然产物的研究”结题）

花文廷（二排左三）任校科技开发部主任期间参加徐光宪院士（二排右三）的稀土团队在北大勺园召开的“上海跃龙项目鉴定会”后合影（二排右二为李标国教授；前排右二为读博期间的严纯华，鉴定项目是其博士论文的核心内容之一）（1986 年冬）

花文廷主持《化学通报》第六次全国编委会会议（1986-11，重庆）

花文廷（右二）、谢有畅（右三）和李崇熙（左二）到重庆出差，与黄伟锐（右一）、骆诗宏（左一）于解放军工程学院合影（1986）

花文廷（前排左二）与指纹公司中美双方成员合影（摄于洛杉矶，前排左一为北京大学石青云院士，左三为美方殷大年先生）

陪同丁石孙校长（右二）赴美国加州考察北京大学与美方合资的指纹公司，会见美方 殷大年先生（左二）（1988-05-22）

北佳公司（北大方正第一个中外合资公司）第一届董事会合影，我方董事为陈佳洱董事长（左四）、王选（左一）、花文廷（右二）、楼滨龙（左三）（1988-06-03）

楼滨龙总经理（左一）陪同陈佳洱校长（右一）和花文廷视察方正集团后合影

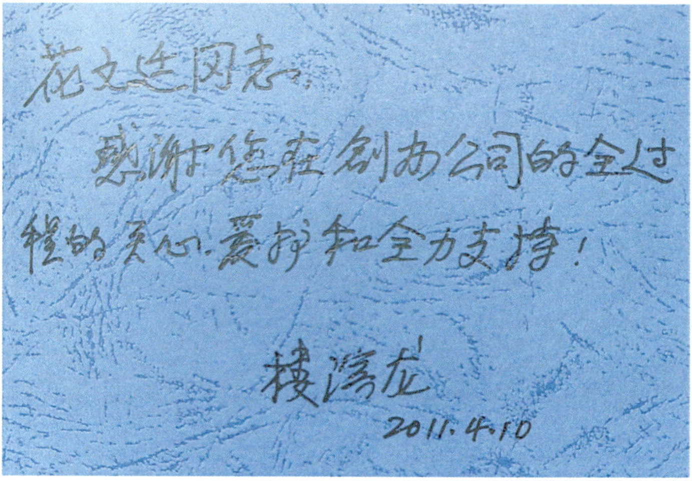
范文迭同志：
感谢您在创办公司的全过程的关心、爱护和全力支持！
楼滨龙
2011.4.10

北大方正集团总经理楼滨龙赠送其著作《北大方正创业回忆》，并于扉页题词致谢

外出参加会议期间留影（1989-09-30）

在美国硅谷地区考察（1990）

丁石孙校长（左二）会见北大方正港方合资人张铠卿（右二，北京大学名誉教授）（1990-08-07）

主持高等院校“科技法学和科技法制建设理论讨论会”（1990）

主持高等院校“科技法学和科技法制建设理论讨论会”，并在会上发言（1990）

北京大学党委书记王学珍（后排左四）出席校科技开发部主任花文廷（前排左三）主持的计算机系（前排左二为杨芙清院士）及图书馆与美国 HP 公司签署开发软件协议仪式（1991）

花文廷（后排右二）与张榕森（右三）、周其凤（右一）、李崇熙（左二）和杨培增（后排左一）为邢其毅院士祝贺八十寿辰（1991-11-24）

在大友公司成立庆典上讲话（1992）

与课题组蔡潮钟合影于十斋（1993）

花文廷与其课题组成员合影（1995-06-27）

花文廷与其课题组成员合影（1995-06-27）

花文廷课题组郑胜平（左四）硕士毕业论文答辩（1996-06）

有机教研室全体人员与张滂夫妇合影（1997-08-25）

在化学系 1956 级贺北大百年华诞聚会上讲话（1998-05-04）

花文廷（右一）应邀参加南开大学元素所 1996 级博士生毕业论文答辩（1999-06-04）

花文廷（右一）课题组谢伦嘉（前排右三）博士论文答辩委员会合影（1999-06）

在化学楼前与课题组王树（硕博连读）合影（1999）

课题组师生于新图书馆前合影（1999）

花文廷（左四）应邀参加中国科学院大连化学物理研究所陈惠麟（右四）指导的博士论文答辩会（1999–11）

花文廷（左三）参加何美玉（左一）指导的何江涛（后排右一）硕士毕业论文答辩（2001-06-14）

有机教研室党支部成员合影（前排右二为花文廷，2001-10-07）

花文廷赴杭州参加“第二届全国有机化学学术会议暨庆祝邢先生90华诞报告会”，会后与叶蕴华教授（中）同往南京，看望曾在北大共事多年的中国药科大学夏霖教授（2001-11-07）

花文廷（右二）与有机教研室同事一起祝贺邢其毅院士九十寿辰（左一为时任教研室主任王剑波教授，2001-11-23）

李正德、王鸿年、花文廷和高宏成在他们曾经住过的十三斋前合影留念（2002-02-02）

花文廷（右一）与同窗好友王鸿年（左一）、高宏成（左二）、李正德（右二）在家中合影（2002-02-16）

花文廷课题组陈晓（系领带者）博士毕业论文答辩（2002-06-06）

花文廷、陈晓（左一）与杜大明（右二）课题组合影（2002-06）

花文廷、陈晓（后排右一）与杜大明（左二）课题组合影（2002-06-08）

与参加授学位的陈晓（左一）和曲朝晖合影（2002-07-09）

花文廷（左一）与南开大学刘育教授（左二）等，在西安参加“全国第十一届大环暨第三届超分子化学学术研讨会”期间，应邀赴陕西师大参加座谈会（2002–09）

参加“著名化学家、教育家傅鹰先生诞辰100周年纪念大会”后合影（2002–10）

北京大学化学系 1956 级入学五十周年五班同学合影（二排左一为花文廷，2006）

花文廷(右二)、高宏成夫妇与到京出差的孔渝华（左二）在畅春园餐厅合影（2006）

花文廷授聘于华烁科技公司，担任湖北某重点实验室专家委员会副主任，在第一次会议上讲话（2012）

花文廷（左五）、孔渝华（左六）和与会专家合影留念（2012）

化学与分子工程院为离退休人员祝寿（时值其80岁，2015重阳节）

吴海臣（右一）陪同回国探亲的陈晓到大兴区原生墅看望导师（2016 春节，摄于地铁四号线高米店南站）

国庆假期，祖孙三代结束南京之行时，与花文秀（右二）夫妻合影（右一为花子叶，2018-10）

与孙儿花静桐摄于昆明滇池草海湿地公园（2019 春节）

目　录

上篇　先生文稿

下篇　永远的怀念

逝世

同窗学友的怀念

莘莘学子的怀念

上篇
先生文稿

花文廷个人资料

（一）履　　历

1935	2 月 26 日（农历正月二十三）出生
1941—1942	在邻村读私塾
1942—1944	进严荡小学（“洋学堂”）读小学二年级，三年级
1944 冬—1947 夏	因为战争辍学，“跑反”，做农活，1944 年（九岁）冬天被日伪抓去坐牢，后被地下党救出
1947—1948.07	在本村上小学，并于 1947 年 6 月加入共产主义青年团（处于地下，尚未公开）
1948—1950.07	在涟水县王庄小学读高小，任团支部委员（1950 年年初共青团公开）
1950.09—1953.07	在江苏省立淮阴中学读初中
1953.09—1956.07	在江苏省立淮阴中学读高中，于 1956 年 4 月 9 日加入中国共产党
1956.09—1960.05	在北京大学化学系读书，任年级党支部委员和系总支干事
1958—1959	参加科研“大跃进”，赴湖北咸丰县参加“大炼钢铁”
1960.05—1962.09	在北京大学化学系有机化学教研室做预备师

	资,同时跟原班同学上课修完全部课程;并任党支部委员
1962.09—2002.09	毕业后继续留校工作
1962.09—1965.10	任有机教研室党支部书记
1964—1965	(中央派社教运动工作队进北大,开始社教运动;参加国际饭店会议)
1965.10—1966.06	在北京石景山公社参加农村社教,任石景山公社北大工作队负责人
1966.06—1969.08	参加"文化大革命",作为"黑班底"被批判
1969.08—1970.02	在江西省鄱阳湖畔的鲤鱼洲农场劳动
1970.02—1970.06	参加北京大学制药厂建厂劳动,完成四咪唑的小试、中试和生产,并给转业军人上化学基础知识课
1970.06—1974.06	调回化学系,任教改组副组长(1972年"反回潮"运动中被作为现行反革命批斗)
1974.06—1976.12	在化学系工厂劳动,烧锅炉,后又参加产品小试;后期任二车间主任
1976.12—1978.01	任化学系运动领导小组组长
1978.01—1980.06	任化学系临时党总支书记
1980.06—1983.06	化学系党总支书记,校党委委员
1983.06—1984.05	校党委常委,党办主任
1984.05—1994.05	校党委常委,副教务长
1984.05—1986.06	校党委常委,副教务长,自然科学处长,科技开发部主任
1986.06—1992.10	校党委常委,副教务长,科技开发部主任等职
1992.10—1994.06	校党委常委,副教务长,研究生院常务副院长等职

1994.06—1998.09	化学院教授，博士生导师，学校学术委员会理科分会委员，化学院学术委员会委员
1998.09—2002.07	化学院教授，博士生导师，化学院学术委员会委员
2000.09.01	办理退休手续，返聘两年
2002.09	正式退休

（二）教学工作简历

1960.05—1962.09	化学系有机教研室预备师资
1962.09—1966.06	有机教研室助教；基础有机化学习题课和实验课教师，并在张锦教授研究组做研究工作
1972—1978	为化学系稀有元素化学专业工农兵大学生讲授“有机化学”基础课
1979.06—1982.07	化学系讲师，为心理系本科生讲授“有机化学”基础课；同时为化学系本科生上有机化学辅导课和有机基础实验课
1983.10	为农业部教师进修班（长沙）讲授“有机化学”（部分）
1985.09	被聘为化学系副教授
1986.04	为山东烟台大学生化系代培研究生班讲授“杂环化学”
1988.02—1997.07	为化学系硕士研究生讲授“杂环化学”
1991.08	被聘为化学系教授
1993.02—1993.07	为化学系本科生讲授“高等有机化学”
1994	被评为博士生导师
1994—2002.07	为化学系研究生讲授“有机合成化学”

(三) 科研领域和研究成果

科研领域

为杂环化学和不对称合成，主要研究方向包括：

1. 新型含杂环大环人工受体的设计、合成和分子识别性质研究；

2. 新型手性配体的设计、合成及其催化不对称合成反应研究；

3. 新型有机导体和电致发光分子的设计、合成、光电性质和分子器件研究；

4. 手性药物的不对称合成方法研究，新药合成和开发；

5. 新型杂环体系的设计、合成和结构研究。

主要研究成果

包括：研究论文 89 篇；会议论文 8 篇；中国专利 4 篇；开发研究成果 13 篇。

研究论文目录

(按论文发表时间先后排列)

1. *N*,*N*-二甲基-对-甲基苯胺的合成(花文廷；化学通报，1979，2：26)
2. 多取代空间阻碍吡咯的合成Ⅰ(花文廷；化学通报，1980，11：22)
3. *N*-(2,5-二甲氧苯基)-*N*-对-甲苯磺酸基-β-丙氨酸甲酯在多聚磷酸中反应产物的结构测定(金声，花文廷，崔华，蔡国衡；化学学报，1980，38(6)：561)
4. 多取代空间阻碍吡咯的合成Ⅱ(花文廷，朱明英；化学通报，1982，5：25)
5. *N*-乙酸基和 *N*-β-羟乙基取代吡咯的合成(花文廷，陈立佛，

彭秀芳，张淑莲，程学恒，铁 宏；北京大学学报，1984，2：35）

6. Knorr-Paal 缩合反应中的邻位基团效应（花文廷；化学通报，1984，10：31）

7. 卤代吡咯的研究Ⅰ：1，5-双-（对-氯苯基）-2-甲基吡咯的溴化反应（花文廷，张 南，刘景辉；北京大学学报，1985，3：84）

8. 合成 1，4-二酮的一些新反应（花文廷；化学通报，1986，3：13）

9. 多卤代吡咯类化合物的电子轰击质谱（花文廷，何美玉，俞振培；化学通报，1988，12：34）

10. Cyclization of 1，2，3，5-Polysubstituted Pyrroles in Electron Impact（Meiyu He，Zhenpei Yu，Wenting Hua；Organic Mass Spectrometry，1989，24：271）

11. 有机硒化合物的反应及其在天然产物合成中的应用（花文廷，林寨伟；化学通报，1989，6：9）

12. *N*-（β-氯乙基）和 *N*-脲基取代吡咯的合成（花文廷，李力红，张 南，吴虹桥；北京大学学报，1989，25（4）：431）

13. 芳香环上氢质子的化学位移最大差值与其芳香性的关系（花文廷；大学化学，1989，4（5）：11）

14. 天然存在的卤代吡咯类抗生素（花文廷，兰家谷；化学通报，1990，2：16）

15. *N*，*N*-双-吡咯的合成及其邻位基团效应（花文廷，吴虹桥；有机化学，1990，10（5）：451）

16. β-羰基醚与伯胺的置换反应（花文廷，宁福强；化学通报，1991，7：27）

17. 2，2′-呋喃联吡咯化合物的合成及其相关产物的结构分析（宁福强，花文廷；北京大学学报，1992，28（2）：185）

18. 3′，4′-二甲氧基苯戊二酮-1，4 的合成（林寨伟，花文廷；化学通报，1992，7：34）

19. Acetylcholine-Releasing Agents as Cognition Enhancers. Structure-Activity Relationships of Pyridinyl Pendant Groups on Selected Core Structures (Kichard A. Earl, Chuan Wang, Hua Wenting; Bioorganic and Medicinal Chemistry Letters, 1992, 2(8): 851)
20. 2,5-二[2-(4′-氯代苯氧乙酸)基]-1,3,4-噻二唑的合成(张玉霞,花文廷;有机化学,1996,1: 92)
21. 2,5-二取代 1,3,4-噁二唑类化合物的合成(杨骏,花文廷;化学通报,1996,9: 18)
22. 2,5-二取代 1,3,4-噁二唑的合成及其电子轰击质谱(徐东成,杨骏,周健民,张玉霞,花文廷;化学通报,1996,10: 61)
23. 新型含芳杂环大环化合物的合成和结构研究(Ⅰ):含二苯联噁二唑大环多醚的合成和空间结构(周健民,花文廷,杨清传;高等学校化学学报,1996,17(11): 1721)
24. 2,5-二芳基取代 1,3,4-三唑的合成(花文廷,徐东成,程 铭;化学通报,1997,1: 28)
25. 酮咯酸酯及酰胺化合物的质谱碎裂机理的研究(贺晓然,何美玉,卢一民,花文廷;质谱学报,1997,18(1): 47)
26. *N*-取代-α-吡咯烷酮和 α,γ-吡咯烷二酮的合成和结构表征(刘振南,花文廷;北京大学学报,1997,33(4): 416)
27. The Synthesis and Structure of Aromatic Heterocyclic New Type Macrocyclic Compound Ⅲ: Synthesis of Novel Conjugated Schiff Bass Macrocycle Containing 1,3,4-Oxadiazole and Related Compounds (Wenting Hua, Shu Wang;合成化学,1997,10: 259)
28. 环戊烯和环己烯并[b]吡咯化合物的合成(王占岳,陈延涛,花文廷;有机化学,1997,17: 524)

29. Synthesis of Macrocycles Containing Amino Acid Ester and Aryl-Heterocyclic Units (Yan-Tao Chen, Wen-Ting Hua, Qi-Yi Xing; Chin. Chem. Lett., 1997, 8(12): 1025)
30. *N*,*N'*-双-[二甲酰胺基烃基]-哌嗪化合物的合成与抗癌活性研究(王 树,李良助,花文廷;化学通报,1998,3: 38)
31. 含二苯联噁二唑大环多胺及其配合物的合成(孟 鸿,花文廷;有机化学,1998,18(2): 153)
32. Mass Spectrometry Study on Five-Substituted Pyrroles and the Related *N*-Methylene-1,3,4-Thiodiazoles (Meiyu He, Wenting Hua, Xiaoran He and Zhanyue Wang; Rapid Commun. Mass Spectrom., 1998, 12: 580)
33. Synthesis, Characterization and Electrical Conductivity of a Novel Conjugated Schiff Base Macrocycle Containing 1,3,4-Oxadiazole Ring (Shu Wang, Sheng-Ping Zheng, Hong Meng, Wen-Ting Hua; Synthetic Metals, 1998, 93: 181)
34. The Synthesis and Structure of a New Type of Aromatic Heterocyclic Macrocycle. Ⅳ: Synthesis of a 1,3,4-Oxadiazole Containing Azomacrocycle (Shengping Zheng, Shu Wang and Wenting Hua; J. Heterocyclic Chem., 1998, 35: 275)
35. Fluorescence Enhancement of Oxadiazole by Albumin and the Microdetermination of Albumin by Fluorospectro-Photometry (Chun Qi Ma, Ke An Li, Wen-Ting Hua and Shen Yang Tong; Microchemical Journal, 1998, 59: 417)
36. Study on the non-Enzymic Catalytic Enantioselective Methanolysis of 4-Benzyl-2-Phenyl-5-(4H)-Oxazolone (Wenting

Hua and Lunjia Xie;高等学校化学学报,1998,19(8):52)

37. Synthesis and Characterization of Macrocycles Containing 1,3,4-Oxadiazoles (Wenting Hua and Shu Wang;高等学校化学学报,1998,19(8):54)

38. Study of Mass Spectra of the Esterification Products Synthesized from *N*-Protected Amino Acids and 2,6-Bishydroxylmethyl Pyridine (Yantao Chen, Wenting Hua, Meiyu He, Xiaoran He and Qiyi Xing; Rapid Commun. Mass Spectrom., 1998, 12: 1057)

39. 手性多取代吡咯的合成和抗炎活性(王占岳,花文廷,程桂芳;化学研究与应用,1998,10(3):291)

40. 环烯并[b]吡咯衍生物的质谱研究(俞振培,王占岳,贺晓然,林孝元,花文廷;北京大学学报,1998,34(6):709)

41. 5-苯甲酰基-2,3-二氢-1H-吡呤-1-甲酰氨基酸酯的合成及其光活性异构体的拆分(卢一民,郭 健,花文廷;北京大学学报,1998,34(6):731)

42. Catalytic Enantioselective Methanolysis of 4-Substituted-2-Phenyl-5(4H)- Oxazolones by Cinchonine (Lun-Jia Xie and Wen-Ting Hua; Chin. Chem. Lett., 1998, 9(7): 605)

43. Synthesis and Spectral Study of *N*-2-(3′-Phthalidyl) Phthalazin-1-one (Yantao Chen, Wenting Hua, Mujian Lü and Jingqi Pan; Magnetic Resonance in Chemistry, 1999, 37: 149)

44. 血管紧张素转化酶抑制剂的结构特点(陈延涛,花文廷;化学通报(网络版),1999,13:94001)

45. Synthesis and Electroluminscent Properties of Heterocycle Containing Poly(*p*-Phenylene Vinylene) Derivatives (Shu

Wang, Wenting Hua, Fengling Zhang, Yangsheng Wang; Synthetic Metals, 1999, 99: 249)

46. 2-(取代吡咯-*N*-亚甲基)-5-芳酰胺基-1,3,4-噻二唑的合成及其相关产物的结构分析(王占岳,吴魁旺,花文廷;北京大学学报,1999,35(2):157)

47. Chiral Separation of *N*-Benzoyl Phenylalanine Methyl Ester by Nonaqueous Capillary Electrophoresis (Yi Li, Lun Jia Xie, Hu Wei Liu, Wen-Ting Hua; Chin. Chem. Lett., 1999, 10(4): 303)

48. Synthesis and Electrical Conductivities of Fully Conjugated Schiff Base Macrocycles Containing 1,3,4-Oxadiazole (Shu Wang, Wenting Hua, Zhitao Li; Chin. Chem. Lett., 1999, 10(5): 367)

49. 新型手性双噁唑啉环催化剂的合成及其催化环丙烷化反应的研究(花文廷,徐东成,嵇楠;厦门大学学报,1999,38:231)

50. Asymmetric Alcoholysis of 2-Phenyl-5(4H)-Oxazolones by the Catalytic Mixture of Cyclo[(s)-His-(s)-Phe] with Chiral Auxiliaries (Lunjia Xie, Wenting Hua, Albert S. Chen and Yun-Chang Leung; Tetrahedron: Asymmetry, 1999, 10: 4715)

51. H-Bonding Effects on the IR and NMR Spectra of *N*-tosyl-amino Acid 2,6-Bishydroxylmethyl Pyridine Monoester (Yantao Chen, Wenting Hua; Spectrochimical Acta Part A: Mol. & Biomol. Spectroscopy, 2000, 56(3): 447)

52. Study of Infrared and Mass Spectra of *N*-2(3′-Phthalide-yl)-Phthalazin-1-one (Yantao Chen, Wenting Hua; Spec-

trochimica Acta A, 2000, 56: 1045)

53. Synthesis and Characterization of Pyridine-Based Polyamidopolyester Optically Active Macrocycles and Enantiomeric Recognition for D- and L-Amino Acid Methyl Ester Hydrochloride (Hongwu Zhao and Wenting Hua; J. Org. Chem., 2000, 65: 2933)

54. The Synthesis of Chiral Macrocyclic Ligands Containing a 2,5-Bisphenyl-1,3,4-Oxadiazole Unit (Hongwu Zhao and Wenting Hua; Synthetic Communications, 2000, 30(16): 2923)

55. Synthesis and Molecular Self-Assembly of Chiral Phosphoramidates (Du Da-ming, Hua Wen-Ting, Wang Jian-Wu, Jin Xiang-Lin; Chin. Chem. Lett., 2000, 18(5): 764)

56. Synthesis, Crystal Structure and Self-Organization of Molecules Containing 2,5-Bis(*o*-Amino-Phenyl)-1,3,4-Oxadiazoles Unit and *N*-Tos-L-amino Acid Residues (Hongwu Zhao, Yongge Wei, Wenting Hua; J. Molecular Structure, 2000, 553: 109)

57. Synthesis and Crystal Structure of Two New Macrocyclic Phosphoramidates (Du Da-Ming, Hua Wen-Ting, Jin Xiang-Lin; J. Mol. Struct., 2001, 561: 145)

58. Preparation and Crystal Structure of 1 : 1 Inclusion Compound of 1,4,11,14-Tetramethoxy-Dibenzo[b,n]-tetraphenylene with Pyridine (Du Da-Ming, Hua Wen-Ting, Zhou Ling-Ping, Wang Jian-Wu, Jin Xiang-Lin; J. Mol. Struct., 2001, 560(1-3): 23)

59. New Chiral Macrocyclic Phosphoramidates Self-Associated

by an Intermolecular N—H…O＝P Hydrogen Bond（Du Da-Ming，Hua Wen-Ting，Wang Zhe-Ming，Yan Chun-Hua；Heteroatom Chemistry，2001，12(6)：480）

60. One-Pot Synthesis of Macrocyclic Chiral Phosphoramidates（Du Da-Ming，Hua Wen-Ting；Synth. Commun.，2001，31(20)：3197）

61. 新型含芳基噁二唑带支臂大环多胺聚醚的合成研究（杨骏，李志涛，花文廷；有机化学，2001，21(6)：467）

62. 芳基取代的手性噁唑啉铝氢化物的制备及其对酮羰基的不对称还原反应（吴海臣，徐东成，花文廷；化学学报，2001，59(8)：1340）

63. Formation of the Toluenesulphinyl Anion from the Diester of *N*-Tosyl Alanine with 2，6-Bis(hydroxylmethyl)-Pyridine and Its Nucleophilic Addition Product with 2，6-Bis(Chloromethyl)-Pyridine（Chen Yan-Tao，Hua Wen-Ting；北京大学学报，2001，37(4)：439）

64. 酰胺还原反应研究进展（陈晓，花文廷；化学通报，2001，12：749）

65. 含吡啶和三唑结构单元手性大环的合成及其对氨基酸对映体的识别研究（赵洪武，杜大明，花文廷；大环化学和超分子化学研究进展，2002：181—182）

66. 新的C2-对称手性多胺大环主体化合物的合成（陈晓，杜大明，花文廷；大环化学和超分子化学研究进展，2002：183—184）

67. A Convenient Method for Synthesis of Trans-4-Cyclohexyl-L-Proline（Xiao Chen，Da-Ming Du and Wenting Hua；Tetrahedron：Asymmetry，2002，13：43）

68. Synthesis and Light-Emitting Properties of New Poly(*p*-phenylenevinylene) Derivatives Containing Oxadiazole Moiety (Shu Wang, Wenting Hua, Xiaohong Chen, Yanbing Hou; Joural of Applied Polymer Science, 2002, 85: 422)
69. Synthesis and Light-Emitting Properties of New Poly(*p*-Phenylenevinylene) Derivatives Containing Oxadiazole Moiety (Shu Wang, Wenting Hua, Xiaobong Chen, Yanbing Hou; J. Applied Polymer Science, 2002, 86: 2424)
70. Synthesis and Characterization of Fully Conjugated Schiff Base Macrocycles Containing 1,3,4-Oxadiazole Moiety (Shu Wang, Zhitao Li and Wenting Hua; Synthetic Communications, 2002, 32(2): 3339)
71. Synthesis of Novel C2-Symmetric Chiral Polyamide Macrocycles Containing Pyridyl Side-Arm (Xiao Chen, Da Ming Du, Wen Ting Hua; Chinese Chemical Letters, 2002, 13(11): 1037)
72. Synthesis of Novel Chiral Bisoxazoline Ligands Containing 2,5-Diaryl-1,3,4-Oxadiazole and Enantioselective Cyclopropanation of Styrene (Da-Ming Du, Zhan-Yue Wang, Dong-Cheng Xu, Wen-Ting Hua; J. Synt. Org. Chem., 2002, 16: 2347)
73. 催化不对称 Michael 加成反应的新进展(杜大明,花文廷;有机化学,2002,22(3): 164)
74. 大环手性磷酰胺对氨基酸衍生物的分子识别研究(杜大明,花文廷;高等学校化学学报,2003,24(3): 442)
75. Synthesis and Crystal Structure of the Novel Chiral *o*-

Hydroxyphenyl Oxazoline Metal Complexes (Wu Hai-Chen, Du Da-Ming, Hua Wen-Ting, Jin Xiang-Lin; Chinese J. Struct. Chem., 2003, 22(2): 155)

76. Novel Chiral Dibenzo[a,c]Cycloheptadiene Bis(Oxazoline) and Catalytic Enantioselective Cyclopropanation of Styrene (Da-Ming Du, Bin Fu and Wen-Ting Hua; Tetrahedron, 2003, 59: 1933)

77. 离子液体介质中有机合成及不对称催化反应研究进展(杜大明,陈晓,花文廷;有机化学,2003,23(4): 331)

78. Studies on the Synthesis of Novel Chiral Naphthylene Bisoxazoline Ligands (Wang, Zhan-Yue; Du, Da-Ming; Wu, Di; Hua, Wen-Ting; Synth. Commun., 2003, 33(8): 1275)

79. Synthesis and Crystal Structure of *N*-(1-Phenyl-2-Hydroxyethyl) 2,3-Naphthylenedicaboximide (Wang Zhan-Yue, Du Da-Ming, Wu Di, Hua Wen-Ting, Jin Xiang-Lin; Chemical Research in Chinese Universities(高等学校化学研究), 2003, 19(2): 160)

80. Synthesis of Novel Chiral Polyamide Macrocycles Containing Pyridyl Side-Arms and Their Molecular Recognition Properties (Xiao Chen, Da-Ming Du and Wen-Ting Hua; Tetrahedron: Asymmetry, 2003, 14: 999)

81. Synthesis of Novel Chiral C2-Symmetric Bisoxazoline Ligands Containing 2,5-Di(*m*-Substituted)Phenyl-1,3,4-Oxazole (Dong-Cheng Xu, Da-Ming Du, Nan Ji, Zhan-Yue Wang and Wen-Ting Hua; Synthetic Communications, 2003, 33(14): 2563)

82. Study of the Fragmentation Mechanism of Novel Functionalized Macrocycles by Fourier Transform Ion Cyclotron Resonance Mass Spectrometry (Hui Chen, Da-Ming Du, Wen-Ting Hua, Mei-Yu He and Bin Xin; Journal of Mass Spectrometry, 2003, 38: 839)
83. Reinvestigation on the Reaction of Salicylic Chloride with Salicylic Amide and X-ray Crystal Structure of a New Macrocyclic Polyester (Du Da-Ming, Chen Xiao, Hua Wen-Ting, Jin Xiang-Lin; Chinese Journal of Structural Chemistry(结构化学),2003, 22(5): 512)
84. New Chiral Pyridine Prolinol Derivatives and Preliminary Study on Asymmetric Catalytic Reaction (Xiao Chen, Yong Xin Zhang, Da Ming Du, Wen Ting Hua; Chinese Chemical Letters, 2004, 15(2): 167)
85. Enantiospecific Synthesis of Pyridinylmethyl Pyrrolidinemethanols and Catalytic Asymmetric Borane Reduction of Prochiral Ketones (Yong-Xin Zhang, Da-Ming Du, Xiao Chen, Shao-Feng Lu and Wen-Ting Hua; Tetrahedron: Asymmetry, 2004, 15: 177)
86. Intermolecular Interaction and Thermodynamic Properties of *N*-Methylacetamide and Hydroxyacetonitrile Dimers (Xue-Hai Ju, Lun-Jia Xie, Wen-Ting Hua and He-Ming Xiao; J. Phys. Org. Chem., 2004, 17: 113)
87. 开链冠醚型手性双噁(噻)唑配体的合成及其应用研究(王占岳,花文廷;化学通报,2005,68(2): 128)
88. Synthesis and Application of Novel Chiral C2-Symmetric Bisoxazoline and Bisthiazoline Ligands Containing Noncyc-

lic Crown Ether Unit (Zhanyue Wang, Wenting Hua; Front. Chem. China, 2006, 1: 48—53)

89. Synthesis of a Series of Novel Chiral Aromatic Heterocyclic Macrocycles Containing L-Amino Acid and 2,5-Bis-phenyl -1,3,4-Triazoles Subunits (Hongwu Zhao, Rugang Zhong, Hong Yan, Wei Yang and Wenting Hua; Synthetic Communications, 2009, 39(17): 3038)

专利

1. 合成 α-吡咯烷酮乙酰胺的方法
(花文廷,蔡潮钟;中国专利,CN 1105357 A,1995)
2. 雷米普利的合成方法
(花文廷,陈延涛;中国专利,CN 1106386 A,1995)
3. 一种简便合成 Combretastatin A-4 前药的方法
(花文廷,杜大明,张 华,吴曲辉;中国专利,02120895. 6,2002)
4. 一种光学活性酮咯酸的制备方法
(宁家成,杨 鳌,关烨第,花文廷;中国专利,CN 1434045 A. 2003)

会议论文

1. 新型大环的合成、结构及其性能研究
(花文廷,王 树;Chemistry into 21st Century, 1998, p. 196)
2. The Synthesis, Crystal Structure and Self-Organization of Molecules Containing 2,5-Bis(o-Amino-Phenyl)-1,3,4-Oxadiazoles Unit and *N*-Tos-L-Amino Acid Residues
(Hongwu Zhao, Yongge Wei, Wenting Hua;第六届国际华人有机化学研讨会论文集,2000,p. 55)
3. Studies on the Synthesis and Structure of Macrocyclic Chiral

Phosphoramidates
(Da-Ming Du, Wen-Ting Hua;第六届国际华人有机化学研讨会论文集,2000,p. 97)

4. 新型手性大环的合成及其性质研究
(陈 晓,花文廷;第二届全国化学学术会议暨第一届全国化学生物学学术会议论文集(下),2001, p. 670)
5. 新的手性双噁唑啉催化的不对称氢硅烷化反应研究
(徐东成,杜大明,花文廷;第二届全国化学学术会议暨全国化学生物学学术会议论文集(上),2001,p. 444)
6. 羟苯基噁唑啉络合物的制备及其在不对称 Michael 加成反应中的应用
(吴海臣,杜大明,花文廷;第二届全国化学学术会议暨全国化学生物学学术会议论文集(上),2001,p. 443)
7. 大环酰胺的分子自组装研究
(杜大明,花文廷;第二届全国化学学术会议暨第一届全国化学生物学学术会议论文集(下),2001, p. 669)
8. 新型手性 C2 对称性双噁唑啉配体的合成研究
(杜大明,徐东成,吴 笛,花文廷;第二届全国化学学术会议暨全国化学生物学学术会议论文集(上),2001,p. 445)

技术开发成果汇编

1. 益智健脑药——Ⅱ,茴拉西坦(Aniracetam),1994 年
2. 益智健脑药——Ⅲ,富马尼西坦(Nebracetam Fumarate),1996 年
3. 酮咯酸(Ketorolac)及其相关化合物的合成,1993 年
4. 非甾体消炎药——BPAA 的合成,1994 年
5. 非甾体消炎药——尼美舒利(Nimesulide)的合成(委托开发项目),1995 年

6. 抗癌酮 A10 的合成，1993 年
7. 对-二氧六环酮(新型手术缝线单体)的合成(委托开发项目)，1995 年
8. 非甾体消炎药——依托度酸(Etodolac)的合成，1997 年
9. 一种新型荧光剂的合成，1996 年
10. 手性 2-氨基苯丁酸及其酯的合成(委托开发项目)，2000 年
11. 3-甲基-1-(对-羧苯基)-吡唑酮的合成，1992 年
12. 3-巯基-1，2，4-三唑的合成，1993 年
13. *N*-甲基吡啶酮的合成，1993 年
14. 一种广谱抗癌新药 BG-1 的合成，2000 年

(四) 出版的专业著作

1. 杂环化学，北京大学出版社(1990 年 12 月，教材版；1991 年 3 月，科技版；1995 年 8 月，修改版)
2. 现代合成反应(合译)， 北京大学出版社，1985 年 8 月
3. 有机化学基本原理(Ⅱ)(合译)， 北京：高等教育出版社，1965 年 7 月
4. 有机化学词典(合编)， 北京：科学出版社，1987 年 6 月

(五) 其他出版物

1. 中国现代科学家传记，第五集，北京：科学出版社，1994 年，pp. 246—253
2. 中国科学技术专家传略，化学卷，石家庄：河北教育出版社，1996 年，pp. 19—29

3. 中国高等学校中的中国科学院院士传略,北京:高等教育出版社,1998 年,pp. 145—147
4. 站在科学的前沿,《归识岁寒人》,北京大学出版社,1994 年,pp. 67—76
5. 站在科学的前沿,《北大化学百年》,北京:中国大百科全书出版社,2010 年 5 月,pp. 182—186
6. 20 世纪中国知名科学家学术成就概览,第三分册,北京:科学出版社,2013 年,p. 113

(六) 相关业务兼职

1.《化学通报》副主编(1972—2005)
2.《有机化学》编委 (2000—2006)
3. 中国高校知识产权研究会副理事长 (1985—2005)
4. 北京市科技协作中心常务理事 (1985—2005)
5. 中国国际科学促进会副秘书长 (2004—2012)

拾影化学人生

楔　　语

松柏菽粟，桂梅蓬蒿。春艳秋实，各领风骚。人生一世，草木一秋。仰阴阳相济而生，得天地之气而成。蝉鸣报夏，叶落知秋。夜萤烁烁，雁声悠悠。莽莽万类，生命旅程各殊。然各美其美之韵，怡然自得其所。

人，所以被称为万类之灵，是因为他们的生命旅程，既有形而下之“实”，更有形而上之“思”。思者，就是思事，思理，思情愫；思今，思往，思未来。思往，就是“回思”。既能够回思其生命旅程之实，也能够回思其生命旅程之思。

世上万物的生命旅程虽各有异，但都要经过春、夏、秋、冬的不同季节，同时也都有它们自己的“春、夏、秋、冬”的不同阶段。人的一生也一样，当然也有自己的“春、夏、秋、冬”。每个人在其自己的生命旅程中，都是既有风和日丽，也有雪雨霜天。但都是值得回思的，回思往昔的欢笑和苦涩；回思所走过的每一段路程和每一个足迹；回思父母的养育之恩和兄弟姊妹的手足之情；回思和品味亲朋好友与师长同窗们的关爱惠助；回思和感念患难与共的同事们的情谊；

等等。

寄情趣于拾影,慰耄心于残帛;品茗烟于夕照,补年寿于蹉跎。斯意而已矣。

(一) 何为事业人生?

所谓人生者,有两个层面,一曰自然人生,二曰事业人生。

所谓自然人生,就是每个人都是由婴幼而蒙童,从韶华而不惑,达知命而至古稀。所以,自然人生,就是一个人的生命的自然旅程。虽然世界之大,芸芸众生。每个个体的人都是有其特殊差异的。细微的如指纹和DNA;外观的如高矮胖瘦,以及男女之别,民族、肤色之分,等等。但是,所有的人,其自然人生中的生理成长过程都是基本相同的。

所谓事业人生,就是人的一生中的事业旅程,即从事什么行当的事业以及如何从业等。首先,各人所从业的行当会有所不同。如有从政,事军,经商,治学,做工,务农,等等。其次,在相同职业行当中,其事业旅程也不一定完全相同。通常所谓的不同人生,多是指事业人生的不同,也就是有职业行当或履业途径的不同。世事有七十二行,行行各不相同,所谓隔行如隔山。但是,也说"行行出状元"啊,行行都会有五光十色,各有各的精彩!所以,每个人的事业人生,不管他所从事的是哪一行、哪一业;也不管他在事业道路上是轰轰烈烈,还是默默无闻,对于每一个个体人来说,都是因人而异的。同时,在每个人的"事业人生"的道路上,都会既有畅通坦途,也有泥泞小道;既有阳光,也有阴雨;既有风光,也有霉运;既享受过甜美,也尝到过苦涩;既有过成功的喜悦,也有过失败的沮丧。总之,无论如何,对于每一个个体的人来说,事业人生都是丰富多彩的。俗话说,官有官的风光和尴尬,民有民的乐趣和苦涩,但都是值得回忆的。

同时，我们所有的人，又都是“社会的”(social)人。所以，任何人的人生，不管是自然人生还是事业人生，都是充满社会性的人生。因为人属于群居动物，每一个人都是社会的一员。就自然人生来说，人人不仅有父母，有兄弟姐妹，有家庭，有宗族和亲戚等，这就是一个个的小社会。事业人生，那就更具社会性了：有师长，有同窗，有领导，有同事；有朋友，也有事业上的竞争对手；更有社会条件、环境和机遇的不同，等等。

在事业人生的光环中，个人的因素(包括先天的和后天的，如才智、体质、学历和勤勉程度等)对于增加其光环的亮度，只能够起一部分作用。虽然，有时候这些个人的因素可能是关键性的，甚至是决定性的，但那也还只是部分因素而已，即使是历史伟人，也无不如是者。不是有俗语说：一个好汉三个帮，“一将功成万骨枯”吗？实际上，所谓“事业”，都是“社会性”的。对于每一个个体“人”来说，他个人的事业人生，不过是整个“社会事业”中的一个个体印迹而已。但是，话又说回来了，任何一项“社会事业”，又毫无例外地，都是由这些一个个个体的人来完成的。每一项再辉煌伟大的“社会事业”的光环，也都是由所有参与者的个人“事业人生”的光点组成的。反之，每一个个体的“事业人生”，也只能是，在这“社会事业”中，才会有可能发出自己的那份“光亮”。如果没有整个“社会事业”的光环，任何个人的那个“光点”都是微不足道的，甚至是会无影无痕、毫无意义的。

因此，当我们在谈论自己的个人事业人生的时候，主要说的是，在我们个人的事业人生中的从业过程，因为只有这些过程，才是丰富的、多彩的，是永远值得回味和反复咀嚼的。虽然这些过程不会全是充满阳光和欢笑，更多的可能是酸甜苦辣咸五味杂陈的，但还是美好的。因为那是来自我们自己身体的汗水的味道。

(二)事业人生三部曲

所谓三部曲者,就是人生事业发展的三个阶段。从事任何职业的任何人,大体都要经过这三个阶段。不过对于不同的人,这三个阶段的内涵、长短以及这三个阶段是如何走过来的,则是各不相同的。如有人从政,有人经商,有人事军,有人务农,等等。但是,不管你是从事何种职业的,各人都有各人自己的、个性化的从业"三部曲",就像任何人的一生总是要经过青少年、中年和老年一样,尽管各人的青年、中年、老年也是有差异的。

一般来说,对于每个人的事业人生,大体都会有入门、修业、履职等三个阶段,这就是事业人生的三部曲。

如上所说,人的社会职业,大致可按照工、农、商、学、兵、政来划分。如是,那么我的职业就是属于"从学"一行的了。这个"学",当然是指广义的,就是科学文教行业。具体来说,我是从事教学科研这一行当的。

我们这一代人的从业过程,都有一个共同的特点:在大多数的情况下,是"被从事"的。这是由我们所处的那个特殊时代决定的。我们那个年代,任何一个人都是"单位化"的,都是有组织归属的,都是"组织"的人。每个人都是属于某一个部门、单位所有的。单位领导代表组织,组织决定一切,一切都服从组织的分配、安排,个人自己是没有多少选择和决定权的。因此,每个人的"事业人生"也都是在组织指定的轨道上运行的。"三部曲",当然也就不可能全由各人自己来"定调子"了。

1. 第一部曲,入门

在我们那个年代,所有的"社会人"的"身份",大体上被分为三大类：工人、农民和干部。所谓干部，是广义的概念，是指“吃官粮”的所有“事业”编制的人员，包括政府工作人员，叫作“干部”（按现在说法，叫公务员），和所有叫作“事业单位”的人员，如医生、教师和科研人员等。总之，除了工人、农民和政府干部之外的所有人员，都是属于“事业单位”的人，他们的职业属性，都被统称为“事业编制人员”。对于每一个年轻人来说，如果有幸能够读完中学，并考上大学的话，待到大学毕业以后，就自然而然地能够进入这个广义的“事业编制”的大门了，这是每一个年轻人都期望的道路。

在20世纪五六十年代，大学虽然有不同的类型，如工科、理科和文科等，各个大学的学制长短也不尽相同，但是，在计划经济的体制下，它们的培养目标基本上都带有职业教育的性质。因为当时中国的大学都是公立的，每一所大学的设立，都是根据国家建设计划的需要设立的。国家办学的目的，就是要培养“社会主义的接班人”。即使是所谓综合性大学，其培养目标也明确规定是培养不同专业的科研人员、教师和工程师。所以，一个中学生，在报考大学时选择不同的学校和科系，实际上就是在选择你将来要从事的“职业”，因为大学毕业以后就是要按所学的专业，由国家统一分配工作的。因此，大学和科系就成为人生的第一道门槛，入了某个“门”，基本上就决定了一个人的终身职业方向了。

过去“学艺”要讲究拜师，有师傅的叫入门弟子。考上了大学，也就等于是入了师门了。过去中国大学的学科分类，不叫“系”，而叫“门”，看来是很有道理的。所以，化学系原来叫化学门。1956年我考入了北京大学化学系，所以，从入学报到以后，我就算是入了化学“门”了。

我高考时虽然是以第一志愿进入北京大学化学系的，从程序上说，是我自己选择入化学这个“门”的。但是实际上，这里还有一段特殊的机缘。或者说，我的这个“选择”，还有一段与那个时代背景有关的阴差阳错的历史插曲。

每个年轻人,在中学阶段,对于“学科”的真正内涵,实际上是很模糊的。他们对于某些学科的所谓爱好和兴趣,大致都是来自三方面的影响:一是受家长(庭)的影响;二是平时学科考试的分数(成绩)的影响;三是中学老师,特别是班主任老师的影响。对于我来说,第一种因素没有,因为我出身于一个农民家庭,我的父母亲对我进什么学校和学科是没有一点影响的。影响我的主要是后两个因素,我在高中时,对我影响最大的有三位老师:第一位是我高中时的班主任并教我们历史课的王淑武老师,他是山东大学历史系毕业的(1958年为夫妻团聚调到山东青岛去了),他的历史课教得非常好,为人也非常好,对我有很大影响;第二位是教我们语文课的谭佛雏老师(听说,他原是南京新华日报的编辑,大概在1953年调到我们淮阴中学的);第三位是教我们物理课的朱培基老师,他毕业于上海华东师范大学。他们都是服从组织分配到我们淮阴中学来教书的。他们都来自名校或名单位,年轻、风度翩翩,教课都带有大学老师的风格(这点是我入大学后体会到的),所以他们都是我们中学生崇拜的偶像。可惜我在中学时数理科的成绩都不太好,所以我在准备高考时的专业选向,不敢选报理工科,而是选择文科。因此,从进入高三开始,我就是按照准备考文科去复习功课的。但是在1955年寒假前后,班主任王老师找我谈话,说学校领导通知,要在毕业班中选几个人作为留苏预备生,去苏联学习,其中有我一个。去苏联学习的都是理工科,所以,现在就要按学理工科去复习功课。有这么一个好的留学机会,对我来说,就如天上掉馅饼,正好砸到我的头上了似的,十二万分地兴奋。所以,我自从那一时刻起,就放弃了对文科的“兴趣”,转向数理化方面的功课准备。但是,天有不测风云,不知是什么原因(后来知道是因为中苏关系不好了),就说留苏名额减少了,我们学校只有两个名额,我就是被减少之列中的一个(一年以后听说,当时入选的那两位同学去俄专学习了一年俄语，最后还是由于中苏关系交恶也没有去成，晚一年又转入国内大学学习)。可这时距离高考只有两三个月的时间了，同学们都要准备填报志愿表了，我已经没有选择的余地，只有报考理工科了。我知道，我的数学成绩不好，相比之下，化学还稍好一点点，所以我就只能选择化学了，于是我的第一志愿就填了北京大学化学系。算是上天给我的补偿吧，我居然就被北京大学录取了。于是，我就这样入了"化学门"。

当时，还有一个小插曲。高三时我与同桌的王世耆是非常要好的朋友，他的各科学习成绩都比我好，尤其是数学、物理，所以他早就决定要报考南京大学物理系天文专业，并希望我也和他一起报同样的志愿。我开始也同意了，但是我一直心有胆怯，怕数学考不过，直到最后要交志愿表时，还是不敢填物理系，改填了化学，并把南京大学填在了第二志愿。之后的很多年，我一直觉得有点对不起我的这位同桌知己。后来，他毕业后分配到北京工作，至今我们一直是无话不说的、非常要好的朋友。

上面所说的入"化学门"，实际上只是形式上的"门"，也就是成为化学系的注册学生而已。但是真正使我对化学产生兴趣，从思想上很想入化学这个"门"，应该说是在大学一年级学习傅鹰先生的"普通化学"这门课以后。所以说，我真正的化学蒙师是傅鹰教授。傅先生的富车经学、精艺教授和大师风范，可以使任何一个顽童开悟入道。傅先生及其"普通化学"课，对于我们这些蒙生的启迪"功力"和对我们这些初涉化学园地的学子们的影响都是终身的。这些，在我的这点"拾影"中是无法尽陈的。在这里，我只想将我在我们年级入学32年(1988年校庆)和入学50年后的两次聚会时写的两首即兴感言小诗中的几句，摘抄在这里，或许能说明我(们)对化学门师的情怀：

燕园重聚古稀后，立雪程门半世前。

同领门师三昧火，苦吟学子一炉金。

"旗袍""馒首"传哲理，分子键合拨妙弦。

这些虽然只是只鳞片甲的回忆感怀,但是,已足可以看出一个蒙生,进入“化学门”“受洗”“悟道”过程中的心境和情怀。

2. 第二部曲,修业

入门以后,就要开始“修行”了。俗话说“师傅领进门,修行在个人”,这句话的意思是说,名师门下不一定就能出高徒,还要看徒弟自己的修行工夫。

北京大学是我国的最高学府,名师云集,是所谓的研究型大学。我们是北大的第一届六年学制的学生(理科),当时的办学指导思想叫“宽口径,厚基础”,北大也戏称为“太学”。根据教学计划安排,北大化学系的学生有四年的时间是学习公共基础课程;然后用一年半(三个学期)的时间,分不同专业学习各种专门化课程;最后还有半年做毕业论文。所以,在四年级的下学期就要分专业了,学生要选择自己所要学习的专业,并按专业重新分班,上专门化课程。当时化学系有 7 个二级学科专业,分属于 7 个教研室。它们分别是:无机化学教研室、有机化学教研室、分析化学教研室、物理化学教研室、高分子化学教研室、胶体化学教研室和催化化学教研室。

上面所说的是在正常情况下的教学安排。但是,在我们那个年代,政治运动频繁,正常的教学秩序经常受到政治运动的冲击。有时还会改变或者中断原来的教学安排,如 1958 年“大炼钢铁运动”和 1959 年“科研大跃进”运动等等。尽管如此,对于大多数同学来说,这些影响都还是短暂的,少则个把月,多则几个月而已,对他们的“修业”过程影响不大。但是对有些同学,对他们的“修业”过程的影响就是终生的了。

大概是在三年级的下学期,也就是在“大跃进”和“红专辩论”的期间,学校领导决定从学生中抽调一批人作为预备师资,到各个教研室(专业),一面工作,一面学习,当时也戏称“掺沙子”,我就是“有幸”被选中的一粒“沙子”。

我先是被分配到无机化学教研室做预备师资的，在稀有元素化学科研组学习和工作。虽然，我进入无机化学专业是“被选择”的，是由组织分配到无机化学教研室的，但是既然做了预备师资，我就必须要下决心好好学习。“不辜负组织的信任”，是我们那一代青年人的虔诚信念。但是我十分清楚，我还只是一个未毕业的学生，我必须加倍努力学习无机化学专业的相关课程，首先要使自己能和同班同学一起成为无机化学专业的合格毕业生，然后才能有资格成为“师资”。所以，我当时没有完全按照组织的安排，自作主张去跟我们年级的同学一起修完所有课程；同时也按教研室的要求，去听苏联专家给无机专业高年级学生和青年教师开的“无机合成”课。科研组的工作，虽然是把我安排在“氧氯化”课题组，但是我只是参加科研组的一些会议，并没有参加具体的实验研究工作。我的这些“行为”，系领导不知道，教研室的老师大概也认为我们这些人来不来实验室做“科研”，对于他们科研任务的完成也没有什么影响。同时，他们也可能有点儿“不便”过问，因为我们这些“预备师资”本来就是来“掺沙子”的嘛。

时间到了1959年的下半年，我又一次“被选择”了。这一次的“选择”更加突然和快速，前后只有不到十分钟，就决定了我这一生的命运。那是一个中午，系里通知我马上到31楼(我们的宿舍楼)的学生工作组去一趟。于是我就从食堂打了饭，一边吃一边走(这是当时北大学生的习惯)，进屋一看是系党总支书记找我和另外一名同学(她比我高一级，是催化专业的预备师资)谈话。所谓谈话，实际上就是通知，只有五分钟。内容就是向我们两个人宣布系党总支的一个决定：即日起，调我们两人到有机教研室工作，作为有机教研室的预备师资。

后来我才知道，调我们到有机教研室，就是为了参加一项重大科研项目，即“人工合成胰岛素”的项目。当时是处于“科研大跃进”之中，校党委决定，对于这样一个重大项目，要组织“大兵团”作战。并将这项科研定为一个绝密项目,由学校党委和系党总支直接领导。

所谓“大兵团”作战,就是前后组织了化学、生物两个系,两百多名师生参加的“科研”队伍。所有人员(师生)混编成四个大组:两个化学合成组,一个分析组,一个原料供应组。我负责分析组的工作。

这项“大兵团”作战的“科研”工作,从1959年年底开始,一直延续到1960年夏天。由于从1960年的下半年开始,随着“国家经济困难时期”的到来,这个“大兵团”就逐渐减少,学生们又都陆续回班上课去了,有机教研室的老师们,也都恢复了原来各自的教学组和科研组。最后这个“人工合成胰岛素”项目组,也变成只有几位教师的科研小组。这时,我虽然也离开了“人工合成胰岛素”科研组,但是作为有机教研室的预备师资,当然也就被固化在有机教研室了。在这段时间里,我除了负责分析组的工作,同时还做一些党支部的“社会”工作外,绝大部分的时间和精力,都是在跟有机班的同学一起上课,包括最后半年的毕业论文。所以,到1962年暑假前毕业时,我修完了有机化学专业所规定的所有课程,和我们同班同学一起毕业,领取了毕业证书,正式成为有机化学专业的毕业生。但是,我们有些同学就没有这么“幸运”了,他们也是预备师资,他们大部分时间是被安排在做“科研”或行政工作(如参加“保密”科研组或做低年级的学生辅导员等),根本没有时间去跟原班上课,到同年级的同学毕业时,他们还有几门或多门课程没有成绩,这时又赶上学校“整顿教学秩序”,要“严格管理”了,所以这些同学就无法和同年级的同学同时毕业。他们只好又跟着下一年级去补课,有的补一学期的课程,有的补一年的课程,之后才拿到毕业证书。

通常,大学毕业时,在规范的毕业证书上,都写有“该生已经修业期满,准予毕业”的证词。实际上,大学毕业,只能说是完成了“大学的学业”,修完了大学教学计划所规定的课程,并不等于说就已经完成了人生的“修业”阶段;至多只是完成了“修业”过程中最起码的规定动作而已。我的经验告诉我，千万不要轻信大学校长们在毕业典礼上的那些华丽激情的嘉勉之词，那只是他们在“广告”他们教育的“业绩”；千万不要昏昏然，以为自己拿到大学毕业文凭，真的就是什么“精英”了！

在这“第二部曲”中，我犯了一个“决策”性的错误。我做毕业论文是在教研室主任邢其毅教授领导的研究组，邢先生给我的论文题目是“蟾蜍毒素类似物的合成”。这是一个很大的题目，我的任务只是它的前体分子的前体分子的合成。在毕业前，邢先生曾希望我毕业后能接着读他的研究生，继续做这个课题。当时的系领导也要我读研究生，系主任秘书倪葆龄老师多次亲自到我的实验室来，动员我填报研究生表格，但是我都辜负了他们给我继续深造机会的美意，固执地选择了参加毕业分配，希望能尽快地参加工作。我当时所以做这样的选择，主要是考虑到我已经快到而立之年了，应当尽快出来工作，在经济上也能对家庭有些帮助。当然，还有另一个原因，就是觉得我已经是“预备师资”了，如果能继续留校工作，不是一样可以做研究工作吗？何必一定要去读研究生呢？我还曾听傅鹰先生也说过类似的话：在北大，做助教一样可以做科研。后来的事实证明，我当时的错误“选择”使我永远错过了一段业务深造的机会。这次错误，一方面，让我在以后的履职道路上艰难重重，总是有永远在“行”尾上挣扎的感觉，一种自卑的感觉！另一方面，我如果当时选择读研究生，“文革”中我就是学生，就不会成为“黑班底”，受那么多的罪了。哎！这都是过去的事了，人的一生总是会有些后悔的事的。这件事也可以说明，在人的一生中，自主选择的，未必一定都是“正确”的；而“被选择”的，也不一定都是歧途。

毕业以后，我被分配继续留校工作，我能够有机会继续我的“修业”阶段。

1962—1966 年，我的工作任务有三个方面：一是作为邢先生的

“有机化学”基础课的助教，负责两个组的“有机化学实验课”和习题课的辅导工作，这是作为一个助教的满教学工作量；二是分配我在张锦教授(傅鹰先生的夫人)的科研组，跟随张先生学习做科学研究工作(为什么没有在邢先生的科研组，这也是党组织的安排)；三是社会工作，就是担任教研室的党支部书记。

几年中，我每年都跟班听邢先生的“有机化学”课，每次都会有如第一次听课一样的新收获。邢先生在课堂上，旁征博引，挥洒自如。无论是对有机化学理论问题的精彩诠释，还是对重要有机反应发现过程的趣谈，抑或是对有机化学发展前沿的敏锐洞察，还是对相关学科(如物理、生物科学)的新成就在有机化学中的应用等，每堂课都能使听者有如痴如醉地、随他在智海中游弋的感觉。因此，每年分专业时，都吸引许多学生争报有机化学专业。

张锦教授是邢先生的师姐，他们都师从美国伊利诺伊大学的亚当斯(Roger Adams)教授。张先生教我们的“有机分析”课，但是我跟她做科研时的方向是有机合成。她给我的研究课题有两个：一个是含氮多环化合物的合成，另一个是有机电化学合成。实际上，第二个课题我只是做了一点设备器材的准备，初步看了一点有关文献，并未开展实验工作。主要的时间和精力是在做第一个课题，即杂环化合物的合成。

当时，我们研究组的实验室在六斋，这是一幢两层小楼，一层是本科生“有机分析”课的实验室，二层就是我们组的研究室，中间还有一个办公室，在当时，这是我们有机教研室条件最好的实验室了。张先生对她的研究生和我们这些跟她做科研的助教们，要求都十分严格。她自己，每天除了去上课、去图书馆外，全部时间都在实验里。她不但在业务上对我们悉心指导，物质上也想方设法帮助我们，为我们的研究工作创造条件。她从美国回国时带了不少书籍和实验仪器回来，都分发给了我们。我得到的是一本 Noller 著的 *Chemistry of*

Organic Compounds，一套半微量磨口仪器，一套微量磨口仪器和一套十分精致的打孔器(都是德国制造的)。那时候，学校的煤气厂周末和节假日都休息，不供应煤气，张先生就自己拿钱给我们买电炉，使我们的实验不会因为没有煤气而受到影响。

从 1962 年 9 月到 1965 年秋的三年多的时间里，我除了完成教学工作外，其余的全部时间都是在实验室里度过的。在张先生的悉心指导下，我逐渐开始走进了科学研究这块园地。不幸的是，张先生在 1965 年病逝了。从此，我们这个研究组实际上也就解散了，虽然各自都还在继续做着张先生留下的课题。

从 1965 年上学期开始，我就自己独立带本科生的毕业论文，这也算是我修业阶段的结束吧。如果说，傅先生是引领我进入化学大门的蒙师的话，那么邢先生和张先生，就是我从事有机化学的业师。两位老师的严谨治学精神和敬业精神，使我领悟到了什么叫学问，让我看到了他们是如何做学问的。

3. 第三部曲，履职(从业)

履职者，履行职责也。教师的职责就是教书。做助教和助研(研究助手)，当然也是在从业履职，但那主要还是“助”，所以应该还属于学习、修业的过程。当然，履职的过程中仍然要继续修业，修业是终身的事情，所谓“活到老，学到老”嘛。但是修业的目的就是为了更好地敬业、尽责地履职，这也是整个人生的目的所在。

如果说教师的职责就是教书的话，那我的履职阶段应该是从 1970 年给 1970 级无机专业的学生讲授“有机化学”基础课开始的。那也是我第一次自己编写教材，即《有机化学基础》(讲义，上、下册，1971 年 1 月)。后来，在 1979—1982 年，我又给心理系本科生开设“有机化学”基础课，这是我第二次系统主讲有机化学基础课。之后，我虽然也还讲过几次有机化学基础课，如为“文革”后回校补课(即回炉班)的学生讲过“基础有机化学”课，但是那都是与其他老师合开的课,我只负责讲授部分章节的内容。

从1986年开始,我的主要教学工作是给研究生开设的“杂环化学”课(1986—1997)和“有机合成化学”课(1994—2002);其间,还给有机化学专业的本科生讲过“高等有机化学”课,这些都算是专业课,或者叫专业基础课。

在几十年的教学履历中,我深深地体会到:讲授基础课要比讲专业课困难得多,要想真正讲好一门基础课,绝非一日之功。过去听邢先生、傅先生等老师们上课时,觉得他们在课堂上讲得那么挥洒自如。作为听者,只是觉得听得非常过瘾,堂堂课都有新收益。实际上,他们除了有精深的理论基础和广博的知识积累之外,他们还为每一堂课不断地浇灌了不知多少汗水,这往往是不为外人所知晓的,而这些,正是他们用自己的身教传授给后生们的师道。

任何类型的大学基础课,都是最重要和最为难教的。其难就难在:第一,它们都是学生初次接触的知识领域;第二,基础课的知识量都是非常庞大的。前者,要求讲授者要用引人入胜的事例和语言,来拉近听者(学生)与这一门知识领域的距离,使其产生学习的兴趣和积极性;后者,则要求教师每堂课都能给出最精粹的要点,并要深入浅出地能使学生抓住这些理论要点,使其不致在知识的海洋里感到茫然,这就是师者的功力,这也是杏坛的魅力!所以说,课堂是师者的舞台,更是师者的“蓬莱”。

在教学中我的第二个感受是,备课的过程也是再学习的过程,是智慧“练功”的过程。但是,讲台更是迸发“思维火花”的导线。我有一个小小的例子:我们在科研中,经常要做 Friedel-Crafts 反应(F-C反应)。在所有的文献和教科书中都特别指出,这个反应的关键是要在干燥的条件下进行,而我每次严格按照文献条件去做反应时,总是很难得到理想的收率。有一次我在课堂上又给学生讲这个反应时,我顺口说了一句:“实质上,这是一个质子催化的反应。”我说完了这句话后，愣在讲台上半天没有吭声，学生们都瞪眼看着我，不知怎么回事。过了一会，我才回过神来，跟同学们说：没事，没事，我刚才可能有点走神了。实际上，我是突然悟到："质子催化，有一点潮气不是会更好吗？"下课以后，我回到实验室里，重新做 F-C 反应时，我不再用特别长时间去干燥仪器，溶剂也没有再多次反复地干燥、蒸馏，结果这次的反应得到了非常好的收率。

类似的例子我想很多教师都会遇到过，有时我们在按照备课时准备好的内容，给学生讲解某个反应的反应机理时，突然会感到其中的问题，并得到了更合理和更正确的解释。这都在说明，课堂上是思维高度集中和最活跃、最敏锐的黄金时段，更是一个教师最感欣慰和最有成就感的地方，这就是教师职业的魅力所在。

我的教学工作，到 2002 年年底，上完最后一堂"有机合成化学"课以后，就算从此离开了"履职"的讲台，也是我的事业人生"三部曲"的收音落幕。

（三）分子合成的诱惑和乐趣

有机化学这块园地是绚丽多彩和非常广阔的。其中，有机合成化学是其最基础和中心的部分，也是最具魅力的，是人造物质世界的一座"工厂"。

当代有机合成大师 E. J. Corey，在他获诺贝尔奖的演说中有这样一段话："一个艰难合成的实现，要靠全心全意地长期研究。因为复杂的化学合成是一项激动人心的创造美的冒险！我相信，分子合成作为一种高智商的活动和一门科学性的艺术，是值得付出努力的。当化学家在设计和完成一个原始性的、美妙的多步合成时，就像作曲家、艺术家和诗人一样，同样感受着心灵撞击所产生的、富有个性和创造性的美！"

当然,在全世界的有机化学家中,能有像 E. J. Corey 和 R. B. Woodward 那样具有辉煌成就的有机合成大师是凤毛麟角的。但是,任何一位从事有机合成研究的人,都会有过在成功合成了自己所设计的目标分子之后的“撞击心灵”的喜悦,这却是共通的,虽然这些成果可能是很小很小的。

有机合成化学,大体上包括三个方面的内容:① 天然有机化合物的合成和构性修饰;② 理论研究中推理分子的合成;③ 特殊功能分子的合成。

对于刚刚涉猎有机合成化学这块大园地的新兵,往往会感到对如此色彩斑斓的美景眼花缭乱和不知如何抉择的茫然;常常要经过很长一段时间的摸索和修炼,才能找到适合自己的研究方向。

我很幸运,大学毕业以后就进入张锦教授的研究组,在张先生的直接指导下,开始科苑学步。张先生给我的研究题目是:首先合成一系列带有特殊取代基的五元杂环类化合物;以此作为前体分子,再进行分子内环合反应,目的是合成具有类似甾体环架结构的、含有杂原子多环化合物。

不幸的是,张先生于 1965 年过早地离开了我们。从此,我们这个科研组的人员,就变成了没有导师的“个体户”了。但是,在这短短的几年中,张先生通过她的言传身教,还是把我带进了有机合成化学这块园地。

祸不单行,就在这年的冬天,学校又开始搞“社会主义教育运动”。虽然这次运动只是在党内进行的,但是,实际上是不可能不冲击到学校正常的教学和科学研究工作的。从那时起,我的研究工作就变得“停停打打”。到 1965 年秋天,这个运动结束了,全国性的“农村社会主义教育运动”又开始了,我们又被派往农村,去参加农村的“社教运动”,直到 1966 年 6 月。如众所知的,紧接着十年之久的“文化大革命”又开始了。十年“革命”,十年浩劫,华年不复了!

从 1962 年到 1966 年这短短的几年中，虽然有政治运动的干扰，但它仍然是我“事业人生”中的一个重要阶段。它在教学和科研两个方面，增加了我对将要终生从事的职业的认识和兴趣。在知识领域，它更加实际地和在更广泛的层面上使我学习了如何耕耘“有机化学”这块“园地”的初步方法和技能。

在此期间，除了得到了教学和科研的基本训练之外，我还有幸参加了翻译《有机化学基本原理》(俄文)一书的工作。我在学习和翻译这本书(当然是部分章节)的过程中，还有一个额外的收获，就是增加了我对“杂环化学”的认识。该书作者在序言中说：“杂环化合物这一篇，仅仅叙述基本概念和基本知识，因为杂环化合物化学的发展极为广阔，即使只作扼要的叙述，也需要另卷出版。”作者的这些话，引起了我对更多地学习和了解“杂环化学”的兴趣和好奇心。这对我后来选择“杂环化学”作为一生的研究方向，也是有重大影响的。

一个人的事业旅程，大多不可能是一帆风顺的。特别是我们这一代人，政治运动几乎伴随着我们的整个事业人生。1966 年开始的十年浩劫，断送了我们这一代人最宝贵的一段青春年华。但是，这些政治运动的冲击和磨难，并没有能够泯灭耕耘在有机化学这块园地上的园丁们的志向和对它的眷恋情怀。这种情怀，对大多数的“园丁”们而言，一有机会就会“死灰复燃”。今天回想起来，就在那动乱的十年中间，我也还做了下列几件事情：

第一件事，是在 1967—1968 年，我无事可干，正好我当时手头还有一本英文小书 *Name Reactions in Organic Chemistry*。开始，我只是想借此学学英语，抱着英文字典一个字一个字地学着看，后来，我就试着把它翻译到小本子上。因为我从中学到大学都是学习俄文的，工作以后也都是看俄文文献和书籍，所以读起来非常吃力。当时主要还只是用它来打发时间而已，未曾料到在后来的几十年的工作中，这一段英文的学习倒成为我试着使用英文文献的第一块重要基石。也正是因为有了这个开头,才使我有可能在工作中不断练习着去看英文文献。也就是因为有这一点点的基础,后来(1984)我也才会有勇气去翻译 H. O. House 的 *Modern Synthetic Reactions* (*Second edition*)这本书。

不过,惭愧的是,直到现在,我的英语,最多也还只是一个“半吊子”的水平,因为我从没有正规地学习过英语。

第二件事,是 1970 年上半年,我从江西鲤鱼洲农场被调回学校,参加筹建北大制药厂的劳动。同时,军宣队还分配给我两个任务,一个是要我和两名留校学生一起,合成驱虫药——四咪唑,从小试到中试。后来,这个项目在工厂建起一个四咪唑车间,成为北大制药厂的主要产品之一。这也是我参与研制的第一个具有杂环结构的有机合成药物。另外一个任务,是给来制药厂工作的 8341 部队的复员军人上基本化学知识课,并编写了简单的讲义。

第三件事,是在 1970 年,我又被调回化学系教改组工作,并分配我给无机专业的工农兵大学生上“有机化学”基础课。按照当时的要求,教材必须要联系专业实际,所以我没有用之前化学系的老教材,而是自己编写了新的《有机化学基础》讲义(上、下册,1971 年)。1972 年,我就用这本教材给化学系无机化学专业的学生上有机化学课(当时有机化学专业的学生在北大制药厂,不归化学系)。后来,由于在“清理阶级队伍”和“反击右倾翻案风”的运动中,我受到批判而被发配到系办工厂劳动去了,这本讲义也就只教过一届学生。

第四件事,是 1974 年,我在化学系工厂二车间劳动期间,接受一项任务——合成叫 DMT 的化合物,这是工厂生产的自凝“牙托水”产品中用到的一种光聚合催化剂。这项工作也是从小试到中试,再到生产这个产品。在这项工作中,我用了一个新的合成方法,“文革”后我把它整理成文章,发表在 1979 年的《化学通报》上。

上述十年“动乱”中的几件工作,从业务上来说,都是很小很小的事情，我之所以要把它们写在这里，是因为正是这些工作，才使我和“有机化学”没有彻底“断线”，这对我的“化学人生”是不无意义的。

1977年以后，我虽然兼职做了十几年的党务工作和行政管理工作，但是始终没有离开过教学科研岗位，没有离开有机化学和杂环化学这块“小园地”。“杂环化学”一直是我科学研究工作的主要领域，其研究方向和目的主要是两个：一是具有特殊功能分子的设计、合成和性能研究，二是合成反应中分子识别作用的研究。

几十年来，虽然研究成果微薄，但自问还是努力耕耘的。所涉及的具体的研究课题，大致包括下列四个方面：

(1) 新型手性大杂环的分子设计、合成及其对于不同小分子的手性识别作用的研究；

(2) 含有不同大杂环结构单元的特殊功能分子的合成及其性能(导电性能和发光性能等)研究；

(3) 含有杂环结构单元的新的手性催化剂和手性配体的设计、合成及其不对称催化反应的研究；

(4) 具有特殊生物活性的杂环化合物的结构设计、合成及其药理性质的研究等。

在上述研究中，我们最关注的理论问题是大杂环分子的自组装过程中的新的键合作用和合成反应中的分子识别作用。

在对不同大杂环分子的合成及其自组装作用的研究中，我们希望对于分子之间的分子识别作用本质，对通常被称为“弱相互作用”的作用，特别是两个中性分子之间的键和作用本质，都能有更为深入的理论认识。

在我们合成的不同系列的含酰胺结构单元的大环中，当用其与不同的中性有机小分子或金属离子反应时，发现从十二元环到三十六元环，它们的结合比都是1∶1，这也说明这些不同大小的大杂环，通过分子内的“弱相互作用”，能自组装成一个非常稳定的、基本相同的空间结构,这种结构使它在与各种客体分子的反应中,都不会被破坏。这些实验现象似乎都说明,这些中性分子之间的“非化学键”(除共价键、离子键之外)的所谓“弱”相互作用,是一种特殊的键合作用,也并不一定都是“弱”的作用,或许我们可以把它们叫作“分子键”。

化学是一门实验科学,有机合成更是一门手艺活。所谓“化学人生”的“修炼”,除了理论思维的“修炼”外,更主要的是在实验技能方面的手艺“修炼”。但是它和其他行业的手艺活不同之处,就在于它不是直观的,在分子构建过程中是无法直接用肉眼所能看到和控制的,因此这种“手艺活”要通过“间接”信息(如光谱分析等)和实验方法来控制分子构建过程的实现。这就是它的难点,但是,这也正是它总是具有一种神秘感和诱惑力之所在。

在 2010 年,为了庆祝国际化学年(2011),《化学通报》编辑部的老同事曾约我写一篇纪念文章,我自觉资微识浅,婉言谢绝了。但是情之所至,我写了一首小诗以庆贺,它或许可以表明我对化学这门学科的认知和情怀。现抄录在下面:

化学学理欲何求,分子王国竞自由。
杜瓦瓶中看世界,键合理论写春秋。
精雕纳米功能件,巧筑双螺原子楼。
探秘神奇生命树,壮歌一阕唱神州。

(四)技术开发研究

上述的所有研究课题,都是属于基础研究的内容。在进行这些基础研究的同时,我们研究组也还开展了一些应用开发研究项目,它也应该是我履职的一部分。其中,有的是企业、公司等工业单位委托我们开发研究的项目,有的是我们自选的开发研究项目。但是,所有的这些应用研究项目,都是与我们的研究方向有关的内容;否则,工业生产单位也不会委托我们做，我们也不会无缘无故地选择这些项目。当然，选择这些项目，还要考虑到这些研究成果的当前应用需求，就是成果有转让给应用单位（企业）的可能性，否则就没有进行开发研究的必要了。还有就是，承接这些技术开发项目，并非单纯是为了技术服务社会，一个重要目的也是为了增加研究组的研究经费，用以补充基础研究项目的经费。实际上，我们研究组的研究经费来源，除了部分是从国家主管部门申请来的国家经费外，大部分就是来自那些委托开发项目的经费，包括海外合作项目经费以及开发研究成果的转让费。

开发研究项目的内容，主要是化学合成药物的研发，选题包括下列三个方面：

（1）对当前市场畅销的或者新上市不久的化学合成药物，进行新的合成方法的研究，如非甾体消炎药、新型降血压药、广谱抗癌药等。

（2）药物中间体的合成，主要是手性药物中间体的合成。

（3）特殊化学品的合成。这些化学品都是和药物合成有关的一些化合物，如体内可吸收的手术缝线单体的合成，用于药物靶向的特殊荧光分子的合成；等等。

每个开发研究项目的选择，包括接受委托开发项目，除了考虑到成果的市场应用前景外，我们更看重的，是这些开发项目及其成果在学术上的新颖性。例如，在药物和药物中间体的合成项目中，尽量选择手性药物和具有多用途的手性中间体的合成项目。

在 20 世纪的 90 年代以前，市场上不少畅销的药物都是混旋体的，这些药物多数只是其中一种光学异构体（R-型或 S-型）是有药效的，另外一种是没有药效的，甚至是有害的。1992 年，美国 FDA（食品药品监督管理局）规定：申报新药时，必须同时给出两种光学异构体的药理数据，否则是不会被批准上市的。也就是说，申报新药必须是单旋体的化合物。所以我们在选择开发项目时，主要是首选那些市场上已经热销的混旋体药物，进行它们的单旋体化合物的合成研究。同时，这些工作也正好与我们研究组的“手性催化剂的合成及其不对称催化反应研究”等基础研究课题密切相关，从而也有利于两类研究工作的相互配合。

对于另外一些不涉及光学异构问题的开发研究项目，我们就把研究重点放在新的合成方法的研究上面，这样就使我们的开发研究成果不会涉及侵犯这些项目的已有专利的知识产权问题，有的甚至还可以申请新的合成方法专利；同时我们还尽量使用国产原料和选择最优合成路线，使之更有利于企业的工业化生产，并最大限度地降低生产成本。

（五）科苑览胜——合成有机化学的昨天和明天

一个人的“事业人生”，既是他的履职过程，同时也是他对于他所从事的“专业”的认知过程。这个“认知”过程是通过不断的学习和实践而丰富和提高的，其中，最重要的一个途径就是与同行之间的交流，因为这是不能完全由个人来实现的学习和提高自己的认知的一种方法和机会。下面摘列的就是我先后在兄弟院校和研究单位进行学术交流中的部分内容提要，它或许能反映我对有机合成化学这门学科的学习心得和一点认知与看法。

化学，是一门基础科学。化学工业，是推动人类社会经济发展的基础工业，是创造人类现代文明的基石之一。合成化学，是所有化学学科和化学工业的基础。

化学发展历史上有三个里程碑：

(1) 1789 年，拉瓦锡(A. L. Lavoisier)的《化学基础论》，标志着现代化学的诞生。

(2) 1806 年,贝采里乌斯(J. Berzelius)首次确立"有机化学"作为化学中的二级学科。

(3) 1828 年,武勒(F. Wöhler)首次用纯无机物氰酸铵合成有机物尿素,从此挑战了"生命力说"(Vitalism),开创了人工合成有机化合物的新纪元。一百多年来,人们在原来的自然界之外,用完全人工的方法,又合成出了一个丰富多彩的新的"物质世界"!

1. 20 世纪合成化学的标志性成就

20 世纪化学研究的特点,是研究由原子合成分子的化学,即研究分子合成方法和结构理论。这一时期,合成化学的主要成就包括:

(1) 以分子骨架构建和官能团转换为目的的合成方法学研究,大量以人名冠名的合成反应,是这一时期合成化学的标志之一。

(2) 理论研究中推理分子的设计和合成。通过这些分子的合成及其结构研究,建立了以化学键理论和量子化学为主要内容的分子结构理论。

(3) 结构性功能分子的设计、合成和应用。如合成药物、香料、染料和各种合成纤维、塑料、橡胶等高分子材料。

(4) 天然生物活性分子的合成和方法学研究。如奎宁、吗啡、B12 等维生素、毒素、药物分子的人工合成和结构研究。天然活性分子从结构测定到完成全合成的速度,基本上能反映合成有机化学的时代发展水平。表 1 是几个代表性化合物的研究历程。

表 1　几个代表性化合物研究历程

	结构测定年代	全合成年代	历时/年
尿素	1773	1828	55
奎宁	1908	1944	36
B12	1955	1976(1972)	21
PTX	1981	1987	6

2. 21 世纪的合成化学

21 世纪，是生命科学、信息科学和合成化学共同繁荣的世纪。

21 世纪的合成有机化学，在方法学上的特点是自协性和生源化。

21 世纪之初，数学、物理学科都提出了他们的所谓“世纪难题”：数学家提出七大数学难题；物理学家提出五大难题。

化学学科的“世纪难题”是什么呢？化学家们各有不同的阐述。比如：

(1) 自然界的碳-氧循环反应、硫的循环反应等这些在自然界中已经进行了几十亿年，而且是大规模地、无穷无尽地发生着。这些反应的特点都是极其快速、非常温和、特别专一的反应，其中的化学本质是怎样的呢？可否在人工设计的条件下实现这些反应呢？

(2) 生物遗传的化学本质问题。候鸟的迁徙是祖传的基因功能，还是体内的某种灵敏的、特殊的信息物质(有机分子)的作用？

(3) 同样一个物质，在其不同状态(如纳米和单分子层)时的性质为什么会不同？分子与分子之间的作用(结合)到底有多少类型？这些作用的本质是什么？

所有这些，都是现今化学中的难题。难题就是挑战，在以后的百年中，化学家面临要挑战的问题有很多很多，我以为最主要的，至少有下面三类问题：

(1) 新型特殊功能材料的设计、合成及其理论研究。如能量和信息材料的合成和运行(贮存、转换、传输)机制的化学本质问题——化学材料学和分子工程学问题；

(2) 生命过程中化学本质问题——生源合成和合成生物学中的化学问题；

(3) 化学实体之间的相互作用本质问题——键合理论(键和非键的本质)。

这一点，当然也是前面两条中的问题。这里所谓的特殊功能分子，是为了区别于以前所说的结构性功能分子。合成的有机功能分子，根据其性能和作用机制可分为三个不同层次的类型：

● 结构性功能分子——通过设计和修饰分子中的结构单元（骨架结构或官能团）使其具有某种功能、性质和用途，如合成药物、香料、染料和各种合成高分子材料等；

● 响应性功能分子——分子因受到外部因素的激发（如光、热、电、磁场等）而产生响应性的特定的或专一的功能和性质，也可称为可调控的分子。如可承载能量传输和转换功能的各种分子器件、分子传感器等；

● 调控性功能分子——具有调控其他功能分子（如蛋白质分子、核酸分子、基因或合成高聚物等）或机体、组织的性质和功能作用的有机分子。

这后两种功能分子也可以都统称为调控型功能分子，即包括功能可调控分子和调控分子功能的分子。

早在 1917 年，费歇尔（Emil Fischer）就曾预言："我坚信，通过有机合成产物，将有可能对生物体的发展产生影响，并且所产生的影响将超过任何常规的繁殖所能达到的效果。"乔舒亚·莱第伯格（Joshua Lederberg）也说过（1959）："遗传学的幻想是能有特异性的诱变剂，该诱变剂将能穿透到一个特定的基因，识别它，并能按特定的方式改变它。"

这些理论上的设想，都是希望能合成出一些功能可调控的分子和能调控其他分子功能的分子，或者可以把它们叫"（仿）智能性分子"。

现代合成化学的任务就是要设计和合成各种各样的特殊功能材料及"（仿）智能性分子"。这里，要涉及一些新的概念和研究方法问

题,如:

(1)"分子"的概念

有两种定义(内涵)的分子。一种是由原子通过共价键或离子键结合而成的分子,即原来意义上的分子;另一种是由两个或两个以上的中性分子(或离子)通过非共价键合的方式组装成的,具有稳定的组成和空间结构的化学实体,称为超分子(supramolecule)。IUPAC对超分子的定义是:

A system of two or more molecular entities held together and organized by means of intermolecular (noncovalent) binding interactions.

这里所谓"非共价键",就是"主""客"体之间的键合作用,我们不妨称它为"分子键",就是通常所说的分子之间的"弱"相互作用,包括分子间的氢键、π-π 相互作用、范德华力和非水相互作用以及我们还尚未认识的分子之间的键合作用,等等。

爱因斯坦曾说过:物质是由实体和场组成的。上述这些作用与爱因斯坦所说的"场"有什么关系?中性分子有"场"吗?现在所有的关于化学键的理论,"都是把分子假定为一个零温度下的欧几里得空间的物体,其核常常被固定在某些几何安排上,而电子则处于其特殊的电子态。"这是意大利量子化学家 Enrico Clementi 在"Evolution of Concepts to Model Chemical Binding"一文中的结论语。

(2)"合成"概念的新内涵

原来概念中的合成有机化学,主要是通过反应物之间的官能团转换,实现原子间的新的键合,从而生成新的分子。这种合成过程,多数情况下是分步进行的。超分子合成的特点是两个或多个反应物之间整体协同的自组织过程,是瞬间的、同步的"自协"过程,这种"合成"过程,可能更接近于生物体内的"合成"过程。

(3) 分子识别作用原理

这是现代合成化学(方法)中的一个重要的理论基础和指导思想。为了实现任何一个普通分子或者超分子的合成过程,关键就是两条:一是反应物和试剂的选择,二是微环境反应条件的设计和建立。

在超分子合成中,无论是对主体分子和客体分子的结构设计,还是合成方法和合成条件的选择,都要特别考虑和运用分子识别原理。主、客体分子在微环境条件下的自身结构自协过程和外加模板控制反应,都是在分子识别过程的驱动下进行的。

下面是一些是具有特殊功能的化合物的合成和性能研究的初步探索实例。

(1) 电致功能分子

由 TTF 和 TCNQ 两个结构单元合成的第一个分子整流器:

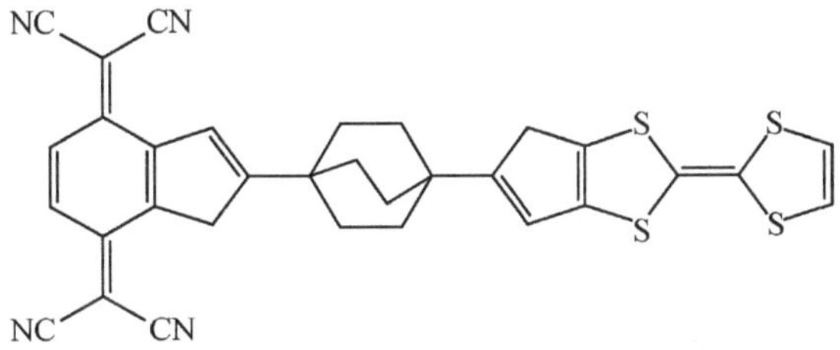

(A. Aviram,Chem. Phys. Lett., 29(2),277—283,1974),可表示为 M/A—X—B/N (A=TCNQ,B=TTF,X=碳环结构单元,M,N 是两个电极)当接通交流电时,它能输出直流电;当加相反偏压时,则没有电流通过,所以是一个整流二极管。其厚度只有 5 纳米,是硅片(1—3 毫米)的几百万分之一。

第一个具有实用意义的有机导体是聚苯乙炔(polyparaphenylene vinylene,PPV,1976 年),但是,PPV 本身并无导电性质,当用碘掺杂后就具有很高的导电性。

(2) 有机光导材料

有机光信息材料有很多种,如有机光导材料、光致变色材料、非线性光学材料、液晶光学材料,等等。

第一个具有实用意义的有机光导体(OPC),是 IBM 公司开发的聚乙烯咔唑和三硝基芴酮组成的电荷转移复合物,PVK-TNF:

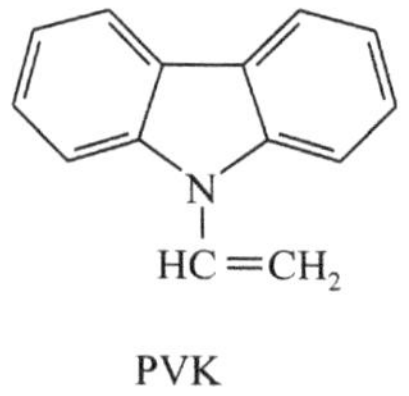

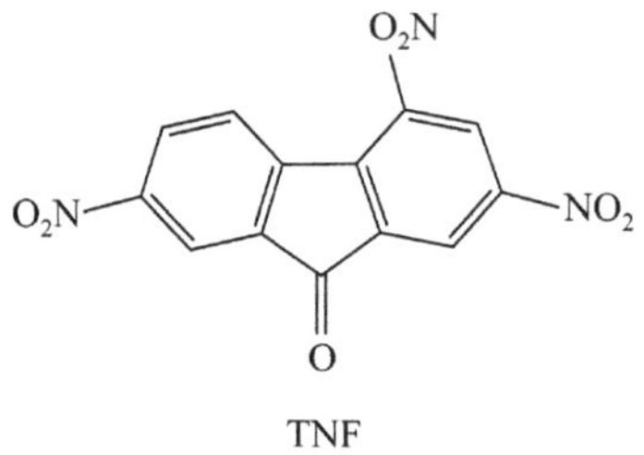

(3) 有机贮能材料

主要有两种:一是光-热转换材料——蓄热材料,如日本学者吉田善一等人合成的取代降冰片二烯类分子,在 485 纳米光照下可储能 92 千卡/千克:

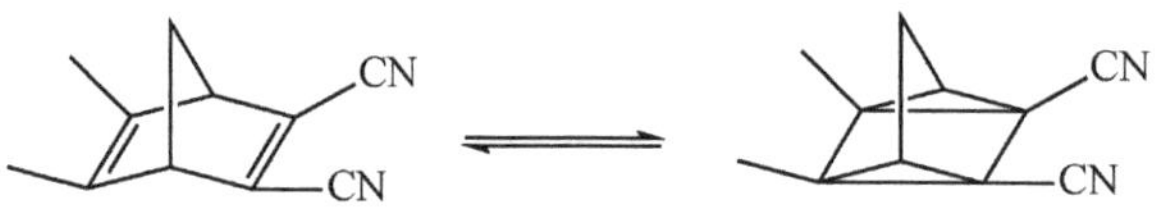

二是光-电转换材料,如太阳能电池。其中研究得最多的是酞菁、部花菁和聚乙炔三类化合物。

(4) 有机磁性材料

通常认为有机化合物都是抗磁性的(电子是成对的),1961 年爱得斯登(Edelstein)和麦德尔(Mandel)发现,间-三硝基苯氨基咔唑和 Wursters 的过氯酸盐在低温(1.5—4K)时(固体自由基)有明显的磁性(J. Chem. Phys.,35:1130)。

1989 年,人们又首次发现了一种室温稳定的有机固体磁性材料(J. A. C. S.,111:1925),它是 HMT-TCNQF_4 和五氟化砷制成的电荷转移复合物:

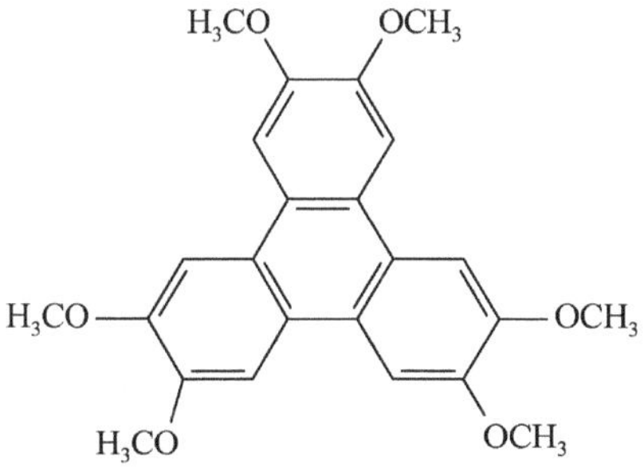

HMT

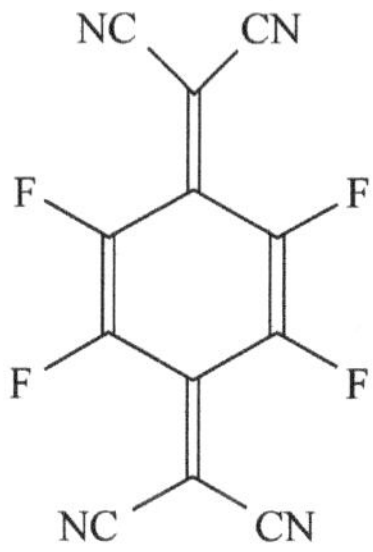

$TCNQF_4$

(5) 生物功能分子

指模拟光合作用的固碳反应，如四苯基卟啉烷氧基铝和 N-甲基咪唑组成的催化体系，能将空气中的 CO_2 固定下来，有相当好的催化效率：

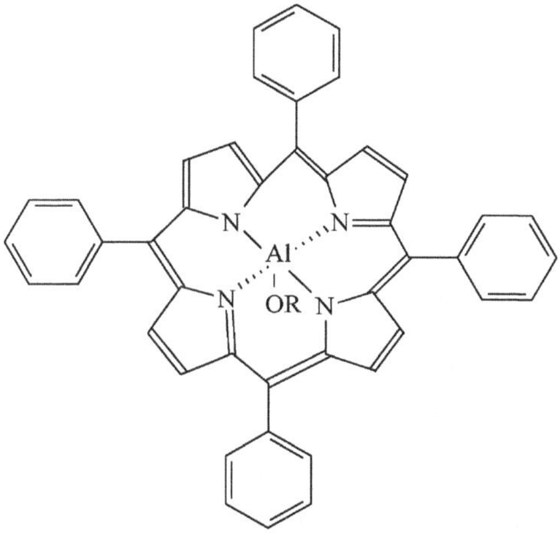

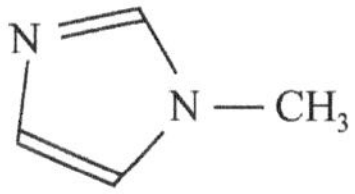

模拟血红素功能的载氧作用，如日本学者土田英俊合成的磷酸胆碱取代的四苯基卟啉化合物：在氧分压为 110mmHg（相当于肺部氧压）时与氧的结合率为 70%；在 40mmHg（相当于肌肉中的氧压）时，与氧的结合率为 40%，并能将 30%的氧释放出来，这就接近生物血液中输氧-送氧的作用，而且在白鼠、兔子身上试验时也取得

了很好的效果：

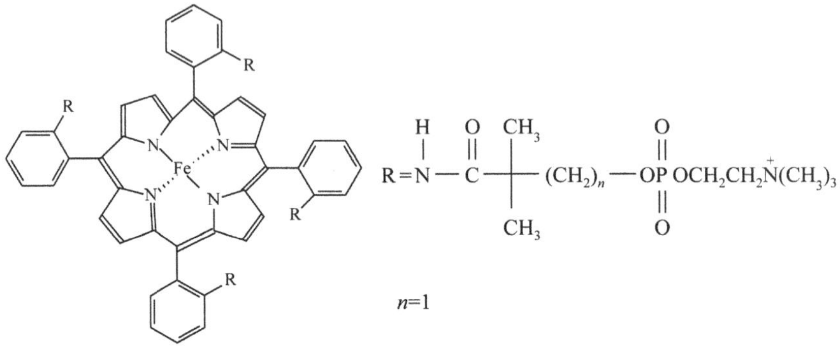

还有如各种各样的模拟酶、合成生物膜等。但是，所有这些，都还只是实验室的研究成果，与自然界的化学过程还相差太远，至多还是属于仿生化学试验，离自然界的生物化学反应本质还相差甚远。

自然界最初如何合成大量的、各不相同的手性化合物，更是一个十分迷人的问题。如：组成天然蛋白质的氨基酸都是L-构型的；天然糖全是D-构型的；自然界是如何自动识别选择并进行定向合成的呢？自然界的这些手性分子在一开始又是如何产生(起源)的呢？这些问题，人们虽然已经进行了许多有益的尝试，但离揭示问题的化学本质还有很长很长的路要走。又如：我们已经可以用完全人工的方法，合成和天然胰岛素完全相同的牛胰岛素；但是，当我们将人工合成的A链和B链连接到一起时，它是如何自动结合成具有和天然胰岛素一样的高级结构，并具有和天然品完全相同的生物活性的呢？我们还是不清楚。我们可以在一些非常极端的条件下，使氮、氢、氧、碳等元素生成氨基酸；但是在体外，即使在相当于生理条件之下，现在还完全无法做到。

Woodward曾用色氨酸、双羟基苯丙氨酸、甲醛一起反应得到了(虽然很少)马钱子碱，但是，这最多也只能说明，天然马钱子碱在生物体中可能是经由色氨酸合成的：

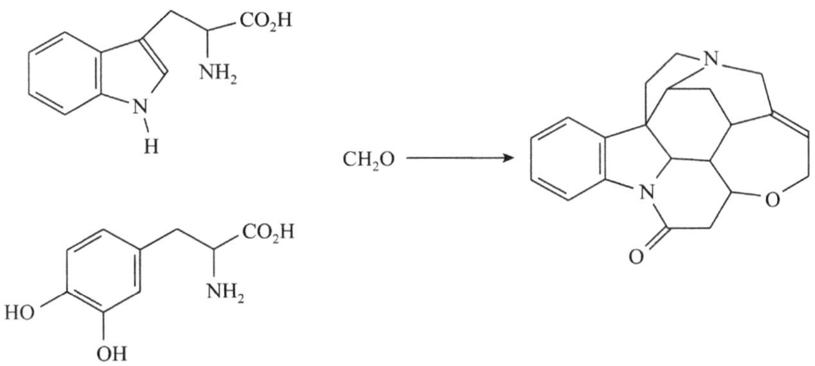

A. R. Battersby 用胆色素原——一种天然存在的小分子吡咯化合物——在脱氢酶和脯合成酶作用下合成了原卟啉(还原卟啉)。并且通过同位素标记方法证明，最终产物的结构，是在胆色素核(开链体)关环反应时，发生酶促重排反应，它是在丁环上的分子内重排。如果使胆色素核在没有酶存在下进行化学方法关环，则得到的是丁环上的取代基没有重排的环化产物。对于这样一个十分奇特的重排反应，现在我们还是一无所知：

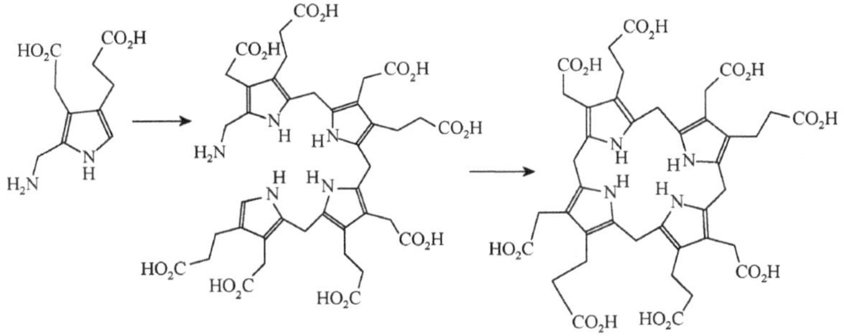

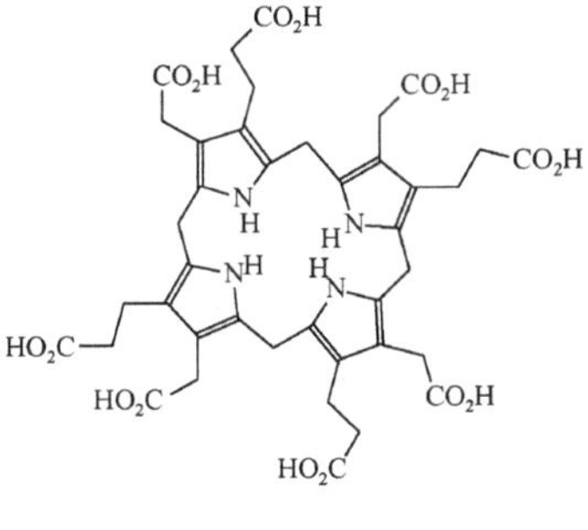

自然界中的无机硫可能是通过光合作用转化为有机硫化物的，从而形成了自然界中第二个硫化物的循环体系。下面的反应，是我们对这个光合作用反应的模拟实验结果：

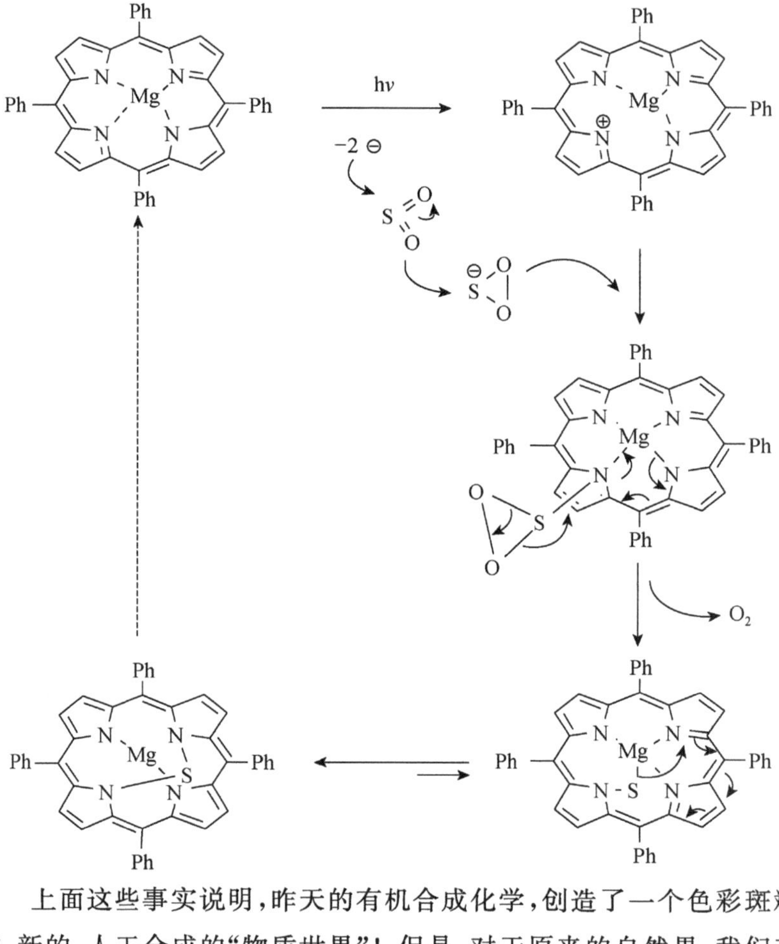

上面这些事实说明，昨天的有机合成化学，创造了一个色彩斑斓的、新的、人工合成的“物质世界”！但是，对于原来的自然界，我们基本上还是置身于它的外面，对里面的“西洋景”我们还只是窥豹一斑而已。要想进一步了解这些美妙的“西洋景”，还沿用老的合成化学理论和思维方法，恐怕是很困难的。诸如分子识别作用的结构原理；

分子与分子之间的定向、有序自组装过程的化学本质；原子之间和分子之间的键合（特别是非共价键）作用本质；以及所有这些作用过程中的能量来源和传输机制，等等。而所有这些，在自然界、生物体中，发生得都是那么平和、快速和定向有序。所有这些，正是新时期合成化学的挑战所在，也是合成化学的魅力所在。

对当前化学研究中一些问题的思考

（2005 年 1 月）

（一）20 世纪化学研究的特点和成就

20 世纪化学研究的特点是研究分子的化学，即研究分子的合成方法和结构理论。

这一时期的主要成就包括：

（1）以分子骨架构建和官能团转换为目的的合成方法学研究，大量以人名冠名的合成反应是这一时期合成化学的标志之一；

（2）以化学键理论和量子化学为标志的分子结构理论的建立；

（3）结构功能分子的合成和应用，如高分子材料、生物功能材料、药物、染料等；

（4）天然生物活性分子的合成和方法学研究，如喹啉、吗啡、B_{12}等维生素、毒素、药物分子；

（5）化合物的分离、纯化技术和分子结构鉴定方法的发展，如层析技术、各种光谱方法和物理测试方法（X 射线衍射、NMR、MS、IR、扫描隧道显微镜等）。此项应该是物理学和电子学的成就，化学研究只是得益于物理学的成就。

（二）我国当前化学研究中的问题

最近，我国学术界都在谈论中国五千年文明史，特别是人文社会科学领域的学者们，更是大声疾呼要发扬我国的传统文化。有不少人还撰文，讨论近两百年来我国的科学技术发展落后乃至停滞的原因，除了内战、列强入侵导致经济衰退之外，还有东西方文化差异造成的。那么差异在哪里呢？

我们中国人总是很自豪我们在人类科学发展史上的许多光辉成就，而且是远远先于西方很多年，如火药、医药、印刷术、天象仪、指南针和炼丹术等，但是，我们在近代大大落后了！或者说衰败了。落后的根本原因当然是国政衰败，外强入侵，导致国弱民穷。但是，除此之外难道就没有人为的原因吗？就是在这样的国情下，我们还是在科技方面做了不少大事的，如“两弹一星”，神五、神六等这样的大项目也不是任何一个经济落后的弱国所能搞得起的啊！的确，“两弹一星”，神五、神六等的成功，使我国在航天领域有了发言权，但是，我们在科学领域仍然是处于话语权较弱的地位。为什么呢？可能是与科学和技术不全是一回事有关。我们没有从火药、中医药、炼丹术中发展出化学；没有从天象仪、指南针中发展出物理学、天文学。为什么？因为我们根本思想就是在于应用，只是为了应用，满足于应用。

爱因斯坦说：科学的目的首先是提高人的精神境界。按《辞海》和《汉语词典》的定义，科学是反映自然、社会、思维等客观规律的知识体系。如果按这个定义，我们的很多东西，如中医药，还只能算作“术”。

科学是无国界的，任何一个科学成果都是为全人类造福的，因为它能够影响和推动整个人类社会的发展和人类文明。它不是只为某一人群或利益集团服务的，“诺奖”就是属于这样一类的科学研究成果。

就我们化学学科而言，这三十年来，合成胰岛素是被反复颂扬的一项重大成果，应该是属于上面所说的“天然活性物合成”一类科学成果，但是离“诺奖”的水平还有很大差距。

近五十年来，获得诺奖和相当于诺奖的华人有七八个，但都不在国内，[①]国内为什么没有出现这样的杰出人才和科学成果呢？该是国人应当认真思考的时候了！经济落后、科学研究经费匮乏等客观条件，当然是一个重要原因，但我以为这不是唯一的原因，甚至不是根本原因。根本原因应该是创造性研究环境和科学政策导向问题，具体说有下列几点：

（1）科学政策指导思想上的功利主义

在科学政策导向上存在严重的片面性。经济建设上的浮躁、短视、急功近利的指导思想反映在科学政策上，就是功利主义，把理论和实际的关系对立起来，将理论联系实际简单化和庸俗化了，实际上是不承认科学理论对社会发展、人类文明的推动作用。

中华人民共和国成立五十多年来，我国科技界绝大部分时间是在批判理论脱离实际的政治运动中度过的，片面强调科研为当前的国民经济建设服务，认为基础理论研究是“象牙塔”。聂帅当科委主任时曾说过“我们国家这么大，要拿出一部分钱来做纯理论研究，就算是下闲棋吧!”这已经是最重视基础理论研究的了。但很快这种思想也又被批判了，“文革”十年发展到极致，把理论和实践的关系上纲为政治立场问题，完全政治化了，搞理论研究不光是无用，而且是人民的罪人。改革开放以后，科学界的思想禁锢打开了，但功利主义的指导思想并没有改变，表面上也说要重视基础理论研究，还成立了一个国家基金委员会，但是，功利主义的指导思想实在太根深蒂固了。比如：科学院搞课题组自己养活自己；高等学校搞产学研基地；甚至

① 屠呦呦因在抗疟疾药物领域的突破性贡献——发现青蒿素(Artemisinin)而于2015年10月5日荣获诺贝尔生理学或医学奖——编者注

在一张小小的基金申请表中，都要专门设一栏，必须要填上该项研究的经济效益。处处都反映出功利主义指导思想的作用。

(2) 科学研究机构体制混乱

我国的科学研究机构分为三块，即科学院、高等学校和工业部门所属的研究院(所)。本来这三块的功能应该是不同的，但现在实际上完全搞混了，或者说在上述的指导思想下完全一样了：大家都做一样的课题，都是到科委和基金委去拿钱，都一样要千方百计地去找企业挂钩做企业的项目(任务)，都一个标准招收和培养博士生，等等。

(3) 人才培养和使用中的问题——人才和专才，从中学就向专才发展，人才专业化，专家官员化

科学发展的关键是人才，高水平的科学理论只能产生于具有高水平理论研究人才的机构，而这样的理论研究人才靠现在这种教育方式是培养不出来的。因为现在的任何一个重大的科学研究成果都是具有跨学科的特点。我们从 100 年来的化学诺奖项目，可以明显地看出基础理论(纯科学)和学科交叉这两个特点：

	化学奖 92 项	得奖人数
1901—1960	52 项	64 人
1961—2000	40 项	71 人
1901—2000	(其中有 8 年未颁奖)	134 人

在前 60 年中的 52 项奖，基本上是纯化学学科的内容，得奖人大多是一人一项；在后 40 项中，有 31 项是化学与物理学或生物学交叉的，占 3/4。每一奖项的得奖人数，在 40 项中，有 21 项是两个人或三个人共得的，占 1/2。

所以现代科学理论研究人才，不但要有坚实的本学科的理论基础，而且要有广博的跨学科的知识。因此，这就必须要求我们的高等

教育,尤其是综合性大学,一定要培养具有“宽口径,厚基础”的人才。特别是在研究生教育中,一定要彻底摈弃功利主义(更绝对不能再滥发博士帽了)。否则,再这样下去,不但毁了一代有为人才,也毁了我国的科学事业,当然也势必影响我国的现代化进程。

在现有专业人才的使用方面,同样存在严重问题,这里只说一个问题,即“专家官员化”。专家,不让他们专心致志地去搞他们的学问,而非要给他们戴上官帽子,此为何故呢?

专家是否愿意去从政而放弃自己的专业,这是每个人的职业选择,无可厚非。我们这里说的不是这种情况。说的是在政策上!即:当一个人刚刚有了一点学术上的成就,成为某方面的专家时,他很快就会得到各种官衔,其中有虚有实。不管是虚还是实,但各种场面上的活动都是实的。于是这个专家的主业就改变了,变成科学家兼“社会活动家”。久而久之,这些各个专业领域的专家,就变成为专职的“社会活动”家了。至于这些“家们”,有的开始是十分不情愿,但没有办法,最后也就半推半就地改了行,但绝大多数人是不乐意的。他们对自己的专业领域有无限的眷恋,可又不敢违抗上命,只好无可奈何地应付着,日子久了,眼看着自己在学术同行中一步步后移,最后只能是“无可奈何花落去,叹观他人千帆景!”

请看我们周围的院士、专家们,哪位头上没有几顶官帽呢?他们是苦是乐,领导者们知道吗?这样做的结果,无非是得到一个政策上重视专家的名声,可毁掉的是我国的科学事业,是我国科学家问鼎诺奖的机会啊!特别是对于风华正茂的年轻科学家,真是太可惜了!

(4) 科学政策上的功利主义必然导致科学研究中的急功近利

科学上的每一项重大成果,都是要科学家付出长时间的艰苦的、坚持不懈地努力,甚至尽其毕生的精力才能成就的,但是,在功利主义的政策导向下,科学家们为了完成各种各样的指标,只能避重就轻,挑容易的课题做,谁会愿意去坐冷板凳呢?你看一个 SCI 竞赛,就把全国的科学家都调动起来了,整个科学界沸沸扬扬,如火如荼!快发文章、多发文章,是科学研究的唯一目的,因为这直接关系到每个科技人员的升职、晋级、获得经费、评奖、晋升院士、当杰出青年和首席科学家,甚至关系到住房分配等切身利益。

科学研究中功利主义反映在科学研究方法学上的表现就是还原论和简单化思想方法。以新药研究为例,现在药物分子设计研究,主要是下列几种方法(这里指的是化学合成药物):

● 合成化合物筛选法。起初是从上万个化合物中一个一个地筛选,到了 20 世纪 90 年代,发明了高通量筛选和组合化学。随后的事实已经证明,这是个耗资极大、成效甚微的方法:前者,从一万个合成的化合物中筛选到最后能够成为药物的也就一个或两个,耗资大约近 3 亿美元,费时 10 年左右;后者虽然速度要快多了,但要到三期临床之后才能确定,而且最后如果有某一个方面的性能达不到,则前面所有的财力、人力和时间的投入就全部付之东流了,有人估计这种方法的损耗率要大于 90%以上。

● 先导药物结构修饰法。其一是以天然化合物为先导药物分子进行修饰,其二是以合成的化合物为先导药物分子进行修饰。后者一般是通过药物分子有效结构单元叠加原理和计算机模拟设计合成的分子作为先导药物分子。近来利用 Lipinski 规则进行先导药物分子设计的方法也是属于这一类型。这些设计方法上的问题,根子就在于机械论的思维方法,总是习惯于将复杂的问题"还原"为简单的程式。

功利主义在人才培养和使用上的表现,就是人才标准过于格式化,单一化。首先,社会对于人才的需求是多方面的。其次,"人才"在不同年龄段时的能力和作用是不同的,年轻人才是整个研究人才中最活跃、最有生气的骨干,唯学历(位)论和唯年龄论都是不可取的。再次,人才价值、功能的实现和发挥是整体性的,协同性的。人才是知识的载体,所以对于知识的认识也是十分重要的。

知识、学问来源于积累,历史的积淀!知识是对客观事物的认识,是一个永无止境的(认识、沉积)过程。知识只有在不断地补充、修正中发展。不是如一杯牛奶,过了保质期就得倒掉。

任何一个学科中的任何理论,都是在不断发展的。如对天体、宇宙的认识;对生命现象的认识;对我们所居住的地球的认识。再具体点,如对化学键的本质的认识,直到现在还是处在认识不断深化的过程之中,相信必将会有不同于现有的化学键理论的新的理论产生。就连一个小小的水分子结构的研究,在不同的历史时期,都有非常重要的成就,现在也还处于更深入的研究过程中。

生命过程中的化学问题的研究,更是一个众所周知的特殊例子了。1993 年诺贝尔奖得主穆利斯(Kary B. Mullis)在演讲词中说:"艺术家所表达的信息永远和它的原创形式相联系的,而科学家的则是被不断地修改,扩大以及与其他人的思想和结果融合起来,然后共同溶入组成我们文化的知识和思想的河流中去。"(Mullis,美国生物化学家,因发明多聚酶链式反应即 PCR 技术而获奖)。所以艺术品有正品和赝品,而科学成果无所谓赝品(剽窃不能算成果)。但是一切科学、文化成果都是连续的。

概而言之,当前化学研究(实际上是整个科学界)中的问题是:重眼前,轻长远;重技术,轻理论;重仿制,轻创新。其实,这些实践和理论的关系问题都是老掉牙的问题了,不过现在不是由于政治问题而歧化,而是由功利主义造成的。

如何解决这些问题呢?首先,还得从根上来,从思想认识上改弦易辙,现在不是提倡创新,并以创新为国策吗?要创新,就必须要大力加强基础理论科学的研究,靠仿制是无法实现创新的。其次,在政策上,要调整支持方向;在不同机构的任务上,要明确分工,界限清楚;在人才使用上,要用其所长,各得其所;科学家、研究人员也要提高志向,有不怕坐冷板凳和安于清贫的精神。总之,为了使我国在 21

世纪内能够发展成为世界经济强国，首先，要使我国成为科学技术强国，要在相当广泛的领域登上科学理论的高峰。作为重要标志之一，就是问鼎诺奖，但是，诺奖只是一个标志，绝对不能变成指标！为此，我们必须要彻底摈弃功利主义，抬起头来仰望天空，鼓起勇气，敢于挑战当前科学理论领域的难题。

（三）新世纪化学研究的重点目标

21世纪之初，数学、物理学科都提出了他们的所谓“世纪难题”，数学家提出七大数学难题；物理学家提出五大世纪难题。化学学科的“世纪难题”是什么呢？徐光宪院士在“21世纪化学学科的发展方向”一文中曾提出四个方向或难题（化学通报，2003，6）：

（1）化学反应理论——建立含时多体量子理论和统计理论，这是化学的第一根本规律；

（2）结构和性能的定量关系——化学的第二根本规律；

（3）生命现象的化学机理；

（4）纳米尺度。

科学的目的就是求真、求实，科学研究的过程就是对客观世界的求真求实的过程。化学研究的目的，就是研究物质世界的化学本质的科学。因此，化学是比物理科学、生命科学、天体科学等学科更具基础性的基础学科，尤其是在当今的一些新兴学科中，如信息、生命、材料、环境、能源等学科中，化学仍然是一门中心科学、基础科学。在化学学科中，合成化学又是整个学科的“根”和“源”。徐光宪院士在上述文章中提出，21世纪是信息科学、生命科学和合成化学共同繁荣的世纪。

基于上述这些分析和认识，我们以为在今后的几十年中，应当将下列问题作为我们化学研究的重点攻关课题：

(1) 新型能量和信息材料的合成和运行(贮存,转换,传输)本质问题;

(2) 生命过程中化学本质问题;

(3) 化学实体之间的相互作用本质(键和各种非键相互作用)问题。

例如在生命过程的化学本质问题中,自然界的两类基本循环反应的本质问题,已经困惑了历代化学家很多年,但它一直是十分诱人的问题。如下面两个反应:

$$H_2 + O_2 \rightleftharpoons H_2O$$

$$CO_2 + H_2O \rightleftharpoons (CHOH)_n$$

自然界中的这两类循环反应的特点是快速、温和、专一,而且是大规模的。这两个反应看上去很简单,实际上是至今人们还未完全认识的一个重大问题。首先,对合成化学家来说,如何在与自然界相同的条件下实现这两个反应;其次,理论化学家的兴趣是研究这两个反应的机制是怎样的。

近20年来人们关于模拟光合作用的研究有一定的进展。主要是在催化固碳方面,如卟啉铝催化剂有很相当好的催化效率。

在模拟血红素功能方面也有一些进展,在兔子实验中,使其血氧压几乎接近人的血氧压。但是,这些实验室的研究成果与自然界的化学过程还相差太远,至多还是处于仿生化学的范畴,还远没有进入化学生物学的领域。

(四) 21世纪的合成化学

化学与人类社会发展的关系,就像水和空气与地球的关系一样,是无处不在和无时可缺的。

20世纪的合成化学,创造了我们人类的现代文明。作为化学生物学和化学材料学基石的合成化学，在21世纪中将会再一次改变我们人类社会的面貌，给人类带来更加光辉的未来！

合成化学家的科学思维既要像诗人一样浪漫，又要具备匠人的手艺和绣女一样的细心。

(1) 20世纪有机合成化学的成就

可以概括为下列三个方面：理论研究中推理分子的合成，天然生物分子的合成，结构功能分子的合成。

(2) 21世纪有机合成化学的具体目标

包括特殊功能分子的设计、合成和性能研究，它们是研究生命科学和材料科学前提和基础。

根据有机功能分子的作用机制和性能，可分为三个不同层次的类型：

- 结构型功能分子——通过设计和修饰分子中的结构单元（骨架结构或官能团）使其具有某种功能、性质和用途，如合成高分子材料、合成药物等；
- 响应型功能分子——分子因受到外力的作用（如光、热、电、磁等）而产生响应性的特定（或专一的）功能和性质（也可称为可调控的分子），如各种分子器件、分子传感器等；
- 调控型功能分子——具有调控其他功能分子（如蛋白质分子、核酸分子、基因或合成高聚物等）或机体、组织的性质和功能作用的有机小分子。

这后两种功能分子也都可称为调控型功能分子，其主要特点都是基于分子识别的多种非共价键的协同作用。

早在1917年，费歇尔(Emil Fischer)就曾预言："我坚信，通过有机合成的产物，将有可能对生物体的发展产生影响，并且所产生的影响将超过任何常规的繁殖所能达到的。"

乔舒亚·莱第伯格(Joshua Lederberg)也说过(1959)："遗传学

的幻想是能有特异性的诱变剂,该诱变剂将能穿透到一个特定的基因,识别它,并能按特定的方式改变它。”

在现代生物学研究中,利用寡聚核苷酸定点诱变技术(如 Michael Smith)就是希望用合成有机分子来影响和调控生物大分子功能的尝试。

在现代分子电子学中的各种分子器件都是属于可调控的特殊功能分子(超分子,如聚乙炔并无导电性质,但碘掺杂后就具有很高的导电性)。

(3) 新世纪合成化学中的新思维

以往是在战略上进行宏观设计,战术上进行微观操作;新方法是在战略上从微观进行设计,操作时(战术上)是用“宏观”(整体的、协同的)方法进行。

首先,关于分子的概念扩展了。或者说有两种概念的“分子”:一种是由原子通过共价键或离子键结合而成的分子,或者叫本体分子;另一种是由两个或两个以上的化学物种(如本体分子)通过多种类型的非共价键协同相互作用形成的特定组合体,即超分子(supramolecule)。

其次,在合成的设计思想上是将“宏观-微观”,变为“微观-宏观”,如:分子化学时代的合成化学,是从“宏观”目标要求出发,设定合成分子,然后利用极性结合原理,通过共价键进行分子骨架构建和官能团转换合成目标分子;超分子化学时代的合成化学,是从“微观”性质和作用出发,如生命过程中的化学作用、分子器件中的功能作用(开关、整流等),设计组合体系,利用分子识别原理,由两个或多个化学物种-本体分子之间,通过“分子键”协同作用(synergy),形成一个特定的化学实体,即超分子。

超分子形成过程中的分子识别作用有两种类型,即静态识别——普通的锁-钥识别(lock-key,host-guest,natural recognition)

和动态识别——诱导识别作用(induced recognition)

(4) 新型药物分子——调控小分子的设计和合成

在药物分子设计中,分子化学时代的合成设计指导思想是“打杀”,也可以说是从“破坏”出发的,如抗癌药、杀菌剂、麻醉剂、降压药等等。

新的药物合成分子设计思想是“调控”“自协”。多数中药的药理就是通过对机体的调控作用达到治病目的的,如增强免疫功能的药物等。为此,新药分子设计的出发点应该是从这两个方面入手:① 研究中药原理;② 内源性活性分子作用原理。如近年来发现,利用生物体(细菌、植物、动物等)中存在的免疫分子抗菌肽杀伤癌细胞,其中的一个可能作用机理就是调控机体本身的免疫功能(国外医药,2006,1：15)。

(5) 器件分子的设计和合成

器件分子都是超分子体系。可大体将其分为由“种子”分子和“激活因子”(化学物种)组成的：“种子”分子(seeding molecule),具有响应性功能的分子,即受体(receptor)或主体(host)分子,如聚苯乙炔(PPV),酞菁、冠醚等大环分子。激活因子(如电、光、热和化学、物理作用等),即底物(substrate)或客体(guest)分子,如碘、金属离子、中性小分子等。

上文提到的 PPV 掺杂碘以后就成为导体例子中的碘等。

(6) 超分子体系

● 超分子的合成——基于分子识别作用(过程)的自组织(装);多种非键相互作用的协同作用(synergy)。

● 超分子的结构——具有电子、离子、空穴定向迁移功能和特定空间构象的高级结构。正是这种高级结构,决定了超分子的各种特殊功能作用。

通常用单一化学结构式所表示的小分子,实际上不是真正的活性分子,只有当它们组装成具有高级结构的超分子时,才是真正的活性分子。

这里实际上存在一种新“反应”,不同于以往概念中那种化学反应的“反应”。

(7) 手性催化剂设计、合成和不对称催化反应

手性催化剂的作用原理就是一种调控作用,在分子识别基础上的调控作用。

(五) 现代合成化学方法学

经典的合成化学方法学,是基于合成子的分子结构骨架组建。

现代合成化学方法学是基于化学仿生学(Chemical Biomimetics)的方法学研究。目前主要是在专一性、温和性(温度、压力、溶剂自然化条件)和快速性等方面的仿生源方法学研究。大体包括下列各点:

(1) 专一性催化合成反应

- 天然手性分子催化的专一性合成反应;
- 合成手性催化剂的不对称催化合成反应。

(2) 绿色合成反应

- 水溶液合成反应;
- 离子液体条件下的合成反应;
- 固体反应。

(3) 原子经济反应

- 无排放合成反应;
- 一锅法合成反应;
- 多部串联合成反应。

(4) 仿生源合成反应

如:

- 多烯—多环合成；
- 多酮—多环合成；
- 马钱子碱的一步合成；
- 非常条件下的氨基酸合成；
- 胰岛素的 A—B 链环合反应。

最后，还需要说明的是：我们这里只是讨论当前化学研究中的倾向性问题，目的是希望在政策导向上能够正确处理理论研究和应用研究的关系，创建一个有利的科学研究氛围。此处并非否定应用研究的价值和重要性，恰恰相反，任何理论成果都是从应用研究的过程和成果中产生的。每个诺奖得主都不是一开始就进行纯理论研究的，而是首先开展有具体目标的应用研究。理论是研究的成果，不是计划的结果，所以诺奖是无法订计划指标的。因此，实际上，对于每一位研究者来说，时时事事都在同时进行应用研究和理论研究。问题是如何从应用研究的过程中发现其中的更具本质的理论问题，并将其升华为理论成果。要达到这个目的，就取决于两个条件：一是研究者的能力、志向，二是政策上创建的有利氛围。这就是本文讨论的主旨。

化学与环境

——合成化学工业的挑战和机遇

建设和保持人类文明的可持续发展,是世界各国的共同国策,是维系我们共同的生存环境——地球,其生命延续的唯一途径。

环境和环境治理问题已经成为各阶层人群在各种场合发表议论的中心话题。发展经济的根本目的就是改善和提高人类的生活质量,因而人类的生存环境问题,必然就成为人们最关心的中心议题。这些关心和议论,无疑是推动社会进步和人类文明的强大动力,也是人类文明自身的一种表现。

化学与环境问题,其本质是化学与经济发展和人类文明的关系问题。这种关系和作用,小到我们日常的吃、穿、住、行、用,大到整个社会的发展、文明和进步,无一不能够离开化学的发展而发展的。但是这是对过去的化学和化学工业的评价问题,这是科学史家讨论的问题,我们现在不讨论这个问题。我们的兴趣更着眼于未来、发展和科学研究层面上的化学与环境问题。具体来说主要涉及两个问题:其一,化学和化学工业对环境的影响问题;其二,化学对改善环境的作用问题。

现在有些舆论认为,发展化学工业和遏制环境污染是一个无法解决的死结,这是一种悲观的、无所作为的论调。化学是近代史中造福人类的最大功臣,这是毋庸置疑的。但是,也无须讳言,现在的化学工业确实还存在许多严重的问题,这些问题不光是对人类生存环境造成危害的问题,而且也是对世界有限的能源和物质资源如何最高效、最经济与最充分利用的问题。合成化学工业,在其百余年的发展历史中,特别是近半个多世纪以来突飞猛进的高速发展,为人类创造了今天的辉煌,但是面对现在全球性可持续发展的关键时刻,合成化学工业遇到了新的挑战。显然,这种新的挑战正在推动着合成化学工业面临一次新的革命,令其进入一个全新的发展境界。也就是说,化学工业将成为"环境友好工业"。在这一新的发展阶段(或许要 50 年左右)中,合成化学工业的基本特点将主要表现在下列三个方面。

(一) 合成化学工业的基本特点

1. 自然化

(1) 产品自然化,大力开发天然产品

● 食品添加剂,包括香料,色素,防腐剂等。据 2000 年的统计资料表明,全世界的合成色素,已经从原来的 100 种减少到现在的 10 种左右。在日本,天然色素的年贸易额为 200 亿日元,合成产品只有 20 亿日元。在美国,天然色素的年销售额占总销售额的 78%。在我国,1997 年使用天然着色剂 8000 吨(85%),合成着色剂 1500 吨(15%);1998 年食品添加剂的产量为 140 万吨,其中天然产品已占 70%。

● 大量开发和使用天然农药和天然肥料,逐步减少和不用化学合成农药和化肥。

● 建筑材料和包装材料的自然化,这是当前最大的化学合成产品污染源之一。现在"绿色材料"和可降解材料的研究、开发和使用,已经有了非常喜人的发展。

● 天然药物的使用和中药现代化。

(2) 制备方法自然化

所谓自然化合成方法,也可叫作“绿色合成法”。主要包括下列几种方法:

- 以水为溶剂的有机合成反应。
- 零排放和无有害副产物排放的有机合成反应。这类反应也是属于原子节约有机合成反应。
- “一锅法”多重有机合成反应。这里包括多个完整反应的“一锅煮”,同时完成的反应和多步反应的连续进行,不分离中间体的连续合成反应。

2. 高效化

(1) 提高材料的使用效率

如传统的电灯(白炽灯),90%的电能是以热能形式消耗掉了;而冷光材料(LED 灯),几乎 100%的电能都变成光能。

(2) 生物催化

如 α-苯乙醇,用化学法生产,其成本为 4000 美元/千克;用生物催化法生产,其成本为 1000 美元/千克,生产每千克产品,酶消耗只占总成本的 4%。

现在人们发现的酶已超过了 5000 种,已经得到其结晶品的只有数百种,已经清楚其化学结构的酶也有许多种(具体数量尚待精确统计)。随着蛋白质结构解析技术的日新月异,相信会有更多酶的化学结构被揭示出来。然而,可以说目前对绝大多数酶的化学结构还不清楚,甚至还没有拿到纯品。

不过,混合生物催化(像自然界,如土壤中发生的变化那样),或许也是一种很好的方法。

3. 小(微)型化

如 纳米技术的使用。又如水处理,从大的自来水厂—家用饮水机—小小的饮水杯。

新技术就像一匹刚烈的千里马,骑士只有正确使用手中的缰绳,才能让它在正确的方向上驰骋。化学技术(新成就)是这样,纳米技术也必然是这样。纳米级的物质对于人类(健康)是否有危害,危害是什么?现在尚不清楚。如我们现在每天都在使用的家用饮水机,其中就是用纳米材料来净化水的(现在有些西方伦理学家已经在声讨纳米技术了)。

(二)合成化学

1. 合成化学的三个步骤

第一步,合成路线设计;第二步,合成试剂的选择;第三步,合成条件的选择。

2. 合成化学的三个历史进程

(1) 第一阶段(1828年以前)

所有的有机化合物只能从有机体——生命体中产生,有机合成只是从天然化合物合成自然界不存在的化合物。

(2) 第二阶段(1828—1987)

用完全人工的方法,从不是来源于生命体的无机分子合成存在于生命体的有机化合物分子尿素。从此,化学家开始了"新自然界"的合成。

(3) 第三阶段(1987—)

从Lehn提出"超分子"的学说开始,"化合物"和"分子"的概念有了新的含义。超分子,与现在一般所说的分子有本质的不同。合成超分子的"合成",也与原来意义上的合成有本质的不同。IUPAC是这样定义超分子的:"A system of two or more molecular entities held together and organized by means of intermolecular (noncovalent) binding interactions."这里实际上包含了合成的新概念。这也许开启了人类利用新自然界的化合物来合成老自然界的生物分子的新时代。

记忆索引

（2005 年 2 月）

“记忆”，在汉语词典中的解释是“保持在脑子里的过去事物的印象”。既然是“印象”，就有可能明晰，也有可能模糊；有的还记忆犹新，有的只是一些碎影余踪而已。而且这种“印象”的保存率，大都是随着年龄的增大而降低。岁月越久，这种“印象”的衰减就会越快，产生所谓往事如烟的感觉。所谓“如烟”，而不是“如云”，是因为“云”的成分主要是水汽，它会因大气层异变而消逝；但是“烟”则不会，因为烟的主要成分是碳、硫和氮的氧化物，它们只会变得稀薄，而不会完全消失。记忆也会像烟雾一样，随着岁月的流逝而逐渐变得淡薄和模糊。值此“如烟”印象即将过眼飞逝之际，挽拾记忆之余片于一二，[①]以期勿忘此生之原乡和往昔之风雨阴晴，唯斯之愿也！

家　乡

在江苏省苏北平原上，宿迁市境内，有一个骆马湖，这是大运河

① 本篇内容依下述九部分次序展开：家乡—家族—老宅—我的家庭——片童心撒六塘—懵懵懂懂的中学时代—燕园岁月—科苑学步—“风雨”留痕——编者注

南段经过的一个滞洪湖。大概在清代中期，由此湖为源头向东北方向开凿了一条人工泻水河，叫六塘河，它流到沭阳县境内，又被分成两条：南六塘河和北六塘河，也称前六塘河和后六塘河，其途经泗阳、淮阴、涟水、沭阳、灌南等县后，出武障河、下潮河，最后流入黄海。

在沭阳县东部的前、后六塘河之间，有一个两河相距三四里地的狭长地带，俗称"三荡"地区，即葛荡、严荡和纪荡。"荡"者，浅水湖也。早年，在夏秋之间的多雨季节里，前、后六塘河的河水大涨，使得这小小的"三荡"平原里的雨水排不出去，于是这里就成了一片"湖"。在我小时的记忆中，还有划着大木盆去收庄稼的情景，可能这就是"荡"名字的由来吧。葛、严、纪为此地的三个大姓，旧时小乡制时，这里分属为葛荡乡、严荡乡和纪荡乡。我家就住在前六塘河西岸，属旧制的严荡乡，历史上它曾分别隶属过淮阴县、涟水县和沭阳县，实际上这里处于三县的交界地区，1954 年 8 月，这里由淮阴县划归沭阳县，现在这里的名字叫宿迁市沭阳县张圩乡引河村。

我的家乡，古称"圩子"的地方很多，诸如张圩、严圩、田圩、于圩等。"圩"者，防水之土堤也。一个村落用土堤围成一统，既可防洪又可防匪。到了日本占领时期，这些圩子又多被日本鬼子筑成碉堡。筑碉堡要赶杀老百姓，攻碉堡时死伤的也多是老百姓。历史上这里曾有过多次匪患、洪患，时间最长、灾难最深重的年代是日军入侵时期。在我的记忆中，最惨重的一次是 1943 年春的"正月二十三大夹击"(就是鬼子的大扫荡，因为这天正好是我的生日，所以记得牢)，这一天被抓的老百姓有一百多人，后来听说，其中数十人被带到钱集据点后被活埋了，在这次灾难中我也是被抓的人中的一个，但我有幸在一位绑在一起的成年人的帮助下，趁着天色昏暗中途逃脱了。

但是，在历史的长河中，位于苏北平原的这块小小的"三荡"地区，是夹在两条大河之间的一块绿洲，在不泛洪水的年代，这里也是一马平川，水旱两种作物都非常适宜生长，加之这里又算得上是南北水陆交通要道,所以“三荡”地区也曾有过一段辉煌的过去。遥忆当年,在我们村前的河面上,往来船队,白帆蔽日,号歌悠扬,何等壮观!在我们的村后,是一条南北大道,当时这里也是北通龙海、南达两淮的一条要道,来往客商众多,有时也称得上是车水马龙了。在我们村南不远处,就是三乡六壤小有名气的槐树渡口,它不但是一个水陆码头,而且又是贯通涟、沭的东西桥梁。水向低处流,人往高处走,可能就是在这段“辉煌”的历史时期,“三荡”地区有大量外地人来此定居,所以就出现了不少以姓氏为名的村落。我们花氏一族,可能也就是由于这个原因迁来此地定居的。在我小时的记忆中,还留有此情此景。不过,从日军的铁蹄践踏淮沭大地之后,这里过往的就不再是华盛的客商,而是军队、战车、伤员和难民!在那乌云压城城欲摧的恐怖年代,我的家乡——苏北平原上的这块小小的地区,因为它西邻军事重镇徐州、北接陇海干线、南经淮杨直达南京,也竟成了兵家必争之地!在前六塘河上游有从淮阴驻军调拨过来的日军建的古塞炮楼、徐溜炮楼和钱集炮楼,都有日伪军重兵把守;河东是涟水县,大多为新四军的活动区,游击队等地方军更是无处不在。南边炮楼里的鬼子几乎每隔一段时日,就要出来扫荡一次,烧杀抢掠,有时还有日军飞机参与扫荡,一阵黑雨般的扫射和投弹之后呼啸而去,留下的是火海、鲜血和无数的弹坑!日本投降后,内战又起,这块地方又是国共两军来回厮杀的战场!解放战争时期,举世闻名的淮海战役中,“三荡”地区,正处在炮火连天的战场边缘,从徐、淮到陇海铁路之间,几乎每一个村镇都住满了国民党军队;淮海战役后期,这一地区家家都住满了从前线抬下来的八路军伤员。总之,从抗战到解放,这十几年间,我们家乡一直是在沦陷—光复—占领—解放,无数次地来回反复的战火中度过的,史称“拉锯地区”。这种来回无休止的拉锯,远比洪水冲刷要残酷千百倍!到 1949 年新中国成立时,我们这个“三荡”地区的村村户户,几乎找不出一家人没有受害于这场战争的了。

淮海战役胜利后，这里解放了，战争的灾难从此结束了，我们家乡苦难的农民们也从此安居乐业了。时至今日，半个多世纪过去了，人民确实安居了，但似乎并没有乐业。人民的衣着、村庄景象、道路和农村耕作方式，好像都没有太多的变化，童年的景象被凝固了！这里相距快速发展的长三角地区，不过四五个小时的车程，贫富之差为什么如此之大呢？我百思不得其解。这里的人民是勤劳纯朴的人民，这里的土地是肥沃的土地，人民为什么富不起来呢？原因可能只有一个，那就是政策，当地政府的问题。三不管地区嘛！谁都不愿管这个不起眼的小地方，因为这里搞好搞坏，对他们的政绩似乎没有什么影响。这里的人民不但没有富裕起来，自然景象似乎反而变得更糟了！曾几何时，我们家门前的那条前六塘河，不但不会泛滥，不能行船，而且成为一条断头死水了。现如今，走在河岸上，一眼望去的是杂草丛生的茫茫荒原。中间虽然还有些潺潺细流，但如丝如泪，目不忍睹！呜呼，俱往矣，六塘河！

家　族

在中国姓氏史书中，花姓因为是小姓氏，所以有关花姓的记载很少，有的说，花姓源于华姓，原先花、华是相通的；也有的说，花、华姓都是源于范姓，春秋战国时，晋国有个有勇有谋的十三岁小将范鞅，人称花将军，其后人就改为花姓。历史上以名人之姓为己姓者甚多，所以此说也不无道理，但是都没有可据的研究史料，所以，我们也无须去攀这位花将军了。至于我们这一族花姓是源于何处就更不得而知了，光是在江苏省境内就有多个花姓族群，而且他们相互之间有无谱系关系也不清楚，全国情形就更不得而知了。即使姓氏学家，恐怕对我们这种小姓也缺乏深入研究的兴趣。所以相关史书中少有详载,资料显示,北京图书馆有一本花氏家谱,江苏武进县也有一本。这些可能都与我们这个家族没有多少关系,所以至今我也没有去查阅过。

在我国历史上,唐朝之后共有四次规模宏大的移民潮。第一次是在800年前的宋代。隋唐时南北大运河开通了,到了宋代,政治中心南移,所以出现了第一次移民潮。第二次是在明代,明初的洪洞大槐树移民是中国历史上规模最大的官方移民。第三次是在清代,由于海洋经济的兴起,国内的江湖工商业发展,又带起了一次全国性的移民潮。第四次就是近代了,即1949年以后的几次奉命移民:军垦、“三线”建设和知识青年“上山下乡”。我们聚居在六塘河畔的这部分先祖们,可能是在清代的第三次大移民潮中来到现在这个地方定居的。据说也是先从中原迁徙到沭阳、新沂的一代,然后又迁移到现在这个地方来的,传到我们这一辈总共经历了多少代,现已无法查考。首迁至此的花氏家族一共有多少人?因何而迁到此地的?由于年代久远,朝代更迭和战祸天灾,先人们也没有传留下任何可记的信息,更无家谱族史可查。也许因为我们花氏家族中,历代从来没有什么能够称得上“名人”的人,所以也就根本没有一个成文的家谱。听祖辈老人们相传下来说,最先来到这里的第一代始祖,名字叫花开。但这也只是传说而已,也许这个名字就是意指第一代的意思,其实根本并没有真的一个名字叫作花开的人。但是不管怎样,先祖们确实在这块新的土地上开拓、繁衍、发展,形成了今天我们这一支人丁兴旺的花氏家族。

到我们的高祖一辈之前,大概至少是在五服之前的某个时期吧,这个家族的人口已经有相当多了,以至于在原来这块地方已经很难再有发展的空间,所以就有一支族系,从六塘河畔的大家族中分出,南迁到洪泽湖畔去发展。时至今日,那里已经是一个有几十户人家的大村落了。后来，不知道又经过了多少年，六塘河畔老宅的族人，又进行几次扩展、分迁。其中较集中的一次是从老宅中分出，北迁至不远处的自家土地上另立门户，并独立成庄。这部分人迁出的时间较晚，或许是在我们的曾祖父之前的那一辈吧，也就是从我们这一辈上推，应该还没有出五服，因为他们的祖宗牌位还是放在我们老宅的供桌上的。因为这两个村子之间相距不远，只有一华里左右，因此这应该是属于儿孙们分家后另立门户的性质，所以是在自家的土地上建房立业的。在我记事的时候，北边的花庄已经是有十几户人家的、独立的大村子了(在我们那个地方，一般村庄都不大)。据我的记忆，好像和我们祖父同一辈的，那里共有五个家系，还有一位是我们两村中辈分最高的一个长辈，是我们这代的曾祖父辈，族人们都叫他“小老爹”，其实他的年龄比我们的父亲大不了几岁，但是辈分高啊。我只记得他是位个子不高的小老头。村人背后都说他是个“赌鬼”，其实他也就是闲得没事时，喜欢玩玩麻将而已，并不是真有多大输赢的赌徒。他从不下地干活，整天随身带着麻将牌找人和他玩。因为他是我们两村花姓的长辈，所以大家也从不说他什么。

由上可推断：我们花氏家族，在我们这一辈向前推到五服之前，或再早一两辈时，可能是有数十亩田地的大户人家。因为当时在现在花庄的那个地方，至少已经应该拥有相当大的一片田地了，否则，不可能有这么多的后代分门立户到那个地方去安家和建村立业。

三弟文斋根据现在知道的几代先人的名讳，补拟了一个家谱歌诀，用以表明我们花氏家族近世数代的繁衍脉络。歌诀曰：

圣祖开宗嗣，枝荣叶宝延，
常山广文子，静懿宏祖贤，
少小存远志，怀仁翥昊天，
修儒培隽彦，玉树茂清园。

现在最小的一辈，是“静”字辈。上面说的那位“小老爹”，就是

“常”字辈的。在“常”字辈之前,只是听说还有“荣”字辈和“宝”字辈的,其他的就完全不清楚了,只好空缺。而且中间各代的名讳,也不全是用同一个字号。如:我们父亲这一辈,就有“广”字和“锡”字两个不同的字系;我们“文”字辈,也有“文”字和“国”字两个字系(在洪泽湖那边的我们同辈为国字辈);“子”字辈也有用别的字系的。另外,在同一辈中,男女通常又是会用不同的字系,如“文”字辈中,女的名字中用“芳”字;“子”字辈中,女的用“清”字;等等。

实际上,按现在的习俗,通常,人们给儿女起名字时,大多不太考虑家谱的规定,父母们常常会将自己对子女的期望,寄托在子女的名字中。还有些爱赶时髦的父母,给孩子起的名字中,常常带有明显的时代和政治色彩。这一点尤以“文革”期间出生的孩子最为明显,他们的名字中很多都用“立新”“向东”“卫东”“红卫”等。更有借用毛主席的诗词中的某些词汇作为小孩名字的,可谓五花八门,不一而足。

我们这个家族的名讳,为什么各辈都有不同的名字,可能与没有一个成文的家谱有关。如“锡”字辈中,大伯父花锡凡应该是这辈人中年龄最长者,但在花庄的同辈人中,他们并没有跟着用“锡”字来取名字,而用“广”字。

有人说,从一个人的名字,往往能看出一个人的性格。这话不一定有什么科学根据,但是起名者(父母、老师)的期盼和教育导向,对于被命名者的性格形成还是不可能完全没有影响的。

我们的父亲,尊讳锡成,字竹青(可能取自《诗经·卫风》中“瞻彼淇奥,绿竹青青”句)。锡者,给予也。他的名字是谁给起的,我们没有听他给我们讲过,但他的性格和品德确实与他的名字是非常一致的。他为人正派,刚正不阿,性格倔强。不管是在什么样的环境下,他都是堂堂正正,不卑不亢。他对社会,对朋友,对家庭,都是竭尽其所能,无私奉献,就像竹子一样,献出了他的一切!

我们这一辈是“文”字辈的，我的父母育有五个孩子，三男二女。我们三兄弟分别取名文廷、文秀、文斋，两个妹妹叫薷芳和芸芳。显然这里面寄托着他们的希望，就是希望我们将来能够成为有文化的人。事实上，他们也是按照他们的期望在教育和培养我们的。我们家在父亲这一辈，正是天灾人祸频繁的年代，但是，不管在怎样困难的条件下，我们的父母都会想方设法让子女们上学读书。今天，我想可以告慰先君先慈的是，他们的愿望实现了，我们五个人都受到了良好教育。另外，从性格上看，我们兄弟姐妹五人，虽然不敢说是达到了孔夫子设定的君子德操，但是，我们多是从事教书育人职业的正直人。而且，我们的下一辈，就是他们的孙辈，也都遵从他们的夙愿，取得了高等教育的学历。

听我父母讲，我的名字是请一位教书先生起的，叫文亭。“亭”字，通常大多是用于女孩子的名字中，可能是按农村的习俗，认为起个女孩名字容易成活，好养吧。我到小学毕业时一直用这个名字，但我长大以后，不太喜欢这个名字，所以在上中学时，我就自作主张将“亭”字改为“廷”字了，一直用到现在。在中学时，我还给自己起了个字号，叫筠之，希望能遗传下父辈的基因。不过，也就是自己在书本上写着玩玩而已，从未语人。到了工作以后，我才感到这个“廷”字也不好，当初要用“庭”字就更好些，“廷”字，很容易被人误写成“延”字。但是再想改已经不可能了，相关的规定很死板，要想改个名字是很难的。要申请主管部门批准，办理手续非常烦琐，所以就只好作罢了。

我们当初给子叶起这个名字时，也是对他寄予期盼的，希望他能像一粒种子一样，无论在什么样的环境下都能破土而出，像所有第一片叶芽一样顽强、茁壮地成长。同时在做人和与人相处中，也能像绿叶一样去衬托“花”的鲜艳。就是说，希望他有坚强的性格和乐于助人的精神。另外，给他起这个名字也还有一层意思：当时正值十年动乱之际,我们觉得自己这一代人的事业、前途渺茫,因此就把希望全部寄托在下一代身上,由他们这一代重新开始,此即“子叶”之谓也。

老　宅

“槐树津西宗祖祠,六塘河畔竹青居”,这就是我们槐津堂的老宅。我们花氏家族几辈人的生命原乡。

我们家门前的那棵高大魁伟的白杨树,是永远刻在我童年记忆中的灯塔,看见它就能望见我的家。但是,这里并不是我们槐津堂原先的老宅。在我曾祖父那一辈时,即槐津堂中“常”字辈时,我们的老宅不是在现在的河堤内的这个地方,而是在河堤外面向南一点的地方(即槐树津西),1958 年以前,那里虽然没有了房舍,但是宅基的痕迹还在,那里的地面要比四周高出很多,那儿就是我们原先的老宅所在地。遗憾的是,在 1958 年人民公社化时,这块地被推平了,而且被充公了。公社者,明文规定,是政社合一的体制,公社就是一级政府。每家只是按人口留一点点的“自留地”,是留给自家种一点蔬菜之类的东西。但是,就这一点点的“自留地”,到 1964 年的“农村社教运动”时,又被当“资本主义尾巴”割掉了。直到改革开放以后,农民才又得到了自己的土地,但已不是农民自己原来的土地了,而是按家庭人口平均分配的“承包”地。我之所以说它与以前的地不一样,不光是土地的数量和地点不是原来的了,而且性质也不同,叫承包地。当然,我们家的老宅,从此也就再也没有回到我们花氏门下了。

在我记事的时候,在我们的老宅附近有三块地:一块就是包括老宅在内的一大块地;另一块是在相距百米左右的邻村,叫“西南庄”

的村北边;还有一块是在离老宅大约不到一华里,叫“北荡”的地方。曾祖父在世时就把这三块地都各分为四份,因为我们的祖父一辈有弟兄四人,每人各分得一份,每份大约八亩。在我们的祖母嫁到花家时,我们这一房头也就是这八亩地,一块就是和现在的宅基地相连的地,这块地横跨六塘河堤,东到门前的六塘河中分线,西至西南庄东沿平行线上,东西长大约一千米。另一块是在西南庄北边的那一块,我们家的那份在最南边,南面紧靠西南庄北边的那条路边。“北荡”那块地也是我们花氏的祖业,那块地上有几座祖坟,我的祖父去世后就葬在那里。

在我们的大祖父和二祖父相继去世以后,大伯父花锡凡也住到新宅上来了,从此,原来的老宅就逐渐荒废了。到我记事时,那里已是一块庄稼地,只是这块地比四周的田地高出许多就是了。因为大伯父是长门长子,他继领了二祖父的产业,所以这几块地中,他都是双份。大概就是从大伯父搬到新宅时起,我们花氏一族的祖宗牌位也就搬到大伯父的新宅来了,供在他家的堂屋里。

从我们的祖父成家分立门户之后,直到20世纪中期,我们这里的花家,就是三家,即我们的三祖父一家、大伯父一家和我们一家。我们家在当中,三祖父在最南边,大伯父在我们家的北边。我们三家并排,大门向东面河,南面是一片河滩地,不远处是有名的槐树渡口。站在门前的场院上,向南可以望见六里开外的古寨镇;同样,一走出古寨镇就能望见我们家门前的那棵高高大大的白杨树。北边与王姓的三大家,即人称“三王庄”的王立乾家相距大约六七十米。所以我们花姓三家是相对独立的一个小庄子。直到后来,一位葛姓(葛文祥的父亲)把家搬到我们和王立乾家之间的那块地上时,我们才和三王庄连接起来,成为一个村子。

大概在1938—1940年,也就是在日本鬼子占领淮阴地区之前,是我们花氏老宅(即现在的宅子)上的三家家境最好的时候。土地都大大增多了,每家都盖起了宽敞的“四合院”(其实,这些房子都是土坯墙,草顶房)。大伯父家的北边,是坐北朝南三间正房,就是他们家的堂屋,我们花氏家族的祖宗牌位就供在那里面。南边,是两间卧房,因为大伯父有两房妻子,正房住在堂屋,二房住在南屋。院子西面是两间锅屋(厨房),东面是两间前屋俗称“过道”,前屋中的一间是用作磨房,夜间也是用作牲口房,拴牛用的,院外北边还有间大车房(所谓大车,就是用牛、驴等牲口拉的木轮车,有三个轮子,前面一个小轮子,后面两个大轮子,根据载重量多少,可以是用一头牛或两头牛,有时也可以用一头牛和一头驴来拉车)。

我们家也是一个“四合院”,不同的是,我们的院中,坐西向东的是三间正房(就是堂屋);南面有两间南屋(有时用作仓房);北面是两间厨房和一间有隔开的独立小房,是我们的爷爷和奶奶住的地方,我小时候是跟奶奶住在这间屋里的;前面是三间前屋,我们叫作“过道”,其中一间是磨房,一间是住房,我长大以后,这里是我和弟弟住的地方。后来,过道中的两间用来作为榨油的作坊了,磨房就移到南屋去了;院外靠北边也有一间大车房,这间大车房很大,除放大车、农具外,还是冬天堆牲口草料的地方。

南边的三祖父家也有三栋房子,三间坐西朝东的堂屋,是三祖父和三祖母住的,两间南屋是我们叫她三小奶住的,就是三祖父的第二房妻子;东面是两间前屋,即过道,用作厨房。

每家的院子前面都有不到一亩地的菜园子和场院,菜园子和场院周围都有许多树,菜园子前面到水边是树林和芦苇。在世道较乱的那些年,每家都有带铁丝网的钢针(就是生在淮北为枳的那一类的带刺的植物)围子。枳,是一种多年生的灌木,长得又高又密,而且长满了尖锐的长刺,人和动物都很难穿过。在大门外面的铁丝网上,另加一道带铁丝网的门。最不太平的时候,我们家里还备有一支土枪,以防土匪抢劫。

上述就是过去我们花氏老宅的情景，也是我童年记忆中的家，还挺像样的吧！

1945 年前后，我们苏北一带又是一个大荒年，再加上战乱，从北方逃荒过来的人经常不断，先后就有两个逃荒的家庭住在我们家。一次是将南屋空出来给一家人住，那家共有三口人，听说是新沂附近的人，住不到半年，春荒过后他们就回自己家乡去了。后来又来一家姓范的人家，两个大人带着三个孩子，沿庄乞讨，到我们家的时候，我父亲看他们很可怜，就将我们家的大车屋给他们一家人住下了。这个人叫范廷范，是个读过书的人，身上衣着非常破烂，白天经常坐在太阳下把衣服脱下抓虱子，手里还常拿着一本书在看。我们叫他范先生，后来在我们村定居了。1947 年土地改革时还分得了土地和房子(是北边王姓地主家的)，从那时起他们就从我们家的大车屋搬出去了。再后来，我记得他还当了小学老师。1949 年以后我到淮中读书时还看见过他，那时，他已经被调到县城里的一个单位上班，成为一名公职人员了，好像是做财会工作的。

现在的老宅，情景大不一样了。20 世纪 70 年代原来西南庄的全村住户都被迁到我们老宅的南边来了，就像现在大搞社会主义新农村一样，而且还变成了前后两排院子，共住有十几户人家。从此，我们老宅南面那条蜿蜒数华里的河堤变成了泥泞小道，那荡漾着一望无际的麦浪的河滩不见了，那连接东西两岸百姓往来的槐树渡口，现在变成了向六塘河里排泄污水的臭水沟，完全没有了我童年记忆中的那种美丽的田园景象！按老乡们的说法，这里的风水全变了！

总之，自从 1958 年以后，我们的老宅就每况愈下，原先的房屋一间一间地破旧、倒塌，当初的四合院早就没有了，宅前屋后的树木也一年比一年少，老宅就更显苍凉了。

像全国的农村一样，1960 年以后，灾难又一次降临到农民的头上，我童年记忆中的逃荒、要饭的惨景又重演了！我们家由于父亲在

“社教运动”中被整,降职降薪,我和弟弟妹妹们又都在外面读书,家中只有奶奶和妈妈,家境之难是可以想象的。就在这段时期,南边的三小奶奶过世了,随后,这块宅基地上就住上了别姓人家;再后,是北边伯父家的人也都先后去世,宅基地也给了人家。到了20世纪70年代,随着我们的奶奶和父亲相继驾鹤西去,家中只有母亲留守在这栋老宅子里。再后来,母亲已八十多岁,一个老人独自在乡下生活很困难了,这时她才同意离开老宅搬到淮阴城里,和小弟文斋一起住。从此,我们的乡下老宅就空着没有住人了。直到母亲2000年仙逝后,我们才将她送回故里与父亲合葬于原槐树渡口的六塘河畔,他们和奶奶的遗像都放在老宅的堂屋里。我们的祖父祖母、父亲母亲的英灵,就又回到我们的老宅了,现在是他们在守候着我们的老宅!

从1980年以后,老宅的房子就只有三间堂屋和两间锅屋,加上年久失修,已经十分破旧了。再后来,母亲也离开了,因为无人住,老宅就慢慢变成风雨难支的危房了。为了给祖父祖母和父亲母亲的英灵有一个舒适安定的家,2001年以后,我们兄弟姐妹决定,在原来堂屋的基础上重新建了三间砖瓦房,还加砌了院墙和大门。虽然这里与原来老宅面貌已经大相径庭了,但是,它仍然是我们花氏家族的老宅,是我们永恒的家!

我的家庭

这里说的“我的家庭”,就是指由我们的祖父母以下这一支系(我们那里俗称一房头),到“静”字辈,已历五代,所谓五服以内的大家庭。在这个“索引”中,也只是说些关于我们的祖父祖母和父亲母亲的一些点滴记忆，对于这个大家庭的整个情事，只能容后另文忆记了。

我们的曾祖父有四个儿子，一个女儿。我们的祖父排行老四，人称四老爹[在我们那儿的习惯是将祖父叫“爹爹”，比父亲尊长(即“多”)一辈的意思，“我”字的读音如呣(mu)。将父亲叫“爷”，爷字的旧体字写法是父字下面放一个耶字，爺者，从父，从耶]。我的大祖父有一子一女，一子即是我的堂伯父，尊讳锡凡。二祖父膝下无子女，早就过世了，家业由我堂伯父继承，因为他是大房之后。也是由于这个原因，我们花氏家族的所有祖宗灵位都是放在他家的堂屋里供祭的，放满了半间屋子那么多，保持着老宅的地位。我的三祖父尊讳乾山，有一女，无子。所以他去世时是由我继领的(在我读高小时)，名义上我是过继给三祖父家的。因为大伯父也无子，所以我的二弟文秀，名义上也是过继给大伯父的；但是由于我和文秀很早就都在外读书，实际上他们的生老病死所有事项都是由小弟文斋照顾料理的。

我们的祖父，尊讳恒山，祖母卢氏，生有一男二女，即我们的父亲和两位姑姑。我们的祖母在二十多年前仙逝，享年93岁。我们的祖父，中年时就被土匪打伤了腿，并被截肢，终年拄着双拐，失去劳动能力。因此，在我父亲成年之前，我们家的全部农活都是由我祖母一个人承担的。祖母是一个最为典型的善良、勤劳的农村妇女，她性格坚毅，从不向任何困难低头；她善恶分明，为人谦和，善施济人；在十里八乡的乡亲们中，每当说起花四奶奶，无不为其竖大拇指的。后来我们的家境好了，但她也从未清闲过，经常是一手抱着孙子，一手烧火做饭，干各种家务和门前菜园子里的农活，我们兄妹五个都是她这样带大的。直到九十高龄时，她还能在菜园子里干活。在我的记忆中，有一件刻骨铭心的事情，可以充分说明祖母的刚毅性格：在我七周岁那年，曾被古寨炮楼里的“二皇”(即“皇协军”，汉奸)抓走，当时祖母为了奋力救我而被匪徒打伤并晕过去了。后来在地下党的帮助下我逃了出来,幸免于难。再后来“镇反”,那个汉奸头子被镇压时,祖母拿着镰刀,跑到几里路外枪毙汉奸的现场,想要狠狠地砍他几刀。试想,如果不是深切的仇恨所致,很难想象一个善良的农村老太太会有如此的英勇举动!

我们的祖父是一个性格刚毅的人,虽然大半生都是拄着双拐,田里的农活是干不了了,但他整天从不闲着,照顾场院并做些力所能及的事情。在日伪统治时期,祖父又遭了一次难,日伪分子抓不到我父亲,为了逼他“就范”,就抓了我的祖父。可以想见,一个性格刚毅的残疾老人在牢里不知受多少罪!这时只能由我母亲出面(我父亲是不能出面的)四处奔走,又托人又花钱,好不容易总算把祖父从匪窝里救出来了。经过这次磨难,我祖父的身体和精神都受到很大的摧残。祸不单行啊!不久我们村又流行恶性痢疾,我的祖父、我和我的一个弟弟都染上了恶性痢疾,全都病倒了。在这次灾难中,我的祖父和我的那个弟弟未能逃脱,被夺走了生命!只有我一个人侥幸活过来了。殡葬祖父时,我祖母要我父亲把她保存了几十年的祖父的那条当年被锯下来的残腿,从用石灰培埋着的瓦缸中取出来,接到我祖父的那条残腿上一起安葬。希望祖父在另外一个世界里有两条完好而矫健的双腿。

我们的父亲,只有初小文化,实际上只念过两年的书,但他绝对是一个极具天赋的人。他聪明、好学,十分勤奋;他思想敏锐,对新事物的感悟性特别强;他无论做什么事,只要上手就一定能成功。他的珠算打得非常纯熟,远近闻名。刚解放时他就被委任为我们村的“财粮”,就是村会计,可能也就是由于这个原因,后来(1950 年)就被调到古寨供销社工作。从此,他也就由一个农民变成了国家干部了。我们的父亲为人忠厚、热情、耿直,他一生秉持“只可人负我,不能我负人”的做人准则。他去世后,我和两个弟弟一起去拜访他生前的同事、朋友,并询问我们的父亲是否欠有未还的债务时,大家都异口同声地说，如果有的话，也是别人欠他的，绝不会有他欠别人的。

前面提到过，我们这个地方，过去经常闹水灾，有时秋季颗粒无收，到了春天青黄不接的时候，庄上许多人家就会“断顿”。有个叫于金全的农民，这个人(是个变节脱党分子)在运动中曾多次整过我们的父母，按农村的说法，我们两家是有仇的。就是这样的人，每到春荒断粮时，就来找我们家借粮，实际是要，因为从来不还。父亲从不记仇，每次总是尽量接济他。我记得有一年冬天，我们家也十分困难，只有留作种子的一点粮食了，但还是分一些给他们，让他们能渡过难关。

世界上的事情，往往是天不遂人愿的。我们父亲的天赋和在事业上的才能却一直没能得到施展，相反却一生坎坷。为什么呢？有天灾、世道，更有人祸！一个人在事业上能不能成功，品格和智慧(德和才)是必要条件，但不是充分条件，或者说，在很多时候，主要还不是取决于他的德和才，而是时运和机遇！父亲在世 62 年(1916 年 8 月 25 日—1977 年 12 月 16 日)，青少年时家境贫寒，连小学都没有能够上完。记得祖母曾给我们讲过，我父亲上学时中午不能回家吃饭，只能怀揣两个烤白薯当午饭，还要躲到无人的地方吃，怕人笑话；后来实在念不下去了，上了两年就辍学在家帮助我祖母种地，从此他就一心经营这个家。前面我说过，父亲干什么都能成功，凭着他的智慧和勤奋，不多年我们家境就渐渐好起来了，到土地改革时，我们家的田地已从我祖父分家时的八亩地，增加到二十多亩了。在这期间，我们家除了种地外，农闲时还做一点“小生意”，实际上就是从一个集市上买粮食，用独轮车推到另一个集市上去卖，赚取其中的差价。每次都是父亲推车，我和弟弟在前面拉车。通常我们大多是从于圩集市买粮食，推到马场或古寨去卖，因为这两个地方的差价较大。另外，我们还会将自家养的猪推到城里(即淮阴城)去卖，用卖猪的钱从城里买回布匹拿到附近的集市上去卖，再用赚来的钱买田地。再后来，我们家还自造了一台土榨油机,“俗称亚(yà)龙”,实际上就是用一根五六米长的整树干,一头用眼闩固定,将要榨油的熟料(用蒲草包成饼状)放在下面,另一头通过绳子绕在像辘轳一样的木段上,几个人用杠子来绞压,油就从熟料饼下面带沟槽的底盘中流出来了。开始是用自家产的花生、大豆、油菜籽等榨油,拿到集市上去卖,后来就大量地从集市上买回花生、油菜籽等油料作物回来榨油,成为一个小榨油作坊了,当地叫开油坊。这是个需要强劳动力的活计,那时我们都还小,帮不了什么大忙,显然单靠我们自家的劳力已经不够用了,所以还请了两个帮工。

我们家的地,就是这样慢慢积攒起来的。小弟文斋出生的那天,正好我们家又买了一块能种花生的好沙土地(我记得是在我们村北边一块叫茅草坟的西面),父亲特别高兴,就给他起了一个很吉利的乳名双喜。

到了1947年,我们家已有二十多亩田地,但是,由于我们全家老少都下田干活,同时由于当时我的父母全是地下党党员,一直在从事地下党分配的农村革命工作;抗战时期,我父亲还参加了抗日游击队。我也在1947年加入了当时尚处于地下的共产主义青年团,算是革命家庭吧!所以在土地改革时,按政策我们家被定为中农成分,不属于剥削阶级。1950年,组织上根据我父亲的特长,把他安排到古寨镇供销社工作了。

在1958年以前的二十几年间,是我父亲一生中最为顺利的时期,也是他最精力旺盛地展示自己才能、进德修业的发展时期。在这期间,他从小农业、小商业到农村小手工业,都曾小试牛刀,而且也都获得了成功。在这段时间内,虽然经历了战争、逃难和疾病等痛苦岁月,但是从总体来说,这是他一生中的黄金时期。从1959年开始,他的厄运就从天而降了!“审干”“四清”“社教”“文革”,一次次的政治运动,一个厄运接着一个厄运,每一次他都未能幸免,而且一次比一次厉害，甚至被开除党籍，开除公职，发配到猪场去劳动，直到含怨离开人世。

作为一名老共产党员，30年代，他在农村从事地下农民运动工作；抗日战争时期，他参加地方抗日游击武装；解放战争时（淮海战役中），他是我们村担架队的领队；中华人民共和国成立后，他担任农村供销社的经理。虽然后来他也算是一名国家干部，但那是全国千百万干部中最小的干部了，每月只有三四十元钱的工资，按“文革”前的工资标准，这也是全国所有“吃皇粮”的人中工资最低的了，实际上也就是和城市里机关清洁工的工资差不多。但是他很知足，甚至很感激，一生勤勤恳恳，任劳任怨地为党工作着。

父亲的后半生是不幸的，但是这丝毫没有损害他完美高尚的人格。恰恰相反，在他的所有同事、朋友、亲戚和庄舍四邻的乡亲们之中，有口皆碑，始终如一地都认为他是一位令人尊敬的成功者。

我们的母亲姓周，尊讳秀兰，生于1914年8月19日，2000年12月6日辞世，享年87岁。

外祖父叫周风鸣，家住油坊庄（为什么叫这个名字，到现在我也不明白，从我记事起，我就没有看见他们村有开油坊的），离我们村有五六华里路，也是靠着前六塘河，但是是在河的东岸，属于涟水县。

外祖父没有儿子，只有三个女儿，我们的母亲是他的小女儿。外祖父的家境和我们家差不多。外祖父是个忠厚老实的农民，外祖母的性格很像我们的祖母，是一个十分干练的农村妇女。外祖父母非常疼爱我们，如果我们时间长了没有去看他们，外祖母就会到我们家的河对岸来，叫我母亲把我和我的弟弟（文秀）带到河边让她看看，隔河说几句话就回去了。外祖母比外祖父走得早，她去世后，外祖父就由他的侄子（过继给外祖父家的）周玉琢奉养，我们叫他大舅。他有三个儿子一个女儿，一大家子人。外祖父的晚年是很凄凉的，一个人住在原来的小屋里，饥一顿饱一顿的，又患老年气管炎，屋里吐得到处都是痰，我每次去看他时，都要从地面到墙上打扫好一阵子，就这样，直到他八十多岁去世为止。现在看来，母亲晚年的肺和呼吸道的病原可能就是外祖父遗传的。母亲可能又把这个基因传给我们这一辈了。

母亲的一生，一直是肩负双重重担。一方面，她和所有农民一样，整年披星戴月地在这块土地上耕种收割，特别是在 1950 年以后，父亲离家到供销社上班了，我和弟弟妹妹们也都到外面上学去了，家中只有祖母和未上学的孩子，母亲又是一个裹小脚的妇女，负担之重是可想而知的。另一方面，她从入党（1940 年左右）之后，就一直承担着组织上分配给她的工作。母亲是一个非常"要强"的人，也是一个非常倔强的人，我记得有一次是在日伪统治时期，她曾被敌人抓去了，听母亲说，拷问她时，敌人用"钢针条"（就是枳的枝条）抽打她。但她十分坚强，什么也未问出来，最后敌人无可奈何，只好把她放了。

1948 年以后，她先后担任过副乡长（小乡制时的严荡乡）和乡妇救会会长等职务，这些都是不脱产、不拿工资的"农民干部"。领导上分配给她的每一件事，她都是全力以赴地去做好它，对工作是近乎痴情一样的执着，这就是她的性格和她对待工作的态度。我们的家，我们家乡的这块土地，是她为之奋斗一生的地方，她非常眷恋这块土地。后来，只有她一个人留守在乡下的老宅里，直到她 80 岁以后，我们不放心她一个人继续留在乡下，才把她接到城里来和我的小弟文斋一起住。

我们的祖父母、父母都是地道的农民，我的父亲虽然念过两年书，母亲也是在 1948 年后才通过农村识字班学了一点文化，虽然都识字不多，但是他们特别重视子女的教育，不管家境如何窘迫，都要设法保证我们上学、读书。我们兄弟姐妹五人之所以都能受到良好的教育，是父母付出他们毕生的心血所给予的。为了子女的学业，他们总是默默地承担一切。1959 年以后，我们的父亲受到最残酷打击，被开除党籍发配到猪场劳动，只是给一点点的生活费。此时正值

“三年困难时期”，到处有饿死人的现象，这段时期也是我们家最困难的时期。当时(1960 年)我还没有毕业，二弟文秀正值高中毕业要考大学，就他当时的成绩考上北大、清华是没有问题的。可父亲当时对他说，你还是去读师范大学吧，因为师范院校的学生是给生活费的。二弟就按照父亲的意见考取了北京师范大学数学系。那个时候，小弟文斋在读中学，大妹蕎芳在上小学，小妹芸芳刚两岁多。当时父亲在精神上和经济上都遭受了重创，但是他从没有对我们任何人说，他不让我们知道他的不幸遭遇，就是担心他的不幸遭遇会影响到子女的学业。所有的困难都由他一个人默默地承担着，直到他去世后我们才知道这一切。这件事是我一生中最后悔、最内疚和无比辛酸的事。我作为家里的长子，应当为父亲分担一些担子的，但是我没有做到。

20 世纪 80 年代以后，随着我们这一辈人先后离家读书和工作，分别在北京、南京和淮阴等城里建立了自己的小家庭。到了 20 世纪 90 年代后，我们的下一辈，也都先后成家立业。他们分别是在北京、南京、南通、四川等外地安家、工作，有的还到国外去读书和工作了。不管是在国内还是国外，他们都有很好的生活和事业。

2006 年，是父亲的九十岁诞辰。为纪念父亲九十冥寿，我们从各个地方赶回老家，子皓夫妇俩也从美国请假回来了。这次聚会，一是为了与父亲英灵共庆，再者，也以我们花门之后继香火旺盛来告慰我门祖灵于一二！

我们这一房家系，现在已是一个有近三十口人的大家庭了。从我们的祖父一辈向下排起来，五服以内，像一棵枝繁叶茂的大树，祖父母就是这棵大树的根。

20 世纪 90 年代以后，我们的乡下老宅就再没有人居住了。2002 年，我们在重新翻盖的老宅上，以父亲的字号，刻制了一块门匾“竹青居”。同时，也重修了院墙和院门。这是为我们的祖父祖母和父亲母亲的英灵，也是为我们自己和后代们建一个永恒的家！

一片童心撒六塘

童年的记忆是美好的。不管你是出生于什么样的家庭，无论是富有，还是贫穷；是书香门第，还是草根农舍。虽然每个人童年的境遇各不相同，但童心都是一样的，每个人都有一个美好的童年记忆。虽然这些记忆的内容有千差万别，但是对于每一个个人而言，都是珍贵的、美好的、永恒的。

我的童年是在六塘河畔度过的。我的家乡虽然没有江南水乡那么秀美，六塘河也没有长江黄河那么壮阔，但是它陶冶了我幼小的心灵，在我的童年记忆中，绘制了一幅幅美好的图画，也可以说，它还塑造了我一生的性格。

六塘河(这里说的是前六塘河)并不宽，河床宽度不足百米，两边河堤之间的距离(包括两边的河滩)也只有三四百米。但是每到夏秋涨水季节，也堪称是白浪滔滔。河滩上的庄稼和河床周围的芦苇、小树就全被淹没了，大树也只是还有树头枝梢留在水面上。这时我们家南面不远的槐树渡口的便桥，当然早就被淹没到水底下去了，两岸来往的人们全靠船来“摆渡”。撑这种船是很不容易的，要有力气和很高的技能，更要有胆量。这时撑船和坐船的人都处于十分紧张的状态，水急浪高，稍稍乏力或技术不到位，船就会顺流直下，无法靠岸，回不来也过不去。这时的船就失控了，船上的人也失控了，慌乱之下，有时还会翻船。即使安全渡过河去，也是惊心动魄！按现时的说法，叫很刺激！我小时候非常佩服这些船工们的本事，一有机会就想要上船一试，可惜人小力弱，船篙粗大而沉重，拿都拿不动，更不用说去撑船了！

这些船工们（实际上都是我们邻村的农民）个个都有一身的好水性，在这水急浪高的大河里，他们一手高举衣服踩水过河，像一只鸭子一样在浪间起伏，潇洒自如。我自小就十分羡慕，后来终于也学会了，十分得意！每年夏季，我几乎没有一天不下河“洗澡”，实际是和小伙伴们比赛泅水。因此也经常受到父母的训斥，但还是屡教不改。还老想带弟弟们一起下水，这也是父母最担心的。直到有一次，我背着二弟文秀过河，那是在枯水季节，水都回到河床里了，一不小心掉到一个鱼坑（那是留冬天宿鱼用的坑）里，害得他喝了好些水，从此我再不敢带他们下水了。

由于战争，我从八岁时就失学在家，帮助父母种田，直到十二岁才又开始上学。在这三年多的时间里，我和农村的所有孩子们一样，是个小男子汉，什么农活都干，因此也使我学会了所有的种地的作业流程：犁地、耙地；播种、锄草；收割、打场；选种、囤仓等各种农活。我小时候个子很矮，和犁辕差不多高，耕地时是一只手扶住犁，另一只手握鞭，不时还要举鞭高抽，这一方面是为了驱使耕牛奋力向前，同时也是用这鞭声为耕歌伴奏，增加干活的乐趣，特别是在天亮以前和下午天黑以后，这鞭声和耕歌还可以为自己壮胆，用以抵消对黑暗的恐惧！尤其是在夏天，为了赶早凉，我母亲经常是天不亮就把我叫起来，实际上是从床上拉起来，她把犁、牛都套好了，我扶着犁，还处于半睡眠状态，“朦朦胧胧”地就下地了。母亲知道，我们家的“大黑犍”（犍，方言称公牛为犍牛）能找到要犁的地块在哪儿，当然，等到地里时，我也就被凉风吹醒了。

犁地，我们家乡叫耕地，是一项非常高的技术活。整个一块地，不但犁的深浅要一样，翻起的新土要非常平，田边地角还要尽量少留有残埂，更不能践踏别人家的田地。犁地中最困难的高技术活，是做山芋（白薯）垄子，就是栽山芋的田垄，犁出的畦埂，其内部不能留硬土，使整个的垄埂都是用犁快速翻起来的松土堆成的，犁时牛跑得越快,土翻得越高,因此堆起的垄畦就高而圆,插山芋秧时能一插到底,而且垄埂要做得非常直,从这头望到那头是一条直线,像一条肉滚滚的长龙,当垄埂上插上嫩绿的山芋秧子时,看上去十分整齐、漂亮!

种地是很苦、很累的,当然苦中也有乐,也有成就感。但是,我感到最为惬意的事情还是当猪倌。这大多是在春寒二季,没有什么农活,每天挎着粪箕,手持长鞭,赶着猪群,还有一只大山羊,有时也骑着山羊赶猪群。等到把猪群赶到一块收过山芋的地方时,猪们就一心一意地在那里找食吃,不乱跑了;于是我们这些猪倌们就找一个地方互相比赛鞭技,看谁的鞭子甩得既响亮又清脆,同时也比谁的鞭子做得长而且漂亮。我们的鞭子和北方赶大车的鞭子不同,他们的是鞭杆长,鞭绳细而短。我们的鞭子是鞭杆很短,只有一尺来长,但很粗,鞭绳很长很长,一般要有 10 尺以上,有的还更长。所以我们都非常精心地制作我们的鞭杆和鞭绳,鞭绳是由三股细绳搓成的,先搓成两股,然后再将第三股细绳搓上去,像 DNA 螺旋,不过是三股螺旋。鞭绳不是一般粗的,是由粗到细,鞭梢是越细越好,这样抽甩出的声音才能清脆响亮。这种比赛最好选择在河滩上,这儿地面宽广,靠近水边,这使鞭声不但格外响亮,而且回声特别悠长,那情景真是美极了,令人十分兴奋!另一种抽鞭子的比赛,就是选定目标,看谁抽打得准。如立一个草标,高的可达三四尺,矮的有四五寸,讲究的是抽得准,断得干脆,上部分断掉,下部分原地不动。当然跟电影里那神鞭手不好比,但要知道我们那时候并不知道有神鞭啊!

我们还有一个比赛项目叫砸梭子。就是把一根鸡蛋粗、三四寸长的木棍,用刀子削成两头尖、中间粗的梭子状。把它平放在地上,当然它两头是离开地面悬空的,这时我们用一根长棍用力向下打梭子其中的一头时,梭子就腾空飞起,转动着飞向天空。谁的梭子飞得最高,谁就是优胜者。这里的关键有二:一是梭子要做得好,长短、粗细、重量都要很合适才行,太重,飞不高;太轻,梭子向上飞时的方向就不是直上直下的了，当然也就飞不高。第二，是用棍子打击梭子时着力的位置和用力的方向是非常有讲究的。其实就是利用杠杆原理，找到最佳着力点，这是一个非常科学的智力游戏啊！可当时我们这些农村小猪倌，哪里会懂得其中的这些力学原理呢！

农村的孩子当然比不上城里的孩子的生活条件和见识广阔，但是农村的孩子也有农村孩子的乐趣。我特别喜欢看电影“小兵张嘎”，就是因为他能激起我童心的复苏，勾起我对童年的回忆，什么捞鱼摸虾，抓鸟，逮兔子；和小伙伴们扛着红缨枪，在路口村头站岗放哨收路条，等等，这一切我都干过，至今回想起来还是那么熟悉和亲切！

童年的经历不可能全是很惬意的。童年的记忆中也有惊恐、苦涩和伤痕。

“跑反”，是我童年记忆中最恐怖的词。跑反，是我们家乡在日本占领时期，为躲避日本鬼子的“三光”政策——扫荡的一种无可奈何的行为。就像电影中所演示的那样，鬼子经常从炮楼里出来烧、杀、抢、掠，老百姓没有反抗能力，只好跑，躲避，这就叫“跑反”（也可能用“跑犯”更确切些，就是躲避侵犯的意思）。那时日本鬼子扫荡非常频繁，有时是正在田里干着活，有时正在家里吃着饭，只要一听到枪声，立即丢下饭碗就跑。我每次跑反时都牵着家里的“大黑犍”，因为它是我们家的一个重要成员。确切地说，每次跑反躲飞机的时候，不是我带着它跑，而是它带着我跑。每当飞机扫射时，它会很快趴下，用它的身体挡住我的身体，我当时的身高就和它的腿一般高，它很懂得如何保护我。

日本鬼子的大扫荡，有时是先用飞机飞过，或者先扫射一通，紧跟着就是鬼子和“二皇”（汉奸）像蝗虫一样冲进村来，肆无忌惮地烧、杀、抢、掠，然后就龟缩回炮楼里去了。但有一次他们没有抢东西，而是为了抓人。那是甲申年的正月二十三（刚好是我的生日，七周岁），这天天还没有亮，我还在睡梦中时就被我母亲叫起来，我马上意识到,又是鬼子"扫荡"了,这次还没有来得及牵上大黑犍就跑出去了。枪声是从南边和西边过来,我们就和村里人一起向北跑,等跑出村子以后不远,我就和我母亲跑散了,我被裹挟在"逃命"的人群中间,拼命地往北边的纪荡方向跑。这次从古寨、钱集两个鬼子据点里出动大批鬼子和二皇。从钱集出来的一队沿后六塘河向北,从古寨出来的鬼子沿前六塘河向北,两边夹攻,枪声如狂飙撕裂着三荡天空,地上子弹横飞,像蝗虫一样,铺天盖地。这是日本占领时期,鬼子最凶猛的一次大扫荡,就是当地人人谈而生畏的所谓"正月二十三大夹击"。当时,我跑到纪荡地面时,两路鬼子已经包抄过来了,鬼子这次扫荡主要不是抢东西,而是想围捕游击队。但是实际上他们并没有抓到游击队,抓的全是老百姓,共有六七十人。这次我也被抓了,我们都被两人一组绑在一起,前后左右都有端着枪的鬼子押着我们,向钱集炮楼方向走。我是和一个剃头匠(就是农村理发师,一个成年人)绑在一起的。因为我个子小,所以绳子只能绑在他的手腕上。实际上等于是他拖着我走,因为走得慢,不多久我们两个就落到全队的最后了。我们在走到一个村子上时,不知什么原因发生了一阵骚乱,鬼子们又是狂叫又是开枪,这时,剃头匠就趁乱把我夹起来钻进了一家的锅屋(即农家的烧火做饭的地方),快速藏到锅屋的草堆里。我们一直藏有一顿饭的时间,听到外面已经没有声音了,才"敢"走出来。出来后听老乡们说,鬼子已经走远了,我们就分手各自向回家方向走了。这次是这位剃头匠救了我,可惜到现在我还不知道帮助我的这个人姓甚名何。

我从纪荡跑到田圩,一路打听我母亲和我弟弟的下落,怕她也被鬼子抓去了,还好,我在花庄官称"铁匠二爷家(其实是我们祖父辈,我们称二老爹)"找到了他们。当时我弟弟(文秀)还很小,我母亲把他抱在怀里,假称是铁匠二爷的女儿带着孩子回娘家的,幸亏当时只有鬼子,没有认识的汉奸在场,总算蒙混过去了。我奶奶和我母亲都已经听说我被抓了，有人告诉她们说，当时汉奸乡长葛大眼（当地老百姓给他起的绰号）还狂叫："没有抓到花锡成，抓到他的儿子了！"可他没有料到我又跑掉了，此乃天意也！我确实是逃过一劫，后来听说，被抓的那些人（大都是与游击队有关系的人）中不少都被鬼子活埋了。甲申年的正月二十三，永远是我童年记忆中最可怕的一个生日。

电影中演的小孩子坐牢，大多是因为父母被捕一块带进去的，而我是自己被汉奸抓进去的。那是我八岁那年的冬天。年初的大扫荡之后，形势更加紧张了，拉锯式的战争更加频繁了，为了安全，我和弟弟跟母亲一起逃到涟水县我舅舅家暂住（我父母都是地下党员，父亲参加地方游击队），我奶奶她不愿走，一个人在家。一天晚上，我回家来取点粮食，本来我是要当晚赶回去的，路上要经过一个乱葬坑，我来时就不小心被一具童尸绊倒了，我那时胆子很大，根本不知道害怕，就把这事当作笑话讲给奶奶听，所以她就不让我走了。当时正值严冬季节，奶奶说黑夜回去危险，心疼我，说等天快亮时再走（我家到我舅家有五六华里路），让我在家睡一会儿，她不睡觉，在门外场院里一面切山芋干子，一面为我"放哨"。结果我回家的消息还是走漏了风声，被汉奸出卖，半夜时从古寨炮楼里出来一队"二皇"（汉奸）把我抓走，当时我奶奶一面大声呼救，一面奋力救我，结果被匪徒打倒在地，晕过去了。这时游击队也赶到了，一阵枪战（一颗子弹把我的鞋后跟打破了，再高一点点就打到我的腿了），游击队的人虽未能把我救回来，但救了我奶奶。我被关在古寨鬼子据点的一间暗房子里，黑洞洞的，只有高墙上面有一个小洞，透出一丝光亮。几天之后，不知什么原因，我又被转移到古寨北边的一个叫汤圩的小村子里。一天夜里，我发现关我的屋门未上锁，于是我就翻墙（那家的院墙很矮）逃跑了。寒冬腊月，脚上的鞋子跑掉了，我就光着脚拼命地跑啊！跑了半夜，因为不敢回家，天亮时才跑到田圩北边的河边（这里和我舅舅家隔河相望),然后找到了我母亲。这时才发现,我的双脚全是血,才知道痛,母亲抱住我的脚大哭。

这件事,我当时非常得意,认为自己很有两下子,我自己利用看守人不注意时偷跑出来了。实际上那是不可能的,是在地下党的帮助下才能跑出来的。不管怎样,这也算是我坐过鬼子(汉奸)土牢的历史吧。

童年的第三个恐怖记忆,是从病魔爪下逃脱,保住了性命。如果说,上两次是人祸,那么这次就算是天灾了。但是这次天灾也是和人祸有关的,因为日本鬼子占领时期,焦土遍野,民不聊生,瘟疫流行是必然的。

那是一场恶性痢疾。具体是哪一年,我也记不清了。我们家有三口人同时染上了痢疾,这种病如果在现在根本不会有生命危险的,但在当时,又是在穷乡僻壤的农村,除了自己熬些偏方草药外,根本就没有什么治疗。我记得,当时我母亲让我们吃咸鱼,听人说咸鱼能止住痢疾,这当然是没有任何作用的。有什么办法呢,病重乱投医嘛!何况当时还无医可投啊!结果我的祖父和一个弟弟(介于二弟文秀和文斋之间)就被病魔夺走了生命!只有我一人侥幸存活下来了。要不是这场疾病,我现在应该有三个弟弟。我说这是“侥幸”,因为“存活下来”根本不是因为治疗,算是我的命大吧!也许可能是我的抵抗力稍好一点,或者病情稍轻一点,才没有死掉。就算是“命大”,是天意吧!人们在对自然力无能为力的时候,都是这样想的。六十多年过去了,我的脑海里老是留着当时的情景:我们祖孙三人骨瘦如柴,无奈地躺在门前的大白杨树下(我记得是热天),等待着死神的降临。

对于每一个个体人来说,自然力和时势都是不可抗拒的!那些高叫“人定胜天”“与天奋斗”“与地奋斗”者,实在太无知了!连普通农民都知道,种田必须要顺应天时,按季节作业,否则怎么能有好的收成呢？一个人自身事业的发展也是一样，不是你自己设计成什么前程就一定能达到的。自己的努力是必要条件，但不是充分条件，还要看天时，即机遇，机会。有人问爱因斯坦成功的秘诀是什么？爱翁答曰：如果成功是 A，则 $A=X+Y+Z$，其中 X 代表工作，Y 是游玩，Z 是不说话。不说话者，就是机会，机会是不需要说话的。可见成功的因素中，工作只占其中的一项而已。事业如此，人生也是如此啊！

我的童年是在战争和动乱的年代中度过的。虽然我的父母非常重视子女的教育，但是我的启蒙教育阶段是不顺当、不完整的。

我五岁时，父亲就送我去读私塾，当然我们家自己是请不起私塾先生的，是到西边一个地主家里，离我们家有一里多地，是他们家请的先生，也收几个别家的孩子。这个地主就是后来当汉奸乡长的葛瑞环，外号葛大眼；葛大眼收几个别人家的孩子不是为了行善，而是为了他们的孩子有伴，能更好读书，同时我们还可分担老师的费用。这位老师姓王，年纪很大，就是电影里那种老学究的样子。我父亲第一次带我去时还举行了一个仪式，先给孔夫子画像磕三个头，然后再给老师磕头。

老师的桌子上有三样东西，书、茶杯和一个戒尺，戒尺是一根一寸宽、半寸厚、一尺多长的木尺。可以想见，孩子们细嫩的小手，被打上十下八下之后会成什么样子。我父亲除了给老师交学费外，逢年过节还要请老师来家里吃饭，这是规矩。我记得我们只请过他一次，我父亲用我们家的独轮车去接老师，老师坐在车上，父亲推车，我在前面拉着，把老师请回家招待一顿饭，吃完饭后再如是送回去。在这里我没有读多久，不记得是什么原因，后来我就到另外一个地方去读书了。可能是为了离家更近一点吧，而且不用趟水过一道小河(即我们家西边的小洋河)。

这个地方就是西南庄的葛林瑞家，当时一起读书的有他的二儿子葛运林,小儿子葛东林(小名叫小摸子),还有他们村的杨创田,他们都比我大,杨可能要比我大十来岁。在这个私塾里也没有读多久,后来这样的私塾很快就都停办了,因为这时我们家乡也开办了一个“洋学堂”。读私塾是先背书(我小时读的是百家姓),后认字;洋学堂是不读古书,而是从认字开始,就是从认人、手、足、刀、尺等最简单的字开始。我因为读过一点私塾,所以一进洋学堂就读二年级。我们洋学堂的老师姓田,他家住在我们村北面的田圩,是我父亲的朋友,叫什么名字我忘记了,好像叫田植梅,记得他的儿子叫田建龙,年龄和我差不多。我在这个洋学堂大概上了一年,因为战乱就辍学了,后来虽然又上过学,但都是断断续续的,很少有整学期读完的。再后来,日本鬼子完全占领了我们附近的乡镇,建起了常驻的炮楼,经常下乡“扫荡”,我也就彻底失学了,在家帮助母亲种地。

大概是在 1947 年的秋天,我就参加了共产主义青年团,那时候,它还是个不公开的“地下”秘密组织。我当时还只有十二三岁,介绍人叫陈淑英,是淮阴县政府的干部,说是干部,其实也就只有十几岁,也是跟着大人参加革命队伍里的年轻人。另一个介绍人叫眭育生,比我大三岁,同样是跟着他爸爸出来闹革命的。那时我们家乡还是拉锯地区,淮阴城还没有解放,所以他们是有时来有时走。那年冬天,我们村里进行土地改革,打地主,分田地。我们还成立了儿童团,我还当上儿童团长,站岗、放哨,开会时领着大家喊口号,等等。

淮海战役(1948 年 11 月—1949 年 1 月)之后,我们家乡才算是真正地解放了。这时我又开始上学读书。是年 9 月,我该上高小了,当时我们家附近还没有高小。我只能到涟水县(与我们隔一条河,即六塘河,那里是新四军的地盘)的王庄小学去读五年级,因为王庄小学离我二姨妈家很近,中午可以到二姨妈家吃饭。下午放学回家,为了少走些路,枯水季节,河面不宽,我就在河两岸拉一条绳子,拴在木桩上,我坐在一个大木盆里,攀绳而过。冬天,河水结冰了,当然就从冰上过了;只有到涨水季节,才绕道从渡口过河,有时我也泅水过河回家。

记得我第一次去王庄小学时,是拿着一封介绍信自己去的。介绍信是谁给开的,已经不记得了,后来才知道那是一封团组织关系的介绍信。到王庄小学后,我把信交给学校的王校长,当时王校长看了信之后就把我收下了。王校长名叫王师穆,他一直对我非常好,有时下雨天,他还留我住在学校,让我就睡在他的床上。到 1950 年初,党团组织公开了,我才知道他是地下党党员。在我升入六年级后,王校长就调离王庄小学了。1950 年 7 月我小学毕业,并考入淮阴中学初中部,从那以后,就再也没有见到过王校长。我非常怀念这位王校长。

懵懵懂懂的中学时代

(1950—1956)

2006 年,是我从淮阴中学毕业 50 年,是年 10 月 2 日,借淮中校庆的机会,我们分散在全国各地的老同学,相约回到母校聚会,大家回忆当年的同窗往事和 50 年来的风风雨雨,其间我写了一首打油诗自嘲,并作为我的感言。

花某今年七十一,生于六塘河西边;
放猪种地读书少,捞鱼摸虾拣螺蛳。
受道淮中致学岁,良师妙手拨钝弦;
瘦西湖畔赴高考,有幸榜名孙山前。
京师博雅未名梦,风雨蹉跎五十年;
三口瓶中看世界,五尺讲台自比仙。
弄墨舞文教书匠,吹箫卖字稻粱钱;
闲居挂笔无新梦,只愿百年归故园。

孔子曰,“吾十有五而志于学”,我是十五岁秋进中学,但还不能说就是“志于学”了。因为孔子说的志于学,就是志于道。而我好像还是在懵懵懂懂的状态中度过那六年中学生活的。

小学毕业之后,按照父亲的意思,我是一定要去考中学的。但为什么会去考淮中,那可是我们整个淮阴地区的最高学府。它的前身是淮阴第六师范。

我去考淮中,是父亲的决定。第一,父亲去过淮阴城里(当时叫清江市,是淮阴地区专员公署所在地),在他的心目中,那是个大地方。我虽然也跟着父亲去过一次,但那时我是跟着父亲去卖猪的,当时也只是到一个叫作石码头的卖猪市场,当天就连夜赶回家了,所以对淮阴城根本没有什么印象。父亲可不同,他是一个心气很高、很有远见的人,所以他决定让我去考淮阴中学。第二,我的一位表哥,他那时在淮阴一个药店里工作,父亲可能和他打过招呼。

那年,整个王庄小学,就我一个人去报考淮阴中学。大概是在七八月份的一天,我一个人沿着当年跟父亲赶猪进城的路来到淮阴城里,按父亲给我的地址,先是去找在淮阴工作的表哥葛希明,并住在他那儿(职工集体宿舍),随后就去淮中报了名,然后参加考试。发榜后,我被录取为备取生第三名。那时候,每名考生可以同时报考两三个学校,然后选最好的学校去上学。当时有些苏中、苏南的学生也有到淮阴来报考的,他们可能是有亲戚在淮阴,只是作为一个后备学校而已,大多不会来淮阴上学;当然还有别的原因考上后又不去上的。总之,正取生不来报到时,备取生就可以依次递补被录取,我就是这样被录取的。

我考上了中学,这在我们家是一件十分重大的事情,可能是我们附近各村中很少有上中学的孩子,也是我们花氏家族中跨入中等学校门槛的第一个人。因为去淮阴上学必须要住校,所以全家都为我准备行装,主要是秋天和冬天两季的衣服,因为我要到春节放寒假才能回家。说是两季的衣物，实际就是冬天穿的棉衣和一床被子，还有一件夹袍和身上穿的单衣裤等。所有这些都不是新的，都是我母亲将我父亲的衣服拆洗改做的，特别是那件夹长袍，是我父亲的“礼服”，我们都很少看见他穿过，当时我非常得意这件长衫。但是进校以后，我只穿过几次就再没有穿过，因为同学都取笑我，说我穿上这件长衫像个小土地主，从此我就再不穿了，放寒假时索性带回家了，还跟我父母说，穿着它上操跑步不方便。直到现在，每次在电影里看到那些穿着长袍的旧时代的人时，就马上联想到我当时的形象，只可惜我当时没有条件留下照片！

上学的行装中除了衣服、被子外，当然还有一个漱口杯、一个搪瓷脸盆和一条毛巾。所有物件中，只有后面这两件是我父亲专为我新买的，因为在农村，这些东西都是全家共用的。

上面所有这些物件，一起打成一个背包背在身上。同时，还背上一条芦苇席子，这既是我的床单，又是我的床(铺在稻草铺上)，我们在家时也都是用这个的。把它卷成圆筒状，也背在身上，这就是我当时第一次离家，进城上中学时的全身装束！非常可惜，当时当然也不可能留下值得怀念的照片。

1950 年是淮阴解放后(也是中华人民共和国成立后)淮中的第一次招生，初中一共招三个班，我是备取生，所以被分在初一丙班。班主任老师叫孙言伯，也是我们的语文老师，就是清江市人。他就是原第六师范的毕业生，是一位很好的老师，他上语文课时，曾经给我们朗诵过他自己写的一首诗，我还记得这诗的后两句是：

蛙鼓池塘声声恨，数说人间事不平。

但是有一件事情使我对孙老师一直耿耿于怀。那是在入学的第一个月发生的事情，一天早上起来，我的洗脸毛巾不见了，我就把这事报告了孙老师，说明我的毛巾丢了。他问我是什么样的毛巾，我说我的毛巾和某某同学用的毛巾是一样的。要知道那个时候，一个农村孩子买一条毛巾是非常不容易的事情,那是我一生中用的第一条新毛巾啊!结果孙老师不是在下面进行个别调查处理,而是在全班同学会上,让我说出毛巾的特征。你想,我刚买的新毛巾还没有用几天,哪能说得那么准确,但是此后孙老师就再没有做任何调查和了解,这件事就不了了之了。他不但不帮助我找到丢失的毛巾,而且给我的感觉是,他好像认为我在说谎,好像我是有意想要霸占别人的东西似的,所以他根本就没有打算帮我找到丢失的毛巾。这件事使我受到了极大的侮辱,在我的心灵上留下了一生无法愈合的伤痕!这事也使我对这位孙老师产生一种看法,认为他是有意瞧不起乡下学生,特别是我这个“备取生”。从此以后,由于这件事情,我的性格也发生了变化,变得不愿意与人交往,除了自己埋头读书,对班上的任何事情都不热心。政治上更没有进取心,虽然我是名老团员了,在王庄小学时,我就担任团支部委员了。但是自此之后,包括后来进入高中以后,使我在许多事情上,都表现得毫无政治热情。我记得父亲曾几次催我申请入党,但我一直都没有申请,直到高中快毕业时,学校告诉我可能被选为留苏预备生时,我才提出入党申请,所以我直到1956年4月才加入中国共产党。

在淮中发生的这件事情,不但影响了我的中学生活,夸大一点说,它影响了我一生。我记得在我考取北大以后,就在床头贴了一副对联,作为自己的警言,对联是两句大白话“凭良心做事,靠本事吃饭”。这两句话是我一生做人的准则!

20世纪50年代初,战争刚过,人民生活很艰苦,我们在学校里的生活比起农村来,还算不错的,根据各人的家庭情况,还有一点生活补助,当然指的是住校生。开始那半年多,我们每天只有两顿“干稀饭”。所谓干稀饭,实际上就是很稠的菜粥,每顿饭每人两碗,为了公平,每次将饭盛到碗里后都要用筷子刮平,这些操作都由值日的同学统一掌握。那时我们只有冬天才在室内用餐,大多数是在操场上,每组十人，围成一个圈，饭盆放在中央。这样的用餐方式，在 20 多年后的“文革”中，我在江西鲤鱼洲干校劳动时又经历了一次。但是这两次只是形式上的相似，境遇是完全不同的。就生活状况来说都是比较艰苦的，但在淮中时的心境是愉快、欢乐的，甚至是很惬意的！在江西时就完全不同了，虽然我当时的心情也并没有那么沮丧，但那是玩世不恭的自得其乐，因为那毕竟是在接受劳动改造，何况我还是参加反革命“国际饭店会议”的成员，属于专政对象！这都是后话。

在我们淮中校园的后门(西门)里边，有一大片闲置的空地，我们每个班分得一块，开垦出来自己种菜，每天下午下课以后就去自己的菜地里干活，收获的农作物统一上交给学校食堂。因为学校西门外面就是大运河，所以从运河里抬水浇菜很方便，肥料是从学校厕所里挑来的“有机肥”，所以我们的菜长得非常好。这些活，对我们这些来自农村的孩子来说，那是再熟悉不过的了，比在家里种地时要轻松多了。但是，我们种的菜毕竟有限，而且只是补充粮食的不足，所以还是只能吃菜粥啊！每天晚上下自习以后，睡觉前肚子就叫了。有时实在饿得慌了，就到校门外面的小摊上，用 5 分钱买一小块炕子饼充充饥。就这还不能常去，因为那时我的口袋里每月只有一块钱的零花钱，这钱主要是用来买一些生活和学习用品的，就这一块钱也是父亲从他的少得可怜的生活津贴中省下来的，因为那时父亲刚刚参加工作，是一名乡镇(古寨)供销社的小职员，供给制是没有工资的。不过对于我这个刚从农村来的孩子来说，每月有一块钱的零花钱已经是很阔气的了！

这一块钱的零花钱，当时还有一个重要开支，就是要拿出一部分来捐献给国家买飞机大炮，因为那时正值抗美援朝战争，国家需要武器，所以动员全国人民参加捐献运动。我们中学生也不例外，每个人的课桌上都贴着一个表格，上面记着每月自己捐献的钱数，这是我们中学生对抗美援朝的直接贡献。所以当时是作为人生的重大事情来做的，自己多节省一点，多捐一点钱，觉得是很光荣的事情。

第一次离开家住校是非常想家的，我父亲可能也知道我会想家，不放心我，所以第一学期中间曾来学校看过我一次，还给我带来了一大包炒面，说是奶奶叫他带来的，怕我在学校里吃不饱饭。当时还是真的吃不饱，但是我没有告诉父亲，怕他们担心啊！就是这次父亲来学校看我时告诉我，我又有了一个妹妹，就是霈芳，我非常高兴，看得出父亲也特别高兴。

初中三年我在学期当中都没有回过家，慢慢也就习惯了，大概是在我进入初三的时候吧，也许是在读高中的时候，父亲就调到三树供销社工作了，放寒假时我就先到父亲那儿，和他一起回家过春节。我记得还有一个叫祁主任的，他家也在古寨那边住，我们三人一边说话一边走，大概有六七十里路，一大半天就到家了。

初中时，另一件记忆中有趣的事情是除“四害”运动。既然是运动，当然就不只是我们一个学校的事情了，是全国性的。所谓“四害”，可能是指苍蝇、蚊子、老鼠和麻雀吧！

我这里说的有趣的事是抓麻雀。既然是全国性的运动，我们学校当然也是由校长亲自动员和组织领导的，并且按年级、班、组，层层下达任务和指标。我们每个小组都有指标，比如，在规定的期间内，要抓多少只麻雀，方法嘛，是各尽其能。这项任务，对我来说，那是行家里手，“重操旧业”而已。有一次，我们班在一次战役中就抓了半箩筐的麻雀，校领导为了表彰我们，特命厨房大师傅当日做了一个油炸麻雀大宴，“犒劳三军”！

光阴荏苒，三年初中生活转瞬而过。这三年初中生活，是我的人生发生重要变化的三年。这种变化的原因，不是淮阴威严的城门和繁华的市容，而是来自淮中校长、老师和那些高中学长们的教诲和影响。

老校长陈天马，是享誉整个苏北的著名教育家，威严而有学者风范。我们的数学老师杜宣之,学识渊博,要求严格,教学方法独到。如学生问他问题时,他要求学生必须先将问题背出来,他认为你连问题都背不熟,说明你没有动脑子想就来问老师,他拒绝回答。杜老师后来又教过文秀和文斋,他是我们三兄弟的老师,也是我中学时最崇拜的几位老师之一。再有就是高中部的那些学长们,看他们演戏,听他们演讲(那时我们学校经常举办学生演讲比赛),一个个都潇洒帅气,很是羡慕。那时,我懵懵懂懂地感觉到将来我也要做一个像他们那样的有文化的人,因此,初中毕业后,我就毫不犹豫地报考了本校高中,当然,这也正合我父亲的心愿。

1953 年,国家正在准备开展经济建设的五年计划,需要大量各方面的建设人才,按照现在的说法,就是赶上学校扩招年了,那年,淮中高一年级,共招了六个班,300 人。所以我如愿以偿地上了高中,当然,这次不是备取生。

上高中时又赶上一个好机会,这一年从山东大学、华东师范大学等名校来了一大批刚毕业的大学生,分到我们学校来当老师。学校也扩建了校舍,分成南、北两校区,学校面貌大不一样了,更重要的是学校的教学质量和声望大大提高了(到 20 世纪 60 年代,淮阴中学已经跻身于全国 200 所重点中学之列了)。

高中才是我的启蒙教育阶段,启蒙者正是我的那些高中老师们。

这些新来的高中老师,给我们第一个特别深刻的印象,就是他们的教学方法。他们从不照本宣科,虽然按照学校要求也有教案,但是他们在课堂上经常离开课本,讲一些生动的、鲜活的知识。如我的班主任王叔武老师,教物理课的朱培基老师,教语文课的谭佛雏老师,教俄语的朱静君老师等。朱培基老师还经常给我们发一些油印的讲义,正是这些课本之外的教学内容,不但扩大了我们的知识面,使我们更容易理解课本中的基本理论和内容,而且还大大提高了学生的学习兴趣。后来上了大学我才明白,原来大学老师大多是这样教书的。正因为我在淮中时有过这样的初步训练，所以进大学后很快就适应了大学老师的教学方式了。

这些新来的老师们的第二个特点，就是年轻、活跃，对教育事业热情、敬业。在课堂之外，他们和同学们谈笑风生，很容易接近和交往，我们也很乐于去找他们请教问题，听他们讲述外面的大千世界，也愿意听他们谈理想和做人的道理。这些“课外”的师表感染，对我们这些十几岁的年轻人的人生塑型的影响是非常之大的。因此说，在知识和人生等各个方面，淮中的这些老师都不失为我真正的启蒙老师。

但是，对于一名中学生，就智力开发而言，仍然还是懵懂的、不确定的，少数的神童除外。我是一名“中不溜”的学生，数学是学得最差的，其他各科都勉强算是中上，而对语文和历史更多一点偏爱，所以开始时就想报考文科系。但是在毕业前发生了一件事，从而改变了我一生的方向。好像是在高三下学期的开学不久，学校根据上级指令，在我们毕业班里要选一些人作为留苏预备生，这些人不参加高考，直接保送到外语学院学习一段俄语后送去苏联留学。我有幸被列入了候选名单(可能当时我的俄语成绩不错)。因为当时去苏联留学的专业均为理工科，所以凡是被定为候选人的，从那以后就都开始复习数理化方面的功课了。但是，天有不测风云，临近高考前，学校突然通知我们，说是留苏预备生的名额减少了，我们学校只剩两名(原来有五个名额)，好像是一名姓崔的女同学和一名姓戴的男同学。当时我们十分羡慕这两名同学的幸运，过了一年以后才知道，他们比我们更不幸。他们进俄专学习一年以后，中苏关系交恶，苏联是去不成了，两人均转到北京工业学院，结果反而比同届生晚一年才拿到大学毕业文凭。

我们被刷下以后，就要重新填报高考志愿。几个月来，我一直在复习数理化，当然就不敢再报文科系了，最后我报的是北京大学化学系，从此，也就决定了我这一生的职业。这里，还有一个小插曲：在我改填报志愿时，因为也拿不定主意填什么专业好，就和同桌好友王世耆商议，一起报南京大学的天文专业，就是物理系。但是到最后要交报名表时，我担心数学不好，考不上，就临时改成北京大学化学系了。交表后，我对王世耆说了我的改变，但这时他的表已经交上去了，无法更改了，他说“算了，我就报南大吧”。因为南京大学的天文专业是全国最好的，结果他就被录取到南大物理系了(但不知何故而改学气象专业了)。后来，我常用我的例子来劝慰一些报考大学的中学生们，其实中学生选择大学专业是很盲目的。

我一生中共有三次出国留学的机会，但是一次也没有成行。中学这回算是第一次。第二次是 1964 年，北大要派我到英国 Barton 实验室(当时 Barton 在英国，后来他到法国了，是第一个提出构象分析理论的，也因此荣获了 1969 年的诺贝尔化学奖)。后来因为北大搞“社教运动”，当时作为教研室党支部书记，我是必须要参加运动的，所以就没有让我出国。第三次是 1983 年，单位安排我去美国进修，大会上已宣布此事，我也开始学习英语了。突然党委领导找我谈话，叫我暂不要出去，安排我到校党委工作，任党委办公室主任，并说就只做三年，三年以后再让我出国进修。但这一去就在校机关待了十年，是十年啊！虽然我一直没有脱离教学和科研工作，但是，我自己明白，我的业务前程已经很渺茫了。现在回忆这些往事，年逾古稀，事已至此，只有苦涩和无奈了。

这些都是后话，还是回到高考上来。

在 20 世纪五六十年代时，年轻人心目中最风光的职业是与国防、军工有关的工作，像哈尔滨工业大学这类军工院校是最热门的。因此我们那一年，报考工科院校的人要比报文理科的多。那时候，我们淮阴地区还没有高考考场，由副校长成可容、教导主任赵千里等校领导和各科老师带领我们考生坐轮船沿大运河南下，浩浩荡荡下扬州赶考。当时好像整个苏北的考生都是要到扬州去参加高考的,我们的考场就在扬州中学。学校领导和老师们不但对我们高考全程保驾护航,而且像家长一样安排我们的住宿和一日三餐。考试结束后,还带着我们游玩了有名的瘦西湖。对于像我这样的一些农家子弟来说,真是由衷地感到无比的温暖和幸福,至于高考能否中榜,似乎反而无所谓了。

1956 年的夏天,对于我和我们全家是一个不平凡的夏天,我被北京大学录取了,我将要成为北京大学的一名学生。

燕 园 岁 月

(1956—1962)

北京大学是一所“名师荟萃,精英满堂”的全国最高学府。我虽然也跻身名校,但是由于自身性惰,感悟迟钝,有愧名师。因此,当回忆这六年的大学生活时,学业上实在没有什么值得记述的,下面写的多是些学业之外的事情。但是我认为,这些对于一名青年学子成长过程的影响,一点儿也不比其学业受教的影响小,有的甚至影响到人的一生前途和终生命运,因此当然也是终身难忘的。这也可能就是我们那个时代的特点吧。

1956 年 9 月,我带着兴奋、梦想和忐忑不安的复杂心情,来到了很多年轻人都十分向往的全国最高学府——北京大学。但是,进校报到注册以后,很快就有一种无形的压力从天而降,整个人的思想和心情变得十分沉重和不安,甚至有点惶恐。胸前那枚金光闪闪的“北京大学”校徽,也并没有给我添神、壮胆。其原因主要还不是由于在这座大观园式的学府里,我那有点个别和来自农村的土气而感到的无形的压力。老实说，对此我并不在乎，我在1950年进入淮阴中学时就已经经受过考验了（那时我穿着长袍，早晨出操跑步时，我都要用腰带将长衫前后掖起来，像个拉车的苦力）。最使我不安的，是我们年级的这些来自五湖四海的同学，个个都不是等闲之辈，不但都是来自全国各地的重点名校，而且都是百战胜出的高手。虽然我们淮阴中学，在苏北地区也算是一所有名的重点中学（当时我们淮阴中学能有三个人考上北大的数学、物理和化学系，这已经是很不容易的了）。但是天外有天啊！相比那些来自北京、上海等大城市名校的同学们，在心理上总是觉得矮人一头似的自愧不如。因此对未来的学习有一种莫名的不安和畏惧。既来之，则安之，只能下决心努力学习，别无他路。

报到后的第一天，就遇到一件小事，但是它却给了我一个下马威。当时我们每人都发给一张就餐卡，开饭时凭卡进入食堂（大饭厅）就餐。当我想进大饭厅时却被工友拦住了，让我到“东方红”食堂用餐。我不知道是怎么回事，也不知道这“东方红”食堂与大饭厅有什么不同，所以很尴尬。后来才搞明白，是化学系办公室的人弄错了，他看到我的名字，以为我是少数民族学生，就把我安排到专为少数民族同学开设的“东方红”食堂去了。

这种忐忑不安的心情，在开始上课以后越发加重了。

我们一年级最重要的一门课，就是傅鹰先生教授的“普通化学”。傅鹰先生是国内外都享有盛名的化学家，我国胶体化学的奠基人。我们年级是北京大学第一届六年制的学生，学校特地安排了各科最有名的教授给我们开主要基础课。

傅先生的“普通化学”课（以前这门课叫“无机化学”）是第一次为我们开的，没有教科书，只有他自己编写的讲义，而且都是在他上完课以后才能一章一章地发到学生手中，所以听课时全凭当堂记笔记。

大概在开学的一个月以后，在一次课堂上（下课前20分钟），由助教老师给每个学生发一张白纸进行课堂小测验。傅先生的所有测验、考试,都是开卷的,考试时,可以查书和任何资料。这次测验的题目是“馒头是混合物还是化合物?为什么?”这是我们入学后的第一次考试。因为是上午的最后一堂课,所以大家交卷后就去食堂吃饭,然后就各自回宿舍午休了,同学之间谁也不主动打招呼、说话。到下一次上课时,考试卷发下来后,课堂里的气氛立马紧张、沉闷下来了,下课以后同学之间也很少说话,各行各事。到第二天我发现,男同学中出现了多名光头元帅!他们的这一举动,代表了我们全年级同学当时的心情,这是在为我们全体同学发泄心中的闷气。原来这次考试中,绝大多数同学都考得不好,得 4 分或 3 分(当时是实行 5 分制)者居多!你想想看,这一帮在中学时都是得 5 分的主儿,现在考了个 3 分怎么受得了呢?幸亏傅先生很会做学生的思想工作,他安慰我们说:“在我的课堂上,能考 3 分的同学,你在全国的任何学校全能得 5 分。”这虽然只是一句宽心的话,但是对同学们的情绪和增强学习信心还是很起作用的。在此之后,这样的小测验几乎每月都有一次,同学们慢慢也就习惯了,主要还是对大学的学习也逐渐适应了。

对于我来说,经过此事以后,学习上的压力虽然还很大,但是思想上的自卑感似乎减少了些,可能因为觉得对新的学习生活有压力感的人,并不是只有我一个,算是自我安慰吧!

但是,这次临时小测验,给我和全体同学都留下了终身难忘的记忆。直到 2006 年,我们年级入学 50 年老同学聚会时,大家虽然都已年逾古稀,但还是津津乐道地谈论起那次记忆犹新的小测验。

傅先生和他的“普通化学”课,给我们留下了许多终身难忘的记忆,那次小测验只是其中的一个具体事例而已。

首先是傅先生每次上课时的那个阵势以及他那大师风范和气派。当上课铃声一停,傅先生就从阶梯教室前面的教学预备室里出来健步走上讲台,十几位讲师、助教等辅导老师紧随其后鱼贯而入,并顺次坐到教室第一排的座位上，这些座位是给他们预留的。我们年级共有注册学生322人，这间教室（二教103）大约有360个座位。但是来旁听傅先生课的人非常多，其中有的是本校教师，有的是北京地区其他高校的教师。每次上课时，不但座无虚席，就连走道、台阶上，全都坐满了人，还常有在教室后面站着听课的，那场面真是壮观啊！有一次，因为前两节外语课拖堂了，当我们从俄文楼一路小跑到二教时（当时，我们学生都没有自行车，所以课间的校园里，都是来回穿梭小跑着的学生），教室里已经没有座位了，我们一大批学生都挤站在教室后面进不来，傅先生看到后很生气，拍着讲台大声说："座位上不是我这个班的学生，都给我让出来，我不管你是谁，就是马寅初校长来也不能例外。在这个课堂上，我的话就是法律。"

在后来几次政治运动中，傅先生的这句话，被说成是学阀作风而反复受到批判。实际上，傅先生不但是一位学识渊博的老师，而且是一位十分和蔼可亲的长者。在课堂上，他旁征博引、潇洒自如地讲授，左右开弓的漂亮板书，特别是他非常擅于用很通俗而又风趣的语言来阐明一些深奥的化学理论问题。加之他那一口纯正地道的北京腔和谈笑风生的讲授风格，使我们这些初涉化学圣地、刚脱黄口的学子们，都能比较容易地领悟许多诸如熵、共振论、热力学定律等深奥且又十分重要的化学理论问题。他还经常通过讲有趣的科学历史故事，来说明诸如某个化学元素是如何发现的、某个理论的建立过程和相关科学家的工作与生活轶闻趣事。这些故事，不但能提升学生学习化学的兴趣，而且也是对学生进行科学精神的传授。他常说："科学能给你知识，历史能给你智慧。"

第一年的寒假，我没有回家。这是我有生以来第一次没有回家过春节，原因是我无力购买火车票。那时我是享受全额国家助学金的，即每月伙食费12元5角，另外还有4元钱的生活补助金。当时伙食费是不发钱，只发给饭卡；4元钱是生活补助，用于买日常洗漱用具和学习用品等。而且,刚来半年是积攒不下回家路费的,更不可能向父亲要钱,虽然他来信说要寄钱给我,让我回家过年。但是我知道,他每月只有三四十元钱的工资,除了养家,还要供我两个弟弟和一个妹妹上学,是很难再有钱给我的,也正因为如此,我才能享受到国家的全额助学金。所以我就对父母说,我到北方后得了鼻炎,想利用寒假治一治。实际上我也确实是想治鼻炎,它已经影响到我的学习了。所以这年的寒假,我就到北大医院(府右街)耳鼻喉科住院动了手术。那时的医疗服务真好,我第一次享受到大医院的医护水平和优良服务,彻底治好了我的鼻炎。其间,辅导我们化学的刘佛岸老师还专程到医院看我,送我一束鲜花,令我非常感动,至今难忘。

经过一个学期的大学生活和学习,渐渐地也就适应了,也慢慢地开始融入了这个特殊而又温暖的集体,同时也逐渐地体会到北大这个神秘群体的一些气味了。

进入北大的第一观感,是这里很自由。除了上课下课的铃声,没有人会来指挥你去该干什么或不该干什么;全校每一间上课教室都是敞开的,不管哪个系、哪位老师上课,你都可以进去听。我们年级就有同学去听哲学系课的,也有去听东语系阿拉伯语课的。不同的老师上课风格也各不相同,有的把大部头课本放在讲台上,不时地翻一翻;有的什么书本也不拿,手中只有一张小纸片,但是同样都是旁征博引,滔滔不绝,潇洒自如;有的老师西装革履,风度翩翩;有的老师布衣散襟,不修边幅,但是他们个个都是学富五车。

第二个观感是北大的奇人、怪人多。你经常会看到在图书馆外的林荫道上,或者在大饭厅通往宿舍的路上,有人好像在漫不经心走路时自言自语,或者发出莫名其妙的微笑。他们不是神经有问题的病人,多半是数学系的学生,他们可能正幸福地游弋在数字的海洋中,或然发现了“柳暗花明”的彼岸。就在我们班级里,也有几个奇人。一位是胡家瑞同学,他是学校民乐团的成员,标准天津腔,蓄长发，一副艺术家的气质、风度。他擅长多种民族乐器，尤其酷爱二胡。每天晚自习后，睡觉前都要到我们宿舍(13 斋)前面的山头上去自练自娱，那悠扬的乐声荡漾在燕园上空。如果遇有同学说他的琴声影响大家睡觉，他就会把自己关在厕所里练习，但从不间断。中央民族乐团多次请他去加盟，都被他婉拒了。他说这是业余爱好，他的专业还是化学，而且还数出一串的法国著名音乐家为据，说他们都是化学家。

另一位同学叫施建平，上海人，英俊小生，他很少进图书馆和阅览室，没有课的时候大多都待在宿舍里(我也是经常待在宿舍里的)，在宿舍里多数时间也不是读书，而是练习朗诵，他是学校广播台的播音员和学生话剧团成员。但是每次考试时，他大多能得好分数。他的播音水平极佳，中央广播电台的著名播音员葛兰曾亲自来北大见他，并动员他到中央广播电台工作，但是施君谢绝了，他选择的还是化学，播音只是他的业余爱好。毕业后他分配到中国科学院上海生物化学研究所，成为一名生物化学家。

1956 年，由于国家提出“向科学进军”的号召，所以全国大学都“扩招”学生，我们这一届，是北大有史以来招生人数最多的。老北大原来在城里的沙滩(红楼)，1952 年，全国高校院系调整，北大、清华、燕京三校的文、理科合并到北京大学，并将校址由城里迁到现在的校址——燕园，这里原来是燕京大学的校址。合并后的北京大学，由于教师和学生人数都增加很多，所以又扩建了多座新的教学楼和师生宿舍楼。但是，到我们这一届，由于大量扩招，学生宿舍还是不够用，所以我们化学系新生入学时，最先是住在第一体育馆的室内排球场，大通铺。时间不长，大概一个月后，我们就搬到农园附近调整后新建的学生宿舍一到十五斋(栋)里。这里都是二层小楼，化学系的男生住在十三斋，女生住在四斋。这样的宿舍还只是过渡性的，虽是大通间，但是每大间里又用矮墙隔开成三个小房间，每一个小房间里放四张有上下铺的双层床,住 8 个人,所以一大间共住 24 个人。冬天没有暖气,但是有烧煤的壁炉。楼里,有一位工友负责打扫卫生和在冬天生炉子。我们十三斋的工友叫李勇,是一个非常好的年轻人,他比我们的年龄还要小一点,不到 20 岁,与我们相处得非常好,有时我们有的同学早上起得晚了,来不及吃早饭,他会帮忙给热一下从食堂带回来的馒头之类的。

我们十三斋的位置非常好,前面(即南面)就是农园(俗称棉花地),有一土山,山上有一小庙,山前有一小湖,湖水通过一条小河流向北面的未名湖水系,河上还有一座小石桥,山、湖、河、桥,都掩映在一片参天的松柏之中。这里不但风景非常好而且很幽静、宽敞,是我们开小组会,读书自习,同学间休闲聊天等各种活动的场所,还是京剧爱好者们练声和秀身段的极好地方。同时,这里离大饭厅、教室、第三阅览室都很近,十分方便。我们在这里住了一年多,大概是在 1958 年年初才搬到新落成的宿舍楼 31 斋。据说,这个新的宿舍楼群(即新建的 28～36 斋),是马寅初校长向周恩来总理要来的专款,是动用国库中的特殊经费建成的。

我们化学系 1956 级共有 320 余人,分为 5 个大班、10 个小班;我分在五大班的九小班,学号是 5603211。入学时被指派为五班的团支部书记,可能因为我的“团龄”较长(1947 年入团),在小学时就做过团支部委员,又是一名预备党员。刚入学时,我们年级共有 9 名党员,后来又增加一位,是四班的杨永源同学,他是从团中央机关考来的调干生,年龄比我们大好几岁。入学时,他的党籍可能还未批下来,所以晚了几个月才转来党的关系。这样,我们年级就正好是每班(10 个小班)有一名党员。但是我们全年级就只有一位正式党员(陆鸿祺同学,他是调干生),其他九人全是预备党员,所以不能单独成立党支部,是和化二(1955 级)合并成立一个党支部,化二的尚振海(调干生,来自国务院机关)是我们的党支部书记。大概到二年级的时候，我们这些预备党员大多转正了，我们才和1955级分开，单独成立党支部。一直到毕业，五年之间陆鸿祺一直是我们的党支部书记。大概在1958年暑假以后，我就不做我们五大班的团支部书记了，做年级的党支部委员，同时还做系党总支的保卫干事。那个时候，每个党总支、支部都有一名保卫委员，这是一个没有什么具体差事的委员。

二年级时的主要化学课是分析化学。主讲老师是张锡瑜教授，他在西南联大时，师从著名有机化学家曾昭抡，研究生毕业后留校工作至今。院系调整后他改教分析化学，是试剂分析方面的专家。

张老师家在城里，平时他就一个人住在学校的单身教师宿舍24斋。直到我后来也成了教师时（住24斋206室），他还是住在那里。他为人谦和、朴素，整年都身着一身退了色的蓝布中山装，和他的老师——黄子卿教授、傅鹰教授、邢其毅教授一样，都是这种风格，这就是北大教授的风度。

在我们六年的大学期间，一年级是我们第一个读书的黄金时期，从二年级以后，政治运动就一个接着一个的了。

我们入学后的第一个政治运动，就是“整风反右”运动。北大也和全国一样，从1957年的春天就开展所谓整风运动。就是以“反对主观主义、教条主义和官僚主义”为主要内容的整顿领导党——共产党的作风的运动，并号召各民主党派和所有党外人士都来帮助共产党整风。

到了五月中旬，学校大饭厅附近的大字报就逐渐多起来了，多数都是给学校党委和领导提批评意见的。后来就有给党中央提意见的大字报了，其中最著名的是物理系四年级学生谭天荣写的“一株毒草”大字报和中文系的沈泽宜、张元勋两位同学写的“是时候了”新体诗。这两张大字报，不但震动了北大，而且震动了全国，惊动了中央。因为“是时候了”的大字报是5月19日贴出来的，所以后来有人就把从这一天开始的大字报、大辩论称之为“5·19”民主运动。不过当时对于大多数学生来说，都正在面临期终考试，所以实际上也只是课余时间去看看大字报；晚自习后，或吃饭时端着饭碗去听听大饭厅前的演讲，仅此而已。但是，无论如何，学校的气氛已经很紧张了，所以我们各科的期末考试也都在这种特殊的气氛中结束的。

6月8日，人民日报发表《这是为什么?》的文章。从此，“整风”运动就变成了“反右”，就是全国范围的“反击右派”的政治运动。这个运动从1957年的暑假一直延续到1958年春。北大全校划为右派分子的共699人，其中学生589人，教职工110人(据后来学校党委编印的小册子上的统计数字)。我们化学系56年级有10位同学被划为“右派分子”，其中一大班6人，二大班3人，四大班1人，我们五大班没有人被划为右派。

1958年，“大跃进”开始。在这一年的上半年，我们学生虽然也要参加运动，但基本上还是能够正常上课的。从暑假开始，全校师生都要参加“全民大炼钢铁”运动，一部分人到社会上去参加工厂郊区农村的大炼钢铁，留校的师生就在学校操场上垒起高炉。我们化学系师生更是远赴广西、湖北“炼钢前线”。

我是和一位老师一起，作为先遣队提前赴武汉与当地政府部门联系有关事宜的，大队人马于9月20日由北京出发，分赴广西和湖北。

去湖北的师生，被省里安排去宜昌和恩施地区。我是去恩施地区的，我们先由武汉坐船过三峡，在巴东(一个很小的县城)上岸，乘汽车翻过叫绿松坡的高山，然后一路惊险地盘旋山道，进入恩施地区。在恩施地区，我们又被分成5个小队，分赴建始、利川、咸丰、鹤峰、来峰5个县。我被指派为恩施地区的分队长，中间，我去过一次来峰小队，但是大部分时间是在咸丰县小队。这个地区，据说就是古称的夜郎国；鹤峰县更是处于偏远的深山里，可能就是当年贺龙两把菜刀闹革命的地方。

我们的主要任务是做矿石的化学分析工作，配合那些上山找矿的人们做含铁量的测定和对炼出的铁的成分分析，所有的仪器、药品都是我们从北京带去的。这里虽然叫县城，实际没有几间像样的房子，是个很穷很落后的地方。

我在咸丰大概也就待了不到两个月，就接到学校调令，把我一个人先调回学校了。我记得临走时县长还送了一包当地产的茶叶。后来大队人马撤离时，据说县、省各级领导都专门设宴欢送，使得我们这帮北大师生，大有过一把“钦差大臣”之瘾的感觉。

当时我也不知道为什么要提前把我一个人调回，到学校后才知道是参加审干工作，大概是因为我是总支保卫干事吧。学校党委由保卫部负责，化学系党总支从各支部调集了十几名党员组成“审干”队伍，由我和田清娟（研究生）两人负责具体事务工作，她负责教职工部分，我负责学生部分。实际上具体工作就是看档案材料，一直干到1958年年底。去湖北、广西参加大炼钢铁的大队人马，于当年12月下旬也都回到了学校。

1959年，又是我们认真读书的一个好时期，但是好景不长，大概是在1959年的下半年，就是有名的“庐山会议”，之后全国性的“反右倾”运动又开始了。与此同时，又一次的“科研大跃进”也开始了。当时化学系主要承担两大重点项目：一个是与国防有关的，对外称“无机二”；另一个就是人工合成胰岛素。当时这两项“科研”都被列为绝密项目。

大概是在寒假前的某一天中午，突然通知我去学生工作组（就在我们宿舍31斋的一层）一趟。那时我虽然是预备师资，组织关系都在教研室，但是我还是住在原来班级的学生宿舍里。所以我下课后就端着饭碗边吃边走地去了（北大学生都是这样的，当时是北大的一道风景线），原来是总支书记找我们谈话，和我同去的还有一位是比我高一年级的叶蕴华同学（催化专业的预备师资）。谈话很简单，前后也就几分钟,实际就是向我们宣布领导的决定:“从现在起,调你们两人到有机教研室工作,参加合成胰岛素的项目。”我当时是无机专业的预备师资,也是无机教研室的党支部委员和团支部书记,还在上苏联专家的“无机合成”课。但是在那个年代,服从组织决定是天经地义的。从此,我就又成为有机教研室的预备师资了,这一生的专业方向,也在这几分钟的时间里被决定了。

合成胰岛素这个项目,实际上是1958年年初开始的。当时是由上海生物化学研究所的几位科学家(钮经义、曹天钦等)到北大与邢其毅教授等一起商定的一个合作科研项目,目标是合成牛胰岛素。这个项目的提出,可能有三个因素:其一,1956年英国科学家Sanger已经测定了胰岛素的一级化学结构,它是由A、B两个肽链,通过两个硫—硫键相连接的51个氨基酸组成的多肽,是当时已知的、具有生物活性的最小的一个蛋白质分子;其二,当时已经能够合成一些小的多肽了,如催产素(八肽);其三,就是北大邢其毅科研组从20世纪50年代初就已经开始了关于氨基酸保护基、氨基酸标记和接肽方法等基础研究工作。所以从那次两地科学家会商以后,北大有机教研室就开始胰岛素A链(21肽)的合成研究;科学院上海有机化学研究所和上海生物化学研究所就分别开始B链(30肽)的合成和天然胰岛素A—B链的拆分研究。

到了1960年下半年,政治运动进入了调整期,胰岛素项目也只有上海有机所、生化所和北大化学系有机教研室三个单位还在坚持做,而且只有少数几名教员,作为自己的正常科研工作在接着做,当然谈不上有什么进度了。在此期间,国际上也有几个研究组在进行胰岛素的合成研究,1963年下半年,美国匹兹堡大学P. G. Katsoyannis和联邦德国羊毛研究所的查恩(H. Zahn),先后宣布他们合成了有微弱活性的胰岛素。在这一消息的激励下,由国家科委领导,组织上海有机所、生化所和北大化学系有机教研室三家,又重新调集人员

(共20人),于1964年3月,在上海集中统一指挥下,重新进行合作研究,并由汪猷、钮经义、邹承鲁、邢其毅四位专家领导,按正常的科学研究方式进行攻关。结果,在1965年9月17日,中国正式宣布,成功合成了牛胰岛素。

我从调到有机教研室后,就停止了无机化学专业课的学习,改上有机化学专业的课程。我的这次专业变动,对我最大的影响是有两门课的学习,主要一门课就是“有机化学”,这是应该在三年级中最重要的一门基础课,时间是1958年的下学期和1959年的上学期。我有不少自己可以支配的时间,特别是晚上,几乎全是可以由我自己安排的。我以原在无机专业的理由,请有机教研室的戴乾圜老师(他是邢先生的助手)给我一个人补有机化学课。因此,我的有机化学学得不比同班同学差,这全要感谢戴乾圜老师。也可能正是有这一段经历的缘分,我们两人在之后的几十年中,关系一直很好。虽然他后来被调到北京工业大学任教去了,但我们一直未间断联系。他每年的研究生答辩,我几乎全都参加;他如果有什么事情时,也都会来找我。当然,这里面也还有他和邢先生的关系,邢先生很器重戴先生,有时也会嘱咐我去协助戴先生办些事情。

从1959年年底开始,我就作为有机教研室的预备师资,正式到有机教研室工作。所以我虽然是1962年毕业的,但是,工龄却是从1960年5月开始算起的。1962年9月,我被分配留校工作,正式成为有机教研室的一名助教。

我在做预备师资期间,除了做有机教研室的党支部委员外,没有其他工作,我可以抽时间跟原班上课,参加每门课程的考试,包括最后半年做毕业论文。所以到1962年6月,我们年级毕业的时候,我只缺“政治经济学”一门课的成绩。这时我用了一周的时间突击自学,并通过考试,取得了合格成绩,因此我能和我们原班同学一起正式获得毕业证书,按期毕业,一起参加毕业分配。

在最后半年中,我也和其他同学一样做毕业论文,我被分配到邢其毅教授领导的科研组,师从邢其毅教授做毕业论文,题目是“蟾蜍毒素类似物的合成”。这是个很大的题目,我一个本科生的论文当然不可能做完的,我只是做了前面的几步反应,合成了几个中间体。后来,下一届的同学又接着做,所以这个成果后来是与下一届的同学一起发表在《化学学报》上的。我的工作虽然只是其中的一部分,但这也是我的第一篇论文!

在做毕业论文后期,邢先生曾要我报考他的研究生,继续跟他做研究工作,系领导也希望我能读研究生。我记得,当时的系主任秘书倪保龄老师,曾多次拿着报名表来找我,动员我报考研究生。但是,当时我考虑到我已经是年近三十的人了,很想尽快正式参加工作。同时也考虑到我的家庭经济比较困难,从中学到大学这十二年全是靠国家的全额助学金。我现在终于毕业了,希望自己能早些参加工作,好在经济上能对家庭有些帮助。所以我当时就没有答应邢先生继续报考他的研究生。当然我没有读研究生,也还有另外一个原因,我当时觉得,我有一个预备师资的资格,毕业分配时还是有可能留校工作的,在北大做助教同样可以做科研。这件事使邢先生很不高兴。直到几十年后,他还一直记着这件事情,曾不止一次地提到我没有读他的研究生。2001 年我们有机教研室为他过 90 岁生日时,他还当着大家的面儿对我说:“老花,你应该也是我的学生。”我毕业以后一直做他的助教,当然是他的学生。他所谓的“学生”,就是指研究生,是所谓“弟子”的意思。但是别人都不会明白邢先生这句话的原委,我却懂得,他提及的还是我没有读他的研究生那件事。

后来,我自己也很后悔使我失去了这个业务深造的机会的决定,它使我在以后工作中,在学历上总会有一些莫名的自卑感。后悔的另一个原因是,如果我读研究生,在“文革”中,我就只是一名学生,就不会成为“黑班底”,受到批斗了。

1966年以前，每届北京的所有高校毕业生，都要在毕业分配前开一次大会，由北京市领导或中央领导作报告，算是毕业教育的总结吧。有一天突然通知我到办公楼去开一个会，我到办公楼时才知道，不是学校里开什么会，而是陆平校长要去市里开会，他要带一名毕业班的学生同往。

在去北京市委的路上，同去的党委工作人员告诉我，是市长彭真同志要给全市的应届毕业生作报告，要陆平校长去汇报北大毕业生的思想情况，所以才带一名应届毕业生去。那天我特别紧张，一路上我都在想，等一会市长会问我什么呢？我该如何回答呢？一路上紧张得脑子里嗡嗡乱响。到了彭真市长的办公室以后，没有等多久，市长就进来了。谢天谢地，那天他根本就没有听陆平校长汇报，当然也更没有问到我这个学生了。从头到尾都是他一个人在讲他对当前毕业生的思想状况和问题的看法，以及他在大会上准备要讲的大概内容。这次是我这一生中所见到的最高的领导，当时彭真是中央政治局委员，书记处书记，北京市市长，市委书记。

科苑学步

(1962—1966)

从1962年9月，我就正式成为北大化学系有机教研室的一名助教。当时，我的工作除了作为邢先生的“有机化学”教学组的一名助教，负责三年级本科生两个组的有机化学实验课和习题辅导课外，同时还在张锦先生研究组学习做科学研究；另外还担任有机教研室党支部的工作，也叫社会工作。实验课每周有两次，一次是本系的三年级学生，另一次是技术物理系三年级学生(他们是一起上邢先生的有机化学课的)。每次都是 8 个学时(下午和晚上,一天的时间),也就是每周有两天的时间是上实验课,同时每周还有 2 个课时的答疑或上习题课。按规定,这就是一个助教正常工作的满工作量了。但是,我们有机教研室还要求每一位教师,包括助教,既要搞教学,又要做科学研究,至于做科研的时间,当然是自己安排了。

我的有机化学基础,就是那些年跟邢先生做教学和跟张先生学习做科研时打下的,这两位业师精湛的学识和严谨的治学精神影响了我一生。邢先生和张先生,他们都是在 20 世纪 30 年代留学美国的,还都同在伊利诺伊大学,师从同一位导师 Adams,张先生早邢先生两年,可以说是他的师姐吧,邢先生对张先生非常尊敬。

张先生工作十分勤奋、敬业,她一般中午都不回家,虽然她的家就在东校门外的中关园教工宿舍区。通常,中午她就在实验楼(六斋)内的办公室里吃一点面包,所以我们组的人那时也都中午不回家(宿舍),只是去食堂里吃了饭,马上回到实验室继续工作,包括周六和周日一般也都不休息。那时候周六、周日和节假日,实验室是不供煤气的(学校的煤气厂休息)。为了我们能够正常地做实验,张先生自己掏钱,为我们每个人都买了电炉。张先生是傅鹰先生的夫人,据说,当年她和傅先生从美国回国时,什么贵重的物品都没有买,但是买了许多专业书籍和化学实验仪器。她就送给我一套微量和一套半微量的玻璃仪器(德国生产的),还有一套精致的打孔器,这些都是她回国时从美国带回来的。这些仪器非常好用,教研室的同事们都知道,我这套家什是全教研室中最好的“武器”。可惜啊,等到我 1970 年从江西干校回来后,这套家什全都不翼而飞了!

当时,张先生给我两个研究课题:一个是含氮多环类化合物的合成研究,首先是要合成一系列取代的五元杂环类化合物,然后通过它们分子内关环而合成各种取代的含有不同杂原子的多环化合物;二是电化学合成反应研究。实际上,后一课题我只是做了些文献和实验材料的准备，后来就放下了，并未真正开始做研究。我主要是做前一个课题的研究，在张先生的指导下，我合成了一系列带有不同取代基的含氮五元杂环化合物。非常遗憾，她还没有来得及指导我做多环合成的时候，就在1965年因病而过早离世了。我跟张先生学习做科研的时间，虽然不满三年，但这正是我后来一直从事杂环化学方面研究的起点。也正因为我的科研课题是杂环化合物的合成，所以在担任基础有机化学辅导课时，对于有关杂环化学一章的内容，自然也就会给予更多的关注，多看了一些相关的文献和参考书。这也就是我在以后的几十年中，一直以杂环化学作为我的主要研究领域的原因。

在1962年的11月份，也就是我作为正式助教工作的第一学期，我还遭到了一次大难：烧伤和腰椎骨折。

那是上有机基础实验课时发生的事。当时的基础课实验室条件比较简陋，在七斋，一幢二层小楼，没有暖气设备，所以冬天教学准备室里生一个烧煤球的炉子。那是11月下旬的一个晚上，在二楼的实验准备室里，两位负责实验准备工作的实验员同事，发现有些溶剂洒落在地上，并着火了。本来火苗很小，着火面积也不大，但是她们怕波及其他大量溶剂，就想把大瓶溶剂搬出室外，但是由于一时慌张，在转移时，把大量易燃的乙醚瓶失手落地，引起了大火。当时我在一楼带基础有机实验，上面几位全是女老师，她们就下楼来叫我，等我跑到二楼进屋后，火势已很大，再想出来时，门已经打不开了，所以只好打破窗户跳下楼去，这就是所以既被烧伤、脊椎又压缩性骨折的原因。

由于我是最后一个跳下来的，所以烧伤最重，当时就被送到积水潭医院烧伤病房了；三位女老师伤得较轻，被送到北医三院外科病房。

北京积水潭医院，是全国最好的骨科和烧伤科的专科医院，我被送到单人间的无菌病房，护士是四小时一班，进去就不出来了。我的左手烧伤严重,是三度烧伤,右手是二度烧伤,两只手处理后全打上石膏。脸和头也有烧伤,头发都烧掉了。腰椎(下面第三节)又是压缩性骨折,所以自己不能翻身,头部也不能枕枕头,用一个布带子吊着,整天有一位护士护理。因为是无菌病房,所以不允许亲友探视,傅鹰先生(时任副校长)来看我(也代表张先生)都未允许其进入病房,只好留下了一盒糖,待出院时才转交给我。当时,我弟弟文秀就在北京师范大学数学系上学,甚至都未能见到面,他也不知我到底伤成什么样子了,十分焦虑。直到我从积水潭医院转回北大校医院后,我们才得以见面。

那时的医疗和护理真是非常好,我的左手最后也没有做截肢。当时,大夫有进行截肢的意见,因为烧得太重,都见着骨头了。大夫征求过我的意见,我说我是学化学的,如果截肢就做不了实验,只好改行了。我希望能争取不截肢,哪怕将来功能差一些,也比少一只手好得多。最后,医生给我做了两次植皮手术,效果非常好。而且有一位叫洪特的英国大夫,每次查房时都亲自示范恢复功能的动作,并教会我如何自己练习恢复功能。出院后,回到学校医院(那时我的左手不能伸到衣袖里去),我仍然一直坚持每天练习左手的攥拳和放拳,刚长出的嫩肉不断经历反复的撕裂—愈合,时常鲜血淋漓;但我依然坚持不懈地按照他教的办法练习,不久,左手功能就慢慢地恢复了,可以拿住东西了;三个月以后,其功能完全恢复,可以做实验了。我非常感激积水潭医院的大夫和护士们,是他们高超的医术和崇高的敬业精神让我重新恢复了健康。我会永远记住他们的!

1963年前后,大约有一年半的时间,是难得的、专心致志地搞业务的黄金时期。那时候,我除了去食堂吃饭(是去打饭,还是回到实验室吃)和回宿舍睡觉外,几乎全部泡在六斋的实验室里。我对有机合成化学的兴趣和现有的实验技能,主要也是在那个时候养成和练就的。

“风雨”留痕

（1966—1976）

1966 年 5 月 25 日，以哲学系的总支书记聂元梓为首的七个人（他们都是北大社教运动中的积极分子成员）贴出一张大字报“宋硕、陆平、彭佩云在‘文化大革命’中究竟干了些什么？”（简称“5・25”大字报）揭开了北京大学“文化大革命”的序幕。其间，除了斗“走资派”（“黑帮”和“黑班底”）、清理阶级队伍、全国大串联、两派武斗、工宣队和军宣队进校……之外，值得特别提到的是江西鄱阳湖畔的“鲤鱼洲”。那是 1969 年秋天，好像是 8 月份，宣传队根据上面的“战略部署”，北大、清华在江西省的鄱阳湖畔，叫作“鲤鱼洲”的地方，创办了一个农场（五七干校）。我是属于第一批去的人，走之前还在东操场开了一个大会。

我们在鲤鱼洲劳动期间，大概是 1970 年初，学校里留校的教职工，在军宣队领导下大办工厂。其中规模较大的有两个：一个是在昌平 200 号（北大分校）的电子仪器厂，另一个就是北京大学制药厂。我因此于 1970 年 2 月间接到通知调回学校。

调回学校以后，就和我们原有机教研室留校的同事们一起，参加筹建北大药厂的工作。先是拆除原数学力学系的风洞装置，把拆下来的东西用马车拉到学校物资处的大院子里，原风洞的大房子腾出来作为药厂的车间。之后，又分配我和两位留校红卫兵（一个是裴伟伟，另外一位是苏振华）一起做驱虫药——四咪唑的小试工作。待我们的小试成功后，工厂的反应釜等设备也都安装好了，我们就去车间进行中试和试生产。这是我在“文化大革命”期间做的第一件与化学专业有关的事情。

在药厂期间,分配我做的第二件事情,就是给由8341部队转业来北大的在制药厂工作的转业军人上课,给他们讲些有关的化学基础知识。一共有十几个人,他们被分在化学车间和生物制药车间。分配我这项任务的是当时药厂的领导李忠,他是8341部队的军人,他要我先写一个教材提纲,然后他带我去见校领导汇报。当时听我汇报的军宣队领导有两个人,一个就是我以前在江西时见过的魏教导员,另外一位就是8341部队的政委杨德中。可见他们对于这些转业军人的培训工作是十分重视的。

在打倒"四人帮"以后,制药厂解散了,这些转业军人就分配到学校的不同单位,有的在校系机关工作,有的在化学系或生物系的实验室做教辅工作。因为我和他们有那么一段短暂的"师生"关系,所以一直到现在,他们在校园里遇到我时,都还是亲切地叫声花老师。

大概在1970年的秋冬,根据最高指示"大学还是要办的",全国各高校就开始招"工农兵大学生"。就在这一年的6月,我又被调回化学系,任系教改组副组长,负责教学科研工作。

大概是在1971年初春,上面的政治气候有些变化。那时接连有几件大事发生:陈伯达被批判,林彪坠机,邓小平复出;同时大学招生了;邓小平按照周总理的指示,在北京饭店召开了有名的"基础理论座谈会",等等。在学校的领导班子中,也有"结合干部",北大是周培源、黄辛白(教育部原副部长),清华是何东昌、刘达等,当然,学校的主要领导还是军宣队,因为还是军管体制嘛。

也可能就是在这种背景下,我被调回化学系教改组后,具体的工作就是负责协调教学和科研。那时候的科研,当然除了军工项目,全部都是密切联系生产实际的。化学系的科研主要有下列几项:稀土氧化物的分离提取和应用;高分子齿科材料的研制和生产;新型电池的研发;和大庆油田合作的油井助剂及其作用的研究,以及和防化研究院合作的军工项目等(有机化学的科研是在药厂,不归化学系管)。所有这些研究项目,因为都是和生产单位合作进行的,所以负责的教师(也有少数留校红卫兵参加)经常要去生产单位,有的还长期住在那里。因此,学校领导每次要了解和检查化学系的这些科研项目时,都要我陪同前往。

在这段时间里,还有两件事情,也值得记一记。

其一,是 1972 年《化学通报》复刊。《化学通报》的前身叫《化学》,是 1934 年创刊的一家中文学术期刊。创办时的第一任主编是著名化学家戴安邦先生。“文革”中停刊了,1971 年年底,中国科学院化学所老所长柳大纲先生提出《化学通报》复刊建议。因为该刊原来是由中国科学院化学研究所和北京大学化学系合办的,所以这次他又来化学系商讨此事。因为当时我是化学系教改组分管科研的副组长,可能还有一个原因,就是在这前不久,我去化学所参加过柳所长主持的一个座谈会,那是在邓小平召集“基础研究座谈会”之后,由科学院委托他召开的,与会者主要是科学院的人,我记得有机所的汪猷先生(有机所所长,有机化学家)也从上海赶来参加。这两点,可能就是柳先生(同来的还有著名的有机化学家和高分子化学家王葆仁先生和后来任编辑的王治浩)之所以屈驾来找我这个不起眼的小辈,商讨《化学通报》复刊一事的原因。从此,我就成为《化学通报》复刊的编委会成员,柳所长任主编,我任副主编,直到 2005 年我才从副主编任上退下来。

第二件事,大概也是在 1972 年,据说是周总理点名要周培源带一个科学家代表团去访美。为此,周培源要准备一个演讲稿,他要找两个人给他起草。也不知道是谁(有可能是当时校教改组)举荐的,就找到我了,还有一位是哲学系的李老师。我们两人到周老家里,听他给我们讲了一次写什么和如何写这演讲稿,再后来就没有下文了。又过了几天才听说,团长临时换成贝时璋了。

可能也就是因为有此机缘,周培源先生认识我了。在后来

(1973)的“反回潮”运动中，有一次，他作为学校领导成员之一(结合干部)，来参加化学系在化学楼101大教室里的一次批判大会。那次批判会的阵势很大，学校的头头全来了，其中，除军宣队的王副政委和魏教导员外，还有“三结合干部”周培源和黄辛白。批判的对象就是这次反回潮运动中的七个人，我当然是首当其冲的了。会后，周老让化学系一名留校学生转给我一张字条，写的好像是“不要紧张，没有关系”几个字。当时使我很感动。

1971年，第一届工农兵大学生进校。化学系招收三个专业：稀有元素化学专业，石油化学专业和高分子化学专业。有机化学专业是在北大制药厂招生的，所以不归化学系。当时留在化学系的原有机教研室的教员，连我一共只有四个人，分别负责这三个专业的有机化学课的教学任务。我负责给稀有元素化学专业(即无机化学专业)的学生上课。

从专业名称就可以看出，当时是非常强调联系实际的。招生时就有“最高指示”：农业大学办在城里，不是见鬼了嘛！所以北大的有机化学专业和生物化学专业在药厂招生，是理所当然的。按照这样的指导思想，我当然不能用化学系原来的教材。经过半年的准备，我编写了新的教材《有机化学基础》(上、下两册，油印本)。开始上课时，我非常紧张，几乎是提心吊胆地走进教室。紧张的原因主要有二：其一，这些学生都是刚从工厂、农村被组织选拔推荐上来的，按照当时的推荐标准，肯定是主要看政治表现。对他们文化程度的要求是第二位的，而且，他们的学历差别很大，多数是原初中生，如何让他们能听下来这堂课呢？其二，我编写的教材，虽然也选用了一些与稀有元素有关的实例，但主要还是有机化学的基本内容。按照当时的政治气氛，会不会说我的课从内容到教法都是走老路？因为工农兵大学生的任务叫“上、管、改”。结果，完全出乎我的预料，我开的课得到了同学们的一致好评。他们还在教室里贴了大字报，表扬我课讲得好。当时，也有少数老师来听课，在课下，他们也给我的课以好评。有一次黄子卿教授还对我说，你的课讲得不错，这使我听后简直不知所措。更有当时在“653”的技物系的老师，特地来找我要这两本讲义（北大印刷厂印制）。当时，虽然没有因此而飘飘然，但心里还是蛮高兴的，甚至是有点儿得意。人的一个弱点就是好听别人的好话、夸奖，哪怕这些夸奖可能都是说过头的。

但是，没过多久，风云突变。1973 年的“反回潮”运动中，我又成了化学系回潮逆流的“代表人物”，并把以前在“清队”运动中批判我的那些问题，又全盘托出。所不同的是，这次的大大小小批判会上，我们被批判的人都没有被押到台上，更没有做“喷气式”，都是和群众一起坐在台下。批判我的问题，主要还是“十六楼黑会”“香山之行”等那些事。当然一律都上纲为反江青，反“中央文革”，污蔑毛主席语录，等等。在批判我的“罪行”中，这回又增加了一条，就是在教学上走“十七年黑线”的老路，毒害工农兵学员。更为滑稽的是，在大字报和批判词中竟然说我是化学系的“陈毅式人物”，这使我不单“受宠若惊”，而是啼笑皆非了！

从那次有校领导参加的批判会之后，就再没有开过我的批判会。大概是在 1974 年的 4—5 月间，系里的军宣队领导就通知我说，要我到化学系工厂去“蹲点”，说是叫“蹲点”，实际上就是去劳动。因为名义上，我还是系教改组的副组长，虽然早就不让我管事了，但是也并未说撤职。我到工厂后最初的工作是去锅炉班烧锅炉。说实话，我当时也愿意去，因为到工厂后就是劳动，而且是三班倒，一班八小时，两车煤，然后就洗个澡，回家。

自从到工厂以后，系里的领导和我的专案组的人，就再也没有找过我。直到打倒“四人帮”以后，我主持化学系党总支工作时，在一次原系革委会领导的“说清楚会”上，“文革”时系党总支的一位副书记姚家才（他是 70 级工农兵学员，留校的）如实告诉我，当初他们是把我们作为“现行反革命”来批判的,并主动交出了当时整我们的那些材料。结果只是没有最后定案,才没有把我们作为“现行反革命”来处理。这可能就是为什么,在那次有那么多学校领导来参加化学楼101的批判会之后,我就被发到化学系工厂去“蹲点”的原因。说明当时学校军宣队的领导并没有批准化学系对我们“按现行反革命处理”的意见。

从1974年6月到1976年年底,我一直都是在化学系工厂。先是当锅炉工,后来在工厂实验室里参加新产品研制。当时,化学系工厂有两个车间,我所在的二车间,主要产品是齿科材料。后来,我不烧锅炉了,分配我去做新产品研制。要我做的一个项目,是用于自凝牙托水中的一种光聚合催化剂的合成,从小试研制到后来生产。这是我在“十年浩劫”中做的第二个新产品研发工作。打倒“四人帮”以后,我将其整理成文,发表在1979年的《化学通报》上。

可能是在1975年冬天,我的“头衔”又被改变了,不是“蹲点”,而是化学系工厂二车间的“车间主任”。大概是不说撤职“教改组副组长”,而改任车间主任比较“理顺”一点吧。二车间生产的产品主要有三大类:齿科材料、涂料助剂和塑料成型加工,其中,齿科材料的牙托粉、牙托水、造牙粉和自凝牙托水等产品销售到全国各地。

头衔叫车间主任,实际上就是名副其实的“工头”。每天带着十六七岁的“青工”干活:从反应釜上的上料、出料的操作工,设备维修工,车间里土木建设的小工,到去社会工厂运料、送货,等等各种工作,无不亲力亲为。我自认为是个合格的工头。当然,作为一名车间主任,我不光是要和他们一起劳动,也还要履行一些“主任”的职责。比如,除了组织生产、日常管理工作外,还要关心青工们的健康和成长。二车间的大部分青工,我都去做过家访,所以直到后来工厂解散了,他们虽然都被分配到学校的不同单位工作了,但是他们和我的关系一直都很好。

在纪念“邢其毅教授诞辰100周年”专场的发言

（2011年11月13日，南京）

各位先生，各位同行，下午好！

我们今天在这里集会，纪念我国著名的有机化学家、教育家——邢其毅教授诞辰100周年。

回首往昔，邢先生的音容笑貌，又回到我们的眼前：在课堂上，在实验室里，在老化学楼314教研室会议上，一切情景就好像还如昨天一样。

邢先生既是我们的老师，又是我们北京大学有机化学教研室主任。几十年来，我们从听邢先生的第一堂有机化学课，到后来留校给他做助教，跟他学习如何做科学研究和如何当好一名教师。从此，我们也以有机化学为业，以教师为业。所有这些，都是邢先生言传身教和培养的结果。邢先生是我们的授业尊师。

今天，我们来纪念和缅怀邢先生，我以为最重要的，是他留给我们的影响几代人的“精神财富”，就是他的治学精神和人格情操。

老子说“上善若水”。邢先生一生锐意创新、严谨治学和执着追求的精神，如水之势，如水之坚；他诲人不倦的精神如水之润。

他以其敏锐的科学洞察力，总是能把握到科学发展的时代脉搏，站在学科发展的前沿。

无论是在50年代初，关于螺环化学的研究和关于蛋白质、多肽化学的研究；还是80年代初，关于花果头香的研究等，都是开国内之先，同时也是当时国际上众家青睐的新领域。

这些都说明，他有精深的学术造诣和深谋远识的胆略。

邢先生在学科建设、教材建设和对中青年教师的培养方面，更是倾注了他毕生的精力和心血。

他在几个不同历史时期出版的有机化学教材，都是全国高校有机化学教学的范本教材。

邢先生的一生，也不都是十分平坦的，也有坎坷和遗憾。但是，松柏之质，经霜弥坚。

关于蛋白质和多肽化学的研究，是他一生中最倾心的研究课题，但是就是在这项研究中，他所受到的磨难也是最多的，可谓三起三落；但是，不管受到多少挫折和不公正待遇，只要外部政治环境和工作条件稍有好转，他就会马上又以旺盛的精力重新开展这项研究工作。这就是一名科学家的崇高理念和执着精神。

我们知道，在那些非常的年代里，不是所有的人都能百分之百地做到“不失去自我”的，但是邢先生做到了。他这种矢志不渝的人格情操，永远都是我们后学的榜样，是他留给我们最宝贵的精神财富。

今天，我们可以告慰邢先生的是，您忠诚于科学和教育事业、但开风气的精神，一定会在您的学生和您学生的学生中，一代一代地传承下去并发扬光大。

为《同学(560305)纪念册》撰写前言并赋诗四首

前　言

（2020 年秋，于大兴原生墅）

这是一本北大 560305 班老同学的回忆录，它是一本集照片和文章于一体的特别回忆集锦。

北大 5603 这一代学子，是我们这个共和国中，具有特别经历和人格特质的一代人！他们生于 20 世纪国难中的 30 年代，整个童年都是在战争和饥荒中度过的。他们见证并亲历了我们这个新的共和国的建立、发展和逐渐强盛的七十年！他们是在共和国第一次吹响向科学进军的号角声中，进入美丽而神奇的京畿燕园，成为我国的最高学府北京大学的第一届六年制学子，当时也戏称为太学。六年之后的 1962 年，又是在被称为中国知识分子的春天的特殊年代太学毕业，并满怀崇高理想、抱负和热情，投身到火热的国家建设的职场，去践行老校长马寅初的“北大主义”！我们这一代学子，也见证和亲身经历了共和国七十年中的各种社会变革和疾风暴雨式的政治运动，不是健将，胜似健将！又在已是知天命的年龄，有幸赶上了共和国改革开放的大潮,并投身于中华民族伟大复兴的筑梦新时代!

这本特殊的《同学(560305)纪念册》,如同一叶方舟,它带领我们穿越时空,再聚集在未名湖的石舫上,月光下聆听同窗们那欢快清脆的歌声;再回到图书馆那卷丛书海中,去闻一闻我们当年流下的汗水的余香。

这本特殊的纪念册,还是一枚超强的芯片,里面贮存着我们这一代人,韶华年代的豪情壮志和潇洒的身影;当然,也还有在那崎岖泥泞小道上残碎的脚印。

这本特殊的纪念册,更是一件温馨的“暖心宝”,它用炽热的友爱和甘醇的情意,温暖着我们的心扉,它里面的每一个字符和笑脸,都能给我们带来一股暖流和会心的微笑。把它珍藏在身边,就能耄耋有韶华,晚夕胜朝阳。

在此,我们要感谢程敦慧、孙士英、沈杉松、孔渝华几位老同学,为倡议、联络和组织这本纪念册的出版,所付出的辛勤劳动和深厚情意!

花文廷

诗　四　首

下面的四首小诗,实际上要表达的是一个意思:北大,是所有北大人的精神的原乡。我们每个人的故乡,是我们生命的原乡,我们不管离开家有多远,都怀有浓浓的乡愁!

北大精神,是北大人共同的基因。不管你是政府官员,还是卖肉屠夫;是亿万富翁的老总,还是两袖清风的教书匠;你在任何职场中,都会给外界人一个感觉：你是北大人。虽然对于什么是北大精神，各人有不同的表述，但是大家的潜意识指向是相同的。

（一）北大5603颂

五六零三同字讳，更为记忆宝囊箱。
炼丹有幸一炉火，磨墨修身共寒窗。
往事虽说已远逝，反刍还比新肴鲜。
小桥流水松竹韵，沐浴情操与梦想。
立雪傅门同受洗，虔心筑梦共经堂。
攻耕书海无星夜，汗洒卷丛有墨香。
量子力学如读道，鲍林共振似说禅。
窥究分子王国趣，反应玻瓶有洞天。
学府虽说书气重，佛门也有秀张郎。
胡君琴艺比阿炳，“时代芳香”唱四方。
醉语连珠嘉宴庆，笑谈嵇阮空执觞。
汗流浃背无干处，戏谑夯歌明祖园。
纵有乌云噬日夜，无妨琉瓦洗朝阳。
钟亭古鼎三河韵，小庙神灵四海扬。
粤鲁淮川虽味美，素烧茄子最清香。
嘉园名胜何其秀，博雅未名是梦乡。
找个时间见见面，共同晒晒宝囊箱。
俗谣一曲忆年兄，留梦金樽寄圣阖。

(二)精神的原乡

漭漭昆仑连五岳,涓涓泉涌九州流。
群星浩渺银河浪,丹火寒窗化苑愁。
游戏杯瓶分子阵,扬鞭职场觅瀛洲。
流年如水鬓眉雪,梦寄未名化道舟。

(三)折桂令·校史馆

学府百年辉煌,立命红楼,师说圣堂。
蔡公兼容,适之合璧,元善律章。
蓬莱处处皆仙座,未名波波有灵光。
湖水泱泱,古钟韵长,杏坛流芳。

(四)北大魂

未名洗志士,博雅燕南翁。
鸣鹤唱德赛,钟亭伴蔡公。

抱闲杂记

人到老年大都喜欢怀旧。因为人老了以后，体力和精力都衰弱了，对于新事物的敏感性和好奇心也都减少了，所以转而产生对于陈年往事的回忆。这是一种“精神反刍现象”，特别是每当手足、同窗、发小等至交旧友相聚时，最热衷的话题，就是“话说当年”如何如何，尤其是对一些富有时代印记的轶闻、悖论、政事和世态沧桑等，更是笑谈乐道。此乃人之常习，恐概莫能有例外者。吾今已逾古稀，当然亦未脱此俗。

退休生活中最有兴趣的快事之一，就是翻阅老照片和往日的陈纸残笔，读之不倦，聊以自得其乐！

过去的老照片太多，一直没有空整理，所以也很少翻看。旧本子比老照片少，退休后的这些年，有时去翻翻，总是舍不得把它们作为废品处理掉。这些东西大体是两类：一些是过去的专业文稿、读书摘记、上课讲稿和学生们的毕业论文资料等，这些想留作纪念。另一些则是过去闲时写的与化学专业无关的文字，它们大多是当时即兴、随便记下的，陋室之墨，不登雅堂。但毕竟是些往事的记录，现在重新翻一翻这些东西，那当初的情景似乎又依稀复现了，这倒也是不无趣味的。为了重看时的方便，现在选择一些重录于电脑中，包括当时叙述背景的文字说明，有的在这次整理时又做一些文字修改和加了一些地名、人情事之类的注解，多数还标有记述的年、月时间，以便于对其时代背景的回忆。同时，把退休后这些年随记的一些东西也放在一起了，都是属于闲笔嘛！为了电脑保存的方便，还给一个标题叫

“抱闲杂记”。“闲”者，是指这些文字与我的本职工作——化学专业的教学和科研工作无关，乃是旁行斜出的闲暇之笔；“杂”者，指其内容，有的是记事感怀，有的是访古赏景，有的是旅途游记。总之，是杂而不一之谓也。文体虽然有记有吟，但吟者不尽适调，故还是给题为记。记也者，即记事，记景，记情；然事中有景，景中有情，情者铭心。今拣录集之，斯为暮年拾趣，反刍自娱而已。并缀“反刍吟”，权当题跋。

反刍吟

浩浩乾坤事，悠悠华夏史。　汗青千万卷，诗苑最瑰异。
岳武横刀诵，魏王唱铁戟。　茅屋思广厦，月下醉寒壁。
意境情怀远，诗魂法浩气。　铿锵腾热血，清越润心智。
神会见遗烈，吟哦更奕奕。　偶然有韵句，涂墨自娱戏。
词不尽其调，诗未平仄契。　生平好自如，笔走任其意。
山水人情事，感怀与游记。　即兴留残帛，往事常哜哜。
幕幕眼前景，匆匆身后逝。　拾趣如反刍，如醉亦如舐。

燕园初梦

(1956年秋)

1956年高中毕业，有幸考入北京大学化学系，八月底背着父母给我准备的行囊上北京。我的家乡在苏北农村，要步行十多里路到钱集镇，先坐汽车到新沂(陇海铁路上的一个站)，再坐火车到徐州转乘去北京的火车。总共需一天一夜的时间，才能到北京。这是我有生以来第一次出远门，第一次坐火车。到北京后，一出车站，北大就有人接我们这些新生，然后乘校车到学校。

进校后，因当时新生宿舍还没有完全修缮好，我们化学系新生被临时安排住在第一体育馆二楼，这是一个室内排球场，现暂时用作我们的临时宿舍，大通铺。第一体育馆位于未名湖风景区，其湖水来自流经燕园的万泉河水系。湖南岸有博雅塔和枫岭，岭上长满松柏枫竹，依山建有花神庙、临湖轩和钟亭，西边是办公楼、鸣鹤园和民主楼、外文楼等一大片琉璃瓦古建筑群。

从家乡六塘河畔的农村来到北大燕园，如入仙境一般。回想起高考前，在家乡的茅草屋里，煤油灯下复习功课，母亲不断地给我送来湿毛巾用以降温的种种情景，心境中有兴奋、有激动，还伴有一些紧张和忐忑，但是更多的还是对未来大学生活的憧憬。

未名甜梦乡情暖，湖水涟漪非六塘。
塔影清波鸣鹤榭，松涛竹韵绕闱廊。
茅屋励志情怀远，学府修身道更长。
我信汗津通慧海，儿曹业就慰高堂。

登　蛇　山

（1958）

1958 年 9 月，北大化学系部分师生奉命开赴湖北、广西等地，参加“全民大炼钢铁”群众运动。我被分配在湖北省恩施地区咸丰（县）小队。中间，学校带队领导通知我一个人提前回学校另有任务。我在回京路过武昌转车时，自作主张多待了一天，偷闲游览了长江大桥和蛇山风景，并即兴留句以记之。

登蛇山，云开半日含。
漫步峰岭石径，香草萋萋露未干。
巍巍邈邈黄鹤楼，郁郁葱葱珞珈山。
松涛竹韵落英飞，风吹桐影醉栏杆。
星帆点点向天际，残月依依绕晓岚。

登蛇山，极目楚天蓝。
三镇鼎立雄踞，扼守神州命门关。
挥师南北取梁粤，扬帆东西达湘川。
阅马金戈首义处，帅台孤影吊狂澜。
浪淘千古英雄志，筑梦九州铜雀弦。

史如斯！沧海变桑田。
斗转星移千秋，中华大地无硝烟。
龙腾虎跃人添翼，凰翔凤舞要涅槃。
一个夙愿一个梦，千万吨钢十担粮。
高歌猛进《桃源行》，不唱旧调《蜀道难》。

* 蛇山上的首义公园里，有武昌起义时的旧址阅马场，并建有孙中山铜像。

故　乡　情

（1958 年暑期）

来京上学后，两年没有回家探亲，这次暑假回来，对久违了的生养之乡倍感亲切，第一次感受到“游子”归来的叹念之情。

黄花阡陌寄乡愁，春饮清香夏晒秋。
麦浪耕歌三荡水，云帆漫舞六塘舟。
人生风雨童心梦，世事沧桑抱志筹。
芦苇深深湾港暖，鸿鹄眷眷旧巢头。

* 三荡，即葛荡、严荡和纪荡，俗称三荡地区。是苏北平原上前

后两条六塘河之间的一个狭长地带，位于淮阴、沭阳、涟水三县交界处，现在属沭阳县。早年，这里每到夏秋之际，经常因为河水泛滥而变成一片汪洋，这可能就是因此而称为“荡”的由来吧。

春游八达岭

（1961 年 5 月）

五四校庆，学校有几天春假，我们从清华园坐火车到“点将台”站下，沿山腰小道步行到八达岭，再由此登长城。一般能爬到第七个烽火台（城垛），就称得上是好汉了。

云坪点将杏飞花，吟上垛七好汉夸。
汗雨祭濯姜女恨，松风唱古秦皇嘉。
南疆北土筹一统，铁马金戈铸夏华。
回驾陆公天际笑，山岚深处文龙家。

＊宋戍边大元帅陆登，战死长城上而身不倒。据说，是因为忧其子文龙从此无家了。

病　房　吟

（1962 年 11 月 30 日）

大学毕业后留校教书。第一年带学生上有机化学实验课时（在七斋一层），因二楼实验准备室里的溶剂着火，上去救火而被烧伤，住进积水潭医院烧伤病房治疗。当时我住在单人无菌重病房里，脸被烧成什么样子，我自己是看不到的。左手是三度烧伤，要从大腿上取皮移植到手上，右手是二度烧伤，两只手都打着大锤般的石膏；同时还有腰椎压缩性骨折。因为是无菌重病房，不让探视，所以二弟文秀就在北师大读书，直到我出院回到校医院后才得以见面。时任副校长的傅鹰教授亲来探视，也没允许进。幸运的是，积水潭医院烧伤科大夫的医术十分高超，我的脸、手和腰部的伤都好得非常快，所以不到半年的时间，我就基本恢复了健康，正常上班了。但是，这毕竟是一次大难，使我终身难忘！时年我27岁，公历1962年11月30日夜留句以记之。

（一）赞积水潭医院

月色如纱甜梦多，寒窗旸谷暖伤疴。

行云流水玉容绣，洗尽人间夜半歌。

＊当时有一部电影叫《夜半歌声》，剧中的男主人公是一个被火烧伤破相的人。积水潭医院里的烧伤科，就是专治烧伤病人的，医生的手比绣女还灵巧。

（二）自　叹

苦吟磨墨二十年，立业未即身已残。

夜梦双亲衾枕泪，何如留子青稞间。

忆张锦教授

（1965年，于六斋实验室）

毕业留校后，被分配在张锦教授科研组，跟随张先生学习做科学研究。我后来多年从事杂环化学研究，就是从那时开始的。不幸，张先生因患癌病，于1965年仙逝了。

粉雾云中存韵致，卷丛书海落银丝。
杏坛垂露润桃李，科苑茫茫入行师。

“农村社教”记事

（1965—1966）

1965年9月至1966年6月，在石景山公社参加“农村社教”，住在北辛安街，此即首都钢铁公司所在地。两年前，我曾带62级学生在首钢劳动、实习。今又来此，也算是旧地重游了。其间，曾去河北省武清、杨村、玉田等地外调，有感于时事、时景和往事种种，记以为念。

（一）首钢忆往

金顶炊烟系北斗，古城霞蔚染穹苍。
漫天焦火云烧月，遍地钢花莲满塘。
学养修身革旧制，师说授业立新章。
今朝访故问溪柳，万籁无声飘叶黄。

* 金顶街和古城，是石景山公社的两个大队。

(二) 杨村往事

一曲青春赞歌,腥风血雨青纱。
狼烟城火惊梦,搅动春心绮霞。
魂系残垣月下,无心脂粉饭茶。
夫子成全风雅,文坛骚士传佳。

*《青春之歌》是当时风靡全国的电影。剧中主人公林道静和江华两个人物原型的活动背景,就是在杨村一带。剧中的老夫子余永泽,是林道静(其原型即小说作者杨沫)的前夫,其原型为当时北大中文系学生张中行。

(三) 玉田记景

虹桥佳话传千古,仙井蓝泉喷玉沙。
西去伯雍无觅处,香飘阡陌高粱花。
悠悠耕曲青纱帐,袅袅炊烟农嫂家,
妙笔天成稼穑景,何为泼墨乱涂鸦?

* 玉田,是河北省蓟运河流域的一个县,传说玉田县有一蓝泉,是一位叫伯雍的神仙路过此地时所挖,此泉流出的不是水,而是玉沙。

* 虹桥,地名。

（四）游模式口法海寺

（1966 年 3 月 13 日）

露洗晨林幽谷静，光织松影游人衣。
翠峰霞宇迎香客，春柳清风弄小溪。
云雾深深藏法海，壁图栩栩共神怡。
冰川故道擦痕处，李笔铭碑释古迹。

* 冰川旧道，有地质学家李四光题字“冰川擦痕”。

* 模式口，位于北京香山的南山腰间，是石景山公社的一个生产队。山上有一条道可通香山“鬼见愁”峰，此道旧称为“香道”。

羊城记景三则

（1966 年 12 月）

1966 年 11 月，全国“大串联”，当时我属于被批判的“黑班底”，还是“反革命国际饭店会议”参加者，被令不许出去串联。但是当时年轻气盛，不服气，私下相约有机教研室的两位同事择机自行离开学校。沿着京广线南下，先到湖北、湖南，朝拜圣地。接着去广州，一路走一路看，基本上去的全是高校。下面的三段文字就是此期间在广州时记下的。

（一）竹　林　记

近日来，在由北向南的旅途中，当车过长沙以后，第一个难忘的景象就是：火车无论是沿着清澈的江边前进，还是绕行在山峦湖壑之间，映入眼帘的，到处都是郁郁葱葱的竹林！我自小就喜欢竹子，在我家的屋檐外面也有一片毛竹，但是，从来也没有见过这么多、这么修美的竹林。惊讶感叹之余，产生了种种联想，严格来说，是对于竹子的品格和功能的重新认识。

在岁寒三友中，竹比松更清秀、飘逸和潇洒；比梅的美姿更长久，春夏秋冬永远是一样地青翠挺拔。竹对于地理、气候生长环境的适应能力也比松梅更强，只要留得根节在，春来修柯即成林。竹，青翠而不娇艳；多节而不曲柔；林悠深而不闭僻，故而常为贤士圣杰者们云游饮吟之所在。

但是，竹之最首冠群芳者，还在于它的功用。它全身都是宝，堪称是最彻底的、“全身心”地贡献于人类的伟大尤物！

竹子的干茎可用于建筑、桥梁，像钢筋一样坚硬；梢公用它下入狂涛巨浪，推撑着航船逆流而上；匠人们用它编制出各种美观实用的桌、椅、床、台，和各种小巧玲珑的笼、篓、筲、篮；它的茎，可以做成各种笙、箫、管、笛、笳，唱出阳春白雪醉世人；它的粗干可做引水上山的河床，浪击虚怀润青棵；它的嫩叶青�，是多种汤药的引剂；笋皮、幼根可直接用于治疗烧热寒凉；甚至供职多年的残枝断茎，仍可成浆造纸，为人类书留光辉史篇，真可谓鞠躬尽瘁啊！总之，竹韵之美、惠人之厚，恐万类无所能及者也。

酷暑严寒四季翠，丘冈沟壑都成林。

虚怀若谷真君子，枯槁抱节作汗青。

疏影幽芳贤士醉，峻霄风骨板桥情。

开轩常饮修篁韵，洗炼人间俗子心。

*苏轼有诗曰：“宁可食无肉，不可居无竹。无肉令人瘦，无竹令人俗。”

（二）红　豆　记

在广州中山大学，有两件奇遇，其一是收取了一包红豆，其二是看见了许多地生的含羞草。

中午吃饭时，中山大学的许君突然告诉我说，中大校园有一片红豆树，你们见过没有？很多人都读过王维的红豆诗，但见过红豆者并不多，见过红豆树的就更少了。因此是一定要去见识见识的。饭毕，他们在饮茶，我就按照许君说的地方去找红豆树了。

红豆树，又名相思树，属灌木类。藤茎修枝，绒毛梳叶。与松竹杉柏相比，它实在没有什么使人夺目徙神的仪表。但是它有丰满的果夹，其中蕴含着朱红光亮的“红豆”。此豆血色可鉴，形状酷似一颗跳动的心，十分可人。传说有一妇人为想念其死于戍边战场上的丈夫，在此树下长哭而卒，并化为红豆。所以，后人就把此树叫作相思树，该树所结之籽，就名为“相思子”，又名相思豆。

大概从有王维的《相思》诗句之后，红豆就被当作一种神圣的信物来赞誉。它也确实鲜艳耀眼，柔和怡神；拿在手中像是能通情传神和富有灵气，因此常被多情的历代文人骚客们歌颂。但是它带给人们的往往并不是幸福和欢乐，而是伴随着焦虑、悬念和忧愁。

其实，红豆就是红豆，就像一切的风花雪月、江海山岳一样，在诗人的笔下也都不是“物情”，而是“人愿”而已。

书载，红豆枝叶皆可入药，但是豆却有剧毒！可见美丽的，不一定都是善良的，世人可要当心啊！为记此奇遇，留句以备后忆。

缠绵红豆树，藤本枝连枝。
根叶是为药，籽毒不入医。
开荚散作锦，入土待春期。
此物赋情愫，离愁寄远思。

(三) 含羞草记

在中山大学的第二个奇遇是含羞草。

我第一次认识含羞草,是在八九岁的时候。那是在我的老家,同村王姓家的堂屋里。我记得它被种在一个绘有花纹的精致的花盆里,放的位置也比别的花草更引人瞩目,虽然它并没有什么令人瞩目的外貌,但它有惹人生趣的绝技——害羞!女孩子们最爱去触碰它,为了体验和欣赏它的羞容。因为这样她们就可以骄傲地说:“我们并不是世上最害羞的。”但是,含羞草在没有人去触碰它的时候,它也是昂首蓝天的,虽然它只有半尺高的身材。

在风和日丽的晴天,它更是摇枝摆叶,翩翩欲舞,傲视它的邻居仙人掌,“看!我多么轻快啊!”可是,一旦风雨到来的时候,它会迅速地收敛它的柄叶,像落水的小鸡,好像它从来就没有生命,只是一株残枝枯叶。但只要风雨一停,它马上就会抖擞起精神来,并且骄傲地环视四周,兴曰:“哈!哈!你们真经不起风雨,还耷拉着脑袋呀!”这时仙人掌微微抬一抬坚实的刺掌,笑着答道:“佩服!佩服!吾辈弗能及也。”

如今,我又在南国见到含羞草,也算是异乡逢故旧吧!当然也是不亦乐乎!但是,含羞草的境遇和以往大不一样了。过去是生活在花园和厅堂里,养尊处优;现在栖身于草坪路旁之间,身材也矮小了许多,几乎是匍匐在地面之上了。不过它“表演羞涩”的机会却大大增加了。人们走路时脚要亲近它,清洁工的扫帚要光顾它,甚至蜗牛也常常会伸出那柔软的触角去逗弄它,而它总是来者不拒,热情表演。作为昔日故旧,我热烈地道贺曰:“祝您老鸿运常在!”它用力地挺了挺腰板,要来一个“羊城轻舞”答谢北国故友。可惜它无论如何用力,那扭曲了的腰身怎么也挺不起来。我实在不忍心,赶紧劝它

“免了，免了。”于是我们相互微笑道别。但是我真的被它旺盛的生命力和对环境的适应能力所感动了，其实世界上万类生灵皆不易，何必相互苛求呢？到此，就尤其感到要为含羞草留记数言了。

雅号含羞草，籍贯地球西。
草本宗祧类，豆科一属支。
广生四海内，土质无挑剔。
自备根瘤库，荫瘠都适宜。
只因体态小，常受异族欺。
垂叶自防卫，笑为作秀仪。
天生千万类，雨露无兹彼。
并育共天籁，相逼何太急？

* 据载，含羞草原产于南美洲，即西半球。

鲤鱼洲记事

(1969—1970)

1969 年 8 月至 1970 年 2 月，在江西鄱阳湖畔的鲤鱼洲农场劳动。这里离南昌不远，可能就是古洪州府属地。但是现在所能看到的就只有漭漭湖水和茫茫荒洲了。

这里说是农场，实际上就是围湖造田的一片荒滩。所以从这里望去，鄱阳湖也成了悬湖。据说，这里曾经用作劳改农场，再早，这个地方是一片荒滩，除了有比人还高的蒿篓和硕大的耗子，其他连麻雀都少见。我们到时虽已近初秋，但时值中午，热浪滚滚，灼面难当；遇雨天，那“油泥”路上，空手走都很难不摔跤，更何况还要推车、挑担干活！尤其是那些已是五六十岁的高龄老者和妇女们，“洋相”就更难免了。但是，对于我们这些人来说，这里还是比在学校“宽松”多了，每天主要就是劳动，批判会少多了。我虽然是农民出身，对于农活并不发怵，但是这里比我家乡的农村要苦得多，主要是没有蔬菜吃。更为可怕的是这里是血吸虫疫区，堪称险景险境啊！

古序洪州无觅处，土堤围水水为畺。
结集两校众儒士，虚掷荒洲伴小虫。
雨路泞泥练马步，泊桥空颤T台功。
夜来饥鼠惊棚梦，琴断滕阁韵未穷。

拉练三则

(1970—1971)

1970年12月22日至1971年1月22日，化学系师生在工宣队、军宣队的指挥下，从燕园出发，经朝阳、密云、怀柔、延庆、昌平、海淀等六个区县，出塞外，翻燕岭。一路自己打柴做饭，白天行军，晚上开会，时称千里拉练"斗批改"。我受命负责绘制第二天的行军路线图，从而有机会得知许多京郊山野的地名和它们的千秋沧桑。

天际悠悠，山路苍苍。拉向何处？练就何章？流年似水，岸在何方？茫，茫，茫！

(一) 长城风雪

金山雨露金山霞，古道炊烟觅芦笳。
燕岭茫茫千里雪，云岚渺渺百重纱。
四合堂里炕头冷，八道尖岩冰溜花。
霜月寒风送归鸟，千军已过望京崖。

＊四合堂、八道弯、尖岩、望京崖等都是地名。

（二）浪淘沙·问天

戴月走京门，日夜兼程。残云风卷鸟吞声。
桃李苦吟苗草论，戏谑人生。
万里古长城，血雨枪声。天河侧畔卧忠魂。
沧海桑田多少事，谁主浮沉？

＊天河，地名，古战场。

（三）浪淘沙·问地

火烧旧坟头，风啸城楼。蒙童百万闹神州。
戏谑兴衰一阕《雪》，独展风流。
主义法红楼，立党舫舟。黄河怒吼洗国愁。
红雨硝烟今又是，昨世今秋？

岳麓山游记

（1983 年秋）

1983 年秋，在农业部开办的长沙教师培训班讲课时，兴会诸君同行。课余，同游岳麓山的岳麓书院和爱晚亭（原名爱枫亭）旧址，留句为念。

同台客座芙蓉国，共饮东湖竹浪烟。
岳麓山空学子去，爱枫亭上鸟缠绵。
风云湘水英雄地，竹韵松涛天籁弦。
多少先杰匡世愿，渔人一曲桃花源。

校庆同学聚会

（1988年5月）

1988年，北京大学校庆时，化学系1956级校友借此聚会燕园，重叙同窗情谊，即兴留句以记。

朝夕磨墨历窗寒，五六零三共此名。
同领门师三昧火，苦吟学子一炉金。
未名学海深如许，博雅松涛常为新。
德赛经幢铭校训，后生受业力高行。

*此处“门师”系指“化学门”的老师；
*鲁迅谓北大精神者，就是“常为新”。

世风杂感

（1992年冬）

春雨润三秋，江河源隙流。风流弓换炮，儒雅走毫道。
经世史为鉴，济民仁作舟。浪淘千古士，狐笔写春秋。

贺《化学通报》创刊60周年庆

（1994年11月）

1994年11月9日，《化学通报》在北京香山饭店开全国编委会，庆祝创刊60周年，我因为得肺炎住院未能到会，遂赋诗一首以贺。

霜天雪夜宇无声，通报拨云唱早春。

青岛太湖西子畔，新基通普定航程。

倡扬科技兴国策，谈笑张姚白卷生。

抹月批风甲子庆，但为新命赴新征。

*“新，基，通，普”是通报的办刊方针，是在青岛、无锡、杭州等地几次编委会上制定的。

敦煌游记

（1995年9月）

1995年9月，笹川良一基金会在兰州开会，住在飞天酒店。会后陪日本客人游敦煌，下榻敦煌山庄宏远楼，该宾馆建筑十分古色古香。其间，参观莫高窟“千佛洞”“西出阳关”旧址和农家葡萄园，领略“葡萄美酒夜光杯”之清韵。途中车过茫茫戈壁滩时，巧遇“大漠蜃楼”。据说，当地人也很难遇上这种奇景！但在参观了敦煌展览馆后，不禁使人对眼下荒漠的河西走廊——当年的丝绸之路，感慨万千！

飞天龙女说敦煌,宏远山庄话古香。
天马行空南北道,阳关一曲满庭芳。
鸣沙脚下月牙水,危岭山中佛座堂。
隐隐驼铃丝路远,悠悠珍异伴沧桑。
焚风大漠扫孤冢,岚雾蜃楼戈壁王。
风舞胡杨天籁唱,云蒸霞蔚夕飞光。
葡萄美酒玉帛颂,天地人和古韵长。
待到楼兰再聚时,盛筵西夏复辉煌。

*大漠上的火风,当地人叫作焚风。

*鸣沙山,就是由飞沙堆起来的沙山,因沙飞时有响声而得名;月牙湖,该湖形状如月牙,大漠沙山与泉水湖共生一处,天下奇景;三危山系莫高窟所在的山的名字,这个地区古称三危。

*胡杨,是生长在大漠戈壁的一种树,生命力极其旺盛。

游燕子矶

(1995年秋)

长江多有险矶,最有名的是燕子矶(南京)、城陵矶(岳阳)、采石矶(马鞍山)。

燕子矶悬崖下,水流湍急,据说如果从此处掉下,必死无疑,绝无生还希望。因此,人们在此立一个“不想死”碑,以警示幻化世事者。

乾坤有序,宇宙无垠,世事沧桑,此乃自然。知天命者,乐岁逍遥,笑谈“不想死”碑。1995年秋与文秀弟同游南京燕子矶感记。

长江矶险燕矶秀，云雾深秋云雾楼。
漫话人生知命岁，笑谈幻化赴东流。
钟山风雨六朝府，沧海桑田八卦洲。
千古金陵多少事，流芳百世一石头。

游龙门石窟记

（1999 年 4 月）

1999 年 4 月，应邀访问河南大学，其间去龙门石窟、包公祠等名胜古迹参观。龙门石窟在“文革”期间被破坏，现在又重新修复了，十分壮观；就像开封古城一样，曾经是世界上最繁华的大都会之一，但后来衰败了，现在又在图强。

千尊佛座立龙门，荫翳神州五百年。
几度浩劫几度难，南无华夏菩提缘。

毕业赠言

（1999 年 6 月）

1999 年 6 月，为恭贺谢伦嘉、王树、徐东成三位博士和李志涛硕士四君同披金穗，全组聚餐庆祝。席后，余兴未已，留韵（第一首为藏头诗）以记。

(一)

谢伦嘉趣旋光艺，
王树戏游分子城。
徐志东成逐浪梦，
李君志远觅涛声。
毕精书海穷学理，
业旅化学觅大乘。
贺颂诸君加冕庆，
记言枫叶伴征程。

* 佛语：小乘修身齐家，大乘普度众生。这里借用，表服务社会之意。

(二)

地北天南聚燕园，松涛竹韵寒窗情。
未名博雅修身处，枫岭钟亭听玄音。
键键合合藏妙语，瓶瓶罐罐显神灵。
今朝达道披金穗，来日听君论九经。

(三) 未 名 湖

(1999 年夏)

读谢伦嘉博士赠诗“未名湖”后复句以和：

清风博雅笑浮生，斯水未名胜有名。

肥马轻裘车后土，立心天地塔影铭。

【附谢君原诗“未名湖”】

博雅塔下瞻博雅，未名湖畔思未名。

功名利禄随波逝，康趣情伦同日明。

千岛湖游记

（1999 年秋）

1999 年 11 月在杭州开会，会间组织去千岛湖一日游。

碧波漾漾抱千岛，青岳重重托九天。

龙凤海王松影处，木屋小憩做神仙。

* 龙凤、海王、木屋，皆为岛上的景点。

绍 兴 访 游

（1999 年秋）

1999 年秋，陪学范访其祖籍绍兴。夜宿咸亨大酒店，并游兰亭、大禹陵、鲁迅故居等名胜后留记。

披星戴月乌篷船，千里伴君觅祖音。

诚拜文魁三味室，复吟诗圣沈园情。

咸亨慢品茴香豆，恭觐兰亭夏禹陵。

绍府人杰德厚远，梦圆华夏在当今。

欢聚在仲夏

(2000年仲夏)

2000年仲夏,鸿年兄偕夫人来京,与宏成兄一家小聚燕园。时年我们都已年望古稀,但谈笑风生,复如当年。信笔留墨以记。

同门入道韶华情,弹指之间两鬓银。

往事如烟多佐酒,世风闲饮一杯茗。

送母行

(2000年12月)

2000年12月6日凌晨3时30分,母亲仙逝。隔日,我们送母灵回故里与父亲英灵团聚。夜来风雨洗路,天亮雨停了,蓝天白云伴着车队,引导母亲灵车前行。

清风晨雾满天纱,古道飘英遍地花。

天籁扶辕呢燕舞,乡音萦绕故人嘉。

苍穹垂裔挽灵秀,老树飞黄织圣袈。

岁月峥嵘留祖壁,厚德载物记桑麻。

老　宅

（2001 年末）

2001 年年底，母亲去世一周年时，我们回乡给父母扫墓上香，那日同时商定，重修老宅祖屋：一以上慰父母和祖灵；二以下续我花宅之香火，建一个永久的家。使儿孙后辈们不要忘记，此故里之根是也！斯情斯景，遂留句以记之。

槐树津西宗祖祠，六塘河畔竹青居。
耕读传世仁乡里，市粜家坊济草庐。
桐影磉垣依旧是，儿孙远埫各殊途。
他乡霜鬓举杯时，勿忘此园鞠尔车。

重修祖屋祭文

（2002 年秋）

瀚海沧桑，涅槃凤凰；沭淮大地，连寨屯仓。
始祖花开，建业六塘；拓耕洪泽，生发一方。
扬宗商贾？避匪逃荒？已历几代，无从考详。
嗟嗟曾祖，垠连两庄；堂构垂后，留子四房。
伯仲二祖，凡伯嗣香；叔祖乾公，二室李汤。
吾祖恒公，志峻性刚；祖母仁厚，相辅益彰。

清季民初，国碎民惶；少年先考，匡祖罗张。
踵事增华，市槼农坊；天道酬勤，桑菀谷黄。
进德修业，思辑用光；弗求弗迪，谨矩纲常。
笃实于世，耿耿踯躅；克勤于业，正正堂堂。
般般斯训，世系斯章；峥峥祖宅，荫翳传长。

家 文 化

家，是中国人的信仰，到底信仰其什么呢？为什么会那么虔诚地信仰呢？因为家是根，是永恒的归宿，更是其人格(品和才)养成的地方。无论城市还是农村，每家都有自己的家风，家训。不过有的是成文的，有的是不成文的。人从一出生起，就是在各自的家训中长大的，家训胜新约。虽然后来在时间和空间上可能是离开了家，但是家(风)训的影响和作用是不会间断的。家风和家训，即家之道也。这是几千年积淀而成的中华文化的一部分，中国的家文化。中国的每一个家，都是按照"家道"进行养成教育的，并且一代一代地传承下去。

中国的家文化的内容是什么呢？我以为她主要包括：以孝立身，以和立德，以学立业。

孝者，孝敬也。就是对父母、长辈的孝和尊敬。所谓尊卑有序，不孝不敬何以为人？

和者，就是善和信，就是博爱。所谓家和万事兴嘛！这些都是人的一生中的人格、德行养成的根本要素。无法相信，一个人如果对其父母都不尽孝道、不存敬畏，他以后还会对社会、对自然有敬畏之心吗？如果他对其父母、长辈都缺少善心、敬爱和缺乏诚信，他还能如何诚信于社会呢？他还如何能做到最起码的"己所不欲，勿施于人"，更何谈“厚德载物”呢?

学者,识也。有识才可有业,有业才可有家。所有这些,就是中国的“家道”,中国的家文化,也是中国人对家的信仰。

家,是社会(国家)的细胞,如果维系这“家”的家道都没有了,那国法还会有用吗?国家和社会还会有文明和发展进步吗?

所以,以人为本,以家为基,这就是中华文明的根基。家是华夏社会的根基,是中国人心目中永恒的信仰和金字塔。

家
是父母
生命的原乡
家是启蒙的圣殿
传承伦理职养与门纲
立德修身勤俭济世的家训
是炎黄子孙的道德基因和方向
家是温馨的港湾和亲情的永恒牵挂
家是国人心灵的菩提和沐浴着爱的太阳
人
世之峰
峰礫就是家
家是社会的细胞
是家组成我泱泱中华
壮观啊千军万马春运大潮
是宗族孝悌的礼拜不是朝麦加
乾健坤厚的亲情是中国式家族新约
家文化是国运的源泉和福荫神州的袈裟

退 休 感 怀

(2002 年 9 月)

寂寂寒窗觅道行,沧桑风雨送华年。
幸得余烬暖天命,聊慰虚名甲子缘。

花 甲 情

(2005 年 3 月)

2005 年春,为祝贺学范六十甲子而作。

着意辑书唯锦绣,香津润笔捉刀功。
燕园邀月庆花甲,小墅吟风竹伴松。

贺中国高校知识产权研究会成立 20 周年庆

(2005 年 8 月 24 日,于北京九华山庄)

智权研讨二十年,一路荆棘一路冰。
云雾洞开接轨处,清风润笔立新篇。

记入学50年聚会

（2006年9月）

2006年9月，北大5603级同学聚会燕园，共叙入学50年的情谊。有感于斯，留句以贺，并权作“同学通讯录”之代前言。

燕园重聚古稀后，立雪程门半世前。
松月伴读枫岭下，湖光合影石桥边。
“旗袍”“馒首”传哲理，分子键合拨妙弦。
潇洒一嗓双鬓雪，同窗受业似昨天。

* 入学一个月后，“普通化学”课第一次随堂小测验的考题是：“馒头是化合物还是混合物？为什么？”

* 入学后的第一堂“普通化学”课上，傅鹰教授开宗明义道：“当你走进百货公司里，看到那琳琅满目的旗袍，你会有什么样感观呢？历史学家会想到人类服装的沿革；社会学家会从不同的服装款式，去研究不同民族、不同地域的人群社风民情；化学家则会考查这些衣料的材质，是丝？是棉？还是人造纤维？这些不同颜色是用哪种染料染成的？等等。”

中学同学毕业50年聚会记

（2006年10月）

2006年10月2日，老同学于母校淮阴中学聚会，共叙各人50年之沧桑,于是写一打油诗自嘲,以同乐耳。

花某今年七十一,生于六塘河西边。
放猪种地读书少,捞鱼摸虾栋螺蛳。
受道淮中致学岁,良师妙手拨钝弦。
瘦西湖畔赴高考,侥幸榜名孙山前。
京师博雅未名梦,风雨蹉跎五十年。
三口瓶中看世界,四尺讲台自比仙。
弄墨舞文教书匠,吹箫卖字稻粱钱。
闲居挂笔无新梦,只愿百年归故园。

如　水　谣

(2006 年 11 月)

读袁晓园诗,觉得很有意思,甚可玩味。“顺其自然”是一种人生观。所谓顺其自然,就是按照自然规律生活,按照个人的身体状况合理地、积极主动地生活,积极上进,但不要刻意苛求。

信耶稣和参禅是不全相同的,但都是信仰问题。信仰没有什么不好,人都是有信仰的,只是每个人的信仰不同而已。不过,不管是信仰什么的人群中,总是会有部分人的信仰是不纯粹的。至于练拳和信不信气功,更是与信耶稣和参禅风马牛不相及的。练拳是锻炼身体,这两者根本不是一回事。不老药是骗人之说,但是,有了病还是要遵医吃药的。倒是对于人生世态,要有一个豁达的胸襟和泰然处世的心态。老子曰:“上善若水,几于道矣。”因此和一首“如水谣”,仿其意。

心仪若水自修身,不拜神灵不拜仙。
纵浪纤溪各有道,怡然乘化乐天年。

【附袁诗】

不拜耶稣不参禅，不信气功不练拳；人间哪有不老药，顺其自然过百年。

贺化学院校友联谊会成立

（2008 年 3 月）

博雅未名常眷眷，化学岁月永依依。

杯瓶虽小乾坤大，分子王国景色奇。

三尺讲台穷物理，一心悟道妙门梯。

春风华少精图治，夕照老鞍紧奋蹄。

* 妙门，借用老子“道可道，非常道……玄之又玄，众妙之门”中语。三尺讲台正是传道和受道的地方。

端　午　颂

（2008 年 6 月）

农历五月初五，是传统的端午节。

我小时候在农村长大，记得端午节有两件事情印象深刻：其一，是在这一天，家家屋檐和窗棂上都要插艾草；其二，是大人要给每个孩子的耳朵里抹一点雄黄。据说这是为了避邪。到我上学了，读了一些书后才知道，这些实际上都是为了防虫、防蚊和蚂蚁什么的。再到后来才又知道，端午节要吃粽子，说是为了纪念爱国诗人屈原，等等。

现在正在大讲弘扬传统文化。端午既然是为了纪念屈原的,那当然是属于“传统文化”的了。但是为什么要纪念屈原呢?好像又莫衷一是。不过,对于一般百姓来说,管不了那么多,至少有两件事情是实惠的,即放假和吃粽子。

但是,百姓们在茶余饭后,车中厕上,也有不少闲话。闲话者,缘于对世事的不满意。百姓们有不满和牢骚,并非坏事,总比那些歪嘴和尚的经好听一点吧。或者对于从政者还会有清凉剂的作用,也未可知。

绿粽子,红樱桃。
翰墨掉价,九歌入朝。
龙舟锣鼓阵阵,人潮江水滔滔。
世人神州竞风雅,屈子云台唱离骚。

雄黄酒,插艾草。
日可避虫,夜防蚊咬。
相传千载不坠,唯德唯美唯效。
华夏精粹知多少,上善若水健行道。

颂 PPS 花照四则

(2008 年 6 月)

近两年来,不断收到朋友们的网上花照作品,幅幅都是美不胜收!大多已专页集存,已备反复赏阅。每每搓手惊叹之余,兴之所至,偶有拙笔韵句,凑趣自娱而已。

（一） 四君子别赞

兰俏春分后，菊妍寒露前。
梅香三九雪，竹翠四季天。

* 卢梅坡《雪梅》诗句中有“雪却输梅一段香”。

（二）大丽花

绿叶盘笼生紫瑞，香风袅袅入云烟。
春苞含笑吐晶露，娇艳端庄赛洛阳。

* 韩愈有诗句：“红灯烁烁绿盘笼”，形容红花被绿叶盘旋笼罩，此处借用。洛阳花又叫牡丹花。

（三）兰　花

冠如凤羽身如柳，娇艳群芳钗黛羞。
宛若艺园仙子秀，香风慢吐半含秋。

* 兰花很似各种动物的脸，表情各异，惟妙惟肖。

（四）荷　莲

私走瑶池落泞涟，碧波柳浪两缠绵。
银珠翠叶羞碧水，玉影清风雅亦仙。

* 传说王母娘娘的一个侍女玉姬，偷偷下凡到人间西湖，并留恋

人间而不愿回宫。王母娘娘为惩罚她,而将其打入西湖的淤泥之中,后来玉姬就变成了美丽的荷莲。

春江花月夜俗咏

（2008 年 7 月）

张若虚的《春江花月夜》被誉为“诗中之诗,顶峰之顶峰”,是千古绝唱之白雪名篇。“不知乘月几人归,落月摇情满江树”。但是,景同情不同,不同的乘月归人,其“摇情”当然也是大不相同的啊！所以,同样的春江月景,也会有“下里巴人”之唱。

春雨润禾送瑞秋,江风唱晚伴渔舟。

飞英弄影黄鸭闹,戴月临宵《信天游》。

* 信天游,一种陕北民歌。

贺 6203 级校友聚会

（2008 年 9 月）

6203 级校友毕业 40 周年聚会,未能如邀前往,权以拙句贺诸君。

峥嵘岁月四十冬,又品燕园茗意浓。

柳岸吟风博雅韵,钟亭悟道未名宗。

方程价键隆中对,试管如戈赛子龙。

问故笑谈霜鬓后,喜逢枫岭叶正红。

弄璋家书

（2009 年 4 月 7 日）

上水槐津生命树，万泉京辅报佳音。
宗祧燕语唱新谱，桐叶春风应和吟。
修业进德薪火继，松风竹韵立高行。
不期济世萧曹誉，广袤星空任自明。

日照港海景两则

（2009 年 6 月）

2009 年 6 月，子叶养伤时，住在日照海边“辉煌国际”小区，这是日照市风景最好的地方，万平口奥帆训练基地的边上。房间的飘窗正对着万平口和金沙滩，极目远视，海天一色。日照港外的巨轮，万平口的游轮、飞艇和渔船你来我往，健儿们的帆艇天天都列队出港，到海上去操练和做队列表演。到晚上，整个日照沿海的所有景点，被五颜六色的彩灯照得通明，彩灯光柱在水下形成金灿灿的光阑，像看到了整个水晶宫的辉煌。飘窗观景，怡然自乐。

(一) 日　景

浪洗金沙堆瑞雪,银帆天际舞云岚。
碧空轮影向沧海,夕下渔舟戴月还。

(二) 夜　景

碧波万里霓虹舞,入海堤灯火阑珊;
水月龙宫笙龠宴,推杯换盏话人间。

小 园 秋 色

(2010年秋,于大兴原生墅)

夕照瓜栏光影稀,海棠累累压青枝。
香椿垂子飘华盖,银杏飞金织地衣。
疏影修篁八怪画,清风皓月酒仙诗。
举杯邀问彭泽令,此院种菊可适宜?

贺国际化学年

(2010年11月)

2011年是国际化学年,《化学通报》编辑部为此要出一专刊以庆。也约我写一篇有关的纪念文章，我考虑再三，自觉资微识浅，未敢从命，婉言谢绝了。但情之所至，遂写小诗一首以贺。

化学学理欲何求，分子王国竞自由。
杜瓦瓶中看世界，键合论理写春秋。
精雕纳米功能件，巧筑双螺原子楼。
探秘神奇生命树，壮歌一阕唱神州。

诗 法 何

（2011 年 6 月）

诗，是时代的歌。所谓“诗情画意”者，是说诗是借景抒情，画是以形寓意。所以，情（感）、意（境），诗之魂也，诗画之魂法于情也。

近日，在校园网上拜读 Y 君的一首七绝“道法自然诗法何?”后，小有感想，遂也借题附意，留“诗法何”韵句两则。

（一）

道法自然诗法何？情击智海起洪波。
哀吟泽畔三闾泪，风啸茅庐工部歌。
月影飞樽星伴舞，刀丛泼墨笔当戈。
胸怀天下洞庭水，傲骨清风寄菡荷。

(二)

意境天成何处是,高山流水飞灵曙。
清风把酒酹江月,烟雨空蒙渔火路。
匡世怀胸唱瑞《雪》,弄权斗室无嘉句。
不识香雪寒梅意,月色荷塘臭水渠。

和 谐 颂

(2011 年 7 月)

和是兴之基,兴法于和。所谓家和万事兴,国亦如是也。

千古风流赤壁诵,九州英烈共吟哦。
岳王立马仰天啸,楚项别姬刎乌河。
功罪千秋谁与说,豆秸一曲陈王歌。
鼎鸣华夏多谐韵,重振神州道法和。

为邢其毅教授诞辰 100 周年颂

(2011 年 11 月)

2011 年,是有机化学家邢其毅教授的 100 周年诞辰,其家属将组织出版一本纪念册。同时,也约一些邢先生的生前友人和学生为该书写些纪念文字。遵钱先生嘱,奉此拙句,以颂邢先生的授业之恩。

合成魅力天籁唱，
有机化学饮琼醍。
华章传道比东壁，
授业李桃效仲尼。

过　年

（2014 年春）

除夕之夜，祖孙三代一起看烟花，一起放鞭炮，其乐融融。此情此景，或然勾起我儿时在老家过年的情景。自知是意境反刍而已，但是还是带来一丝快意。留小诗一首以记。

锦绣云霄不夜天，子钟新岁破窗鸣。
弄孙椿院爆竹戏，恍若慈亲唤小名。

* 写于大兴原生墅(康和园 68-2)。

八十感怀

（2015 年 2 月）

时光荏苒，弹指间，已虚度八十个春秋。回溯一生，虽然无所作为，但是总还是有些可供回忆的事。知足常乐！不失俗套，留“八十感怀”小诗一首自飨。

把玩分子四十年,三尺讲台自比仙。
构变官能四面体,键合幻化一瓶间。
痴情学旅千般景,醉饮科园万籁弦。
半世寒窗半世趣,品茗品曲品夕烟。

春　色

(2015 年春)

飞蝶舞彩蕊,翠鸟唱青枝。
惹却风婆妒,胭泼地丈衣。
玩孺戏粉雨,宅老醉东篱。
万籁共一曲,春风化雨时。

史　笔　吟

老友郝君,送我一本近著《流水何曾洗是非》,是一本“牛棚记”。作者的文笔很好,而且和季羡林的那本《牛棚杂记》文风迥异。笑谈刀剑影,泪在苦茗中。读郝君的书和以往读其他人的书不同,因为我与郝君相识于会议内外之间二十余年,见文如见人,我想他是经过了无数个不眠之夜的苦思以后才动笔的。如果说季书是在哭诉,那么郝书就是在“说事”,然事事带血!又像是在苦笑,充满无奈的苦笑,流水何曾洗是非?历史只会逐渐淡忘,是永远也无法洗去的啊!这算是我的读后感言吧,留叹吟为记。

非是相逢一笑事，水流怎洗午门腥。
庙堂金口鹿为马，学府朱封妖变精。
万象兴衰周易记，千秋功过董狐评。
若求泾渭同杯饮，除却蒸馏动火刑。

采桑子·咏重阳

（2015年秋）

重阳节，收到多篇关于庆祝这个老人节的邮件，都是配乐的美丽风景画面，并附有历代名流有关重阳节的诗词。大概是因为重阳节适逢秋天，又是老人节，所以诗境悲秋者居多。唯毛公一词，《采桑子·重阳》，虽写于逆境，但还算潇洒，不过多少也透出些许无奈。

化学院每年还专为全院退休老人集会聚餐，以示慰问。盛情念往，令晚夕更增暖意。有感于此，特仿模一首《采桑子·咏重阳》，以记。

化苑又饮菊花酒，银发泱泱，笑语锵锵。
清风飘逸秋实香。
遨游分子艺园景，不似春光，胜似春光。
玩月杏坛染鬓霜。

夕　阳　吟

（2016年春）

又是一个新春佳节。和往年春节一样，收到许多贺年的邮件。

儿童是最喜欢过年节的,因为他们最希望快快长大。老年人也盼过年节,那是因为儿孙们只有年节时才会有空回来团聚。但是老人又有点怕过年节,那是因为他们感觉自己又老了一年。不同年龄段的人对年节的不同心态,充分反映在年节时相互间的贺年辞里。年轻人之间,除了恭贺节日快乐外,主要是祝愿在新的一年里,事业上取得更大成就,等等。老年人呢,除了祝贺节日外,还要介绍一些养生之道和保持心态祥和之类的金玉良言。比如,今年我收到一个邮件,名为“老了以后怎么办?”,其图文并茂,还有幽雅的配乐,汇集了我以往所有看到和听到过的,所有的关于老人的警句名言。概言之,就是如何养生。其实,老年生活最要紧的是心态,没有豁达开朗的心态,任何养生方法都是徒劳的。所以我信刘禹锡“以闲为自在,将寿补蹉跎”的诗句。读完这篇邮件后,我也写了两则老年养生谣。

(一)

野鹤闲云耄耋翁,清心若水夕阳红。
畅吟五岳松涛韵,慢品龙门茗意浓。
岁月蹉跎东逝水,往昔蹭蹬付苍穹。
三餐常饮亲情愫,胜过芪参与草虫。

(二)

无辔无鞍毋驻蹄,晨风柳浪借神力。
戏云揽月青山外,谈笑吟风龙阵里。
似水流年秋色景,如烟往事早成泥。
反刍情愫多玩味,陋室无铭有雅意。

秋 颂

读弘一法师《悲秋》有感，遂步其韵咏《秋颂》一则，凑趣自娱而已。

秋风送爽果香飘，彤云染林杪。
往事匆匆，梦景迢迢，睡眉喜相吊。
镜对憨颜，朱容华发，笑问谁个老？
朝也如金，夕也如金，神明永驻年少。

【附弘一法师《悲秋》诗】

西风乍起黄叶飘，日夕疏林杪。
花事匆匆，梦影迢迢，零落凭谁吊？
镜里朱颜，愁边白发，光阴催人老。
纵有千金，纵有千金，千金难买年少。

先翁竹青公百年诞辰祭

(2016)

岁次丙申，时维金秋。公元二千十六年夏历八月廿五日，先君子百年诞辰之吉，竹青居长子文廷，长媳学范，遥率本门子孙男女，各备清酌庶馐，竭诚致祭于先父母樽前。

呜呼！五岳之尊，成于壤土，四渎之宗，不让涓涓 。参天之木，得天地之垂护，受雨露之润育，与万物同之矣，而独呈芳展华，雄姿卓拔，爰自内修，舍此而何哉？昔我太祖，本初寒微，家无箪路，身惟蓝缕，餐风饮露，汗湿禾土，膺立业兴家之大计，遭乱世遄飞之祸殃。我先君竹青公，秉渎宗之精，承北岳之灵，择吉丙辰，拥璋架桁。责无旁贷，大任是承，九龄事耕，二九家成。比翼承志，天定如陵。奉残弱之二老，育嗷嗷之幼婴。守“二字”之祖训，怀家国之痴情。察时知变，力耕稼而试涉经营；远瞩高瞻，据农门而矢修鲤庭。自甘苦节，数万金而终两袖清风，养仁哺义，教子孙以正道直行。扶弱济困，经世之图未吐，不骄不谄，轨物之行实成。噫嘘唏，反观当世之贵显而忘形以及庸弱而自甘贱辱者，我先君之皎皎尧尧也，实不负其竹其青之令名也至矣哉！惜乎苍天不仁，殒我先君。苍天其公，慰我先君。我门子孙，不负先君！六塘悠悠，竹韵绵长，吾门后生，恭颂其昌，传辉感庆，踵美其煌。皇天后土，鉴临无遑，幸甚至哉，伏维尚飨！

【注释】

清酌庶馐：清酌，祭祀用的清酒；庶馐，多种美味珍馐。祭祀用语。

渎宗：古以江河淮济为四渎，黄河为四渎之首，称渎宗；祖宅门前六塘河属黄河水系。

北岳：五岳之中北岳恒山，恰合先大父名讳。

拥璋架桁：化用“弄璋”之典故。

九龄事耕：先大父恒山公于民国十四年(乙丑)因保家拒匪致残，家翁时年九岁。

二九家成：家翁十八岁，与家母周氏讳秀兰成亲。

天定如陵：《诗经·小雅·天保》“天保定尔，俾尔戬谷。罄无不宜，受天百禄。降尔遐福，维日不足。”可译为“上天保佑你安定，没有事业不振兴。上天恩情如山岭，上天恩情如丘陵，恩情如潮忽然至，一切增多真幸运。”

“二字”祖训：传统祖先神位联曰“守祖宗清白二字，教子孙耕读两行。”

家国痴情：家严家慈二老，既致力于兴家立业，又绝不抱残守缺固执私隅。口不颂“兴邦报国”之豪言，行暗合“达则兼济天下，穷则独善其身”之古训。

鲤庭：《论语·季氏》“陈亢问于伯鱼”章“鲤趋而过庭”受父训教之典故。

“数万金”句：家翁生前长期任职基层供销社门市经理，按日清点当天经营现款上缴入账。“日数万金”非虚。

经世轨物：经国济世，规范事物。

自甘苦节：见陈子昂《祭韦府君文》“甘心苦节”，意谓甘心坚守自励。

不骄不谄：《论语》“富而无骄，贫而无谄。”

皎皎尧尧：尧同峣，高直貌；皎同皦，指玉石之白。《后汉书·黄琼传》“峣峣者易缺，皦皦者易污。《阳春》之曲，和者必寡；盛名之下，其实难副。”

传辉感庆：《光明日报》(2014 年 08 月 13 日 06 版)载北京书协兼职副秘书长弓超书赠广西壮族自治区玉林市博白县马塘村小学教师蔡曾萍“传辉踵美”。乾隆《陶庄河神庙瞻礼六韵》“峻碣多年志感庆”。《影印古籍资料·钦定叶韵汇辑·下平声七阳》(卷十二)“庆，墟羊切，韵会：福也。易诗并叶音羌。”

踵美其煌：踵美，谓继承前人的功业、美德。明 屠隆《昙花记·凯旋见母》“前者有人来庵中报你平服靖乱，克复神京，麟阁之勋，踵美汝父，可喜可喜！”

自　传　吟

——一名30后的自嘲谣

（2017年8月20日）

生于乱世，
长于饥荒。
童年的记忆是战争、洪水和虫蝗！
青年时代被“运动”，不是健将胜似健将。
不惑年后得解放，鬓已霜。
对镜一声长叹，茫！茫！茫！
知命年时不知命，
赶快，赶快，重整旗鼓上职场。
为了稻粱，
更是为了那么一点点最后的希望。
转眼间，已过甲子岁，
收拾铺盖被还乡。
都说我们现在赶上好时光，
年逾古稀，还能骑车带着孙子上学堂。
莫停步，
下一程是菜市场。
好时光啊，好时光！
八十红烛暖寿，
每月奖励100元。
去公园走走，
在阳台上晒晒太阳。

读识《聊斋》和蒲公

（2017 年 12 月 10 日）

满腹经纶志，一腔赤子心。
文昌落草芥，狐魅有知音。
得陇三生缘，何为一榜名。
阴阳无惮忌，风雪梅竹情。

过齐鲁有感

（2018 年春）

（一）

神州亘古黄河颂，华夏儒风法岱宗。
筑梦中华唱复卦，捷足齐鲁榜名中。

（二）

茫茫原野大棚阵，冰雪笑藏南北春。
集锦八方四季翠，飨及万户千家飧。

再贺6203级校友聚会

（2018年5月）

北京大学6203级校友毕业50周年聚会，邀我参加，因事未能前往，特草书小诗一首以贺。

未名悟道同筑梦，六二零三共济舟。
分子王国吟幻化，卷丛书海逍遥游。
笑谈职场天涯路，慢品程门曲径幽。
冯妇谁说难再作，初心如故自风流。

星　颂

（2018年11月30日）

宇宙洪荒藏万象，众星捧月九州明。
天琴一曲鹊桥韵，人世百年鸳侣情。
霄汉苍茫望北斗，春华秋色五行经。
脉脉长夜凝广宇，为送朝阳一日新。

重读《读封建论》有感

（2019 年 10 月 19 日）

千年一帝始皇政，难洗焚坑竹罄名。
诸子百家贤圣众，人伦天道一脉承。
莫藉华夏基因谱，更勿覆辙红卫兵。
筑梦中兴千载业，文化自信根基深。

*《读封建论》是毛主席赠郭老的一首七律，但一直未见其公开发表。

回　忆

（2019 年 11 月 16 日追记）

白云一片出深山，广袤天空任自翔。
闪闪琉璃生紫气，悠悠钟鼓唱帝乡。
今生不做陶朱梦，来世更无蓬岛缘。
何不一搏京榜运，或则未必落孙山。

上面这首诗是什么时候写的，不记得了。现在 60 年过去了，白云还是要归深山的啊，落叶归根嘛！有感于此，于是模仿李叔同大师的《送别》，草《回归》以记之。诗曰：

回 归

海棠红，银杏黄，秋染小院裳。
残云飞渡燕巢还，山影半夕含。
博雅秀，未名漶，游子筑梦乡。
人生如水唱流觞，万泉通六塘。

江城子·祝贺

（2019 年 12 月 10 日）

——和学兄沈杉松佳吟《走仰岗》，祝贺他获中华人民共和国成立七十周年大庆纪念奖章，企分享其霞辉之一二也。

耄耋更比少年狂，冰未烊，雪茫茫，风染朱颜，单骑走仰岗。
闲情掷子楚汉界，雕弓响，摘魁章。
七十大庆摆国觞，设金榜，唤冯唐，篱菊南山，知交共琼浆。
庄周不识今世梦，阑珊处，翰墨香。

【附沈杉松兄的《走仰岗》】

耄耋年发少年狂，左扶车，右挎包。
女赠羽服，单骑赴仰岗。
小酌细食体尚健，鬓微霜，又何妨?
银装素裹，奥森沐朝阳。

蹄声雪影

（2020 年 1 月 5 日）

又是新的一年，化学系退休办照例又举办了新年茶话会，我因病未去参加。同事们给我发来了许多照片，会场上银发如雪，无须注释就知道，这是“夕阳聚会”。躺在床上，看着照片，思昔追往，很是感慨！于是记小诗一首，取名《蹄声雪影》：

劲风又洗篱原草，春去秋来六九爻。
老骥不识奋蹄路，旧符几度换新桃。
迎新茶会夕阳聚，银发满堂梨雪飘。
浊酒一杯庆余欢，流觞遥祭旧知交。

同窗之星

——记渝华兄

（2020 年 1 月 10 日）

化工行业江城孔，五六零三一羽纶。
深湛傅门三昧火，驰骋黑土与楚云。
攻城略地小化肥，望髦建功乙二醇。
荣榜五一特勋誉，实归名至自当身。
喜看桃李成军制，闲步楼台听鹤声。

梦　赋

（2020 年 1 月 30 日）

梦，是人在睡着时，大脑皮层的一种活动意象。所以人人都会做梦，人人也都做过梦。梦有好梦，也有怪梦；悲欢离合都成梦。抿唇颦眉做美梦，惊恐呼叫是噩梦，面带微笑幸福梦，愁眉苦脸倒霉梦。日有所思，夜有所梦。常看武侠电影会做功夫梦，蓬莱浮想会做神仙梦，痴迷彩票会做发财梦，阿谀奉承想做升官梦。结果都是黄粱梦。大多数人做的梦，都是家长里短梦，日常生活梦，琐事操心梦。所有这些梦，都是正常的生理活动。

还有一种梦，民族复兴梦，强国富民梦。全国人民共同做的梦。此梦叫梦不是梦，是理想的憧憬，是期望的目标，集众志于成城，鼓斗志于号角，是战斗的旗帜，是前进的跑道。看似潇洒浪漫，实则艰巨崇高。

长江浩荡，黄河滔滔；莽莽昆仑，九州舜尧；泰岳文明，基因楚翘；历华夏五千年，几经异代更朝；强国富民筑梦，代代情笃未了；自秦汉而明清，也有盛世几朝；称天国于长安，引众邦纷来朝；唱驼铃于五洲，扬郑帆于海角；荟瓷茶于邦廷，赏西域之舞蹈；叹卦象之沧桑，道乾坤有六爻。兴工业之革命，荡欧巴之旧教；弃弓马于戏场，驱炮舰于海涛；惜我朝之孤陋，守旧制于醉陶；失时机于潮头，受百年之耻嘲；终败北于烟战，痛盛园于火烧；幸基因还未瞑，狮觉醒而咆哮；继往烈之遗志，革腐政之病膏；举义旗于南昌，燃星火于广袤；战廿载于一统，建人民之新朝；浩九州之春风，扬昆仑之风骚；强军威于国门，壮正声于外交。更筑梦于盛世，树富强之目标；倡共享而不霸，建丝路之惠桥；筑百年之兴梦，非空想之口号；南疆北国雷动，神州尽胜舜尧；三江五湖潮涌，汗水不会不娆；强国富民唯贵，尚德基因至要；文明与之同孕，新儿才能素高。百年春潮桃红，再设派对佳肴；恭迎八方宾客，中外圣贤政要；重饮茅台国酒，新酿醇香前朝；满樽谢客献词，共庆发展风骚。

竹青居祭父文

（庚子年除夕）

竹青居者，先严之故居也。吾父生于此，长于此，建业于此，凡六十余年；驾鹤西去，亦由此而远行。但仍留灵于此居，以荫庇其后继子孙厚德继业于永世也。值此庚子除夕之夜，以鲜果供于吾祖母严慈之遗像前恭祭，企仙灵怿飨，并颂祭父文曰：

六塘之滨，淮津北里；麦浪滚滚，粟香盈野；耕歌铿锵，纤号悠怡；吾祖婚立，分宅于此。祖田五亩，与宅近毗；不惑有二，遭盗枪袭；截肢遗残，失去劳力。吾父年少，失学事犁；未及弱冠，吾母入籍；奉老持家，相襄朝夕。天道酬勤，复阳爻一；进亩添口，儿曹绕膝；壮志方遒，扩业切急；设坊榨油，旁涉市集；小试牛刀，如骥过隙；相继上手，无不有绩；治家有方，誉满乡里。惜哉天赋，宏志无机；经纬之才，委身乡野；鲲鹏无池，悔无学历。一生心血，倾于后继；子女学业，唯此唯极。七七事变，举国抗敌；沭淮沦陷，战火涂壁；残虐三光，土焦鬼泣；先君毅然，参加游击；是年入党，年未而立；为赴国难，家业不及；吾母留守，护家避袭；扶老抚幼，“跑反”流离；不幸被拘，屈辱刑逼；与敌周旋，严守秘密；外患结束，内战又及；国共两道，绝无妥协；皖南事变，我军惨烈；转战苏北，重建根基；涟沭两地，新政先立；发展生产，减租减息；惩治恶霸，改革土地；吾人父母，早入党籍；抗日农运，有功在册；乡村新政，各自有职;妇救会长,唯母当值;先严擅长,财粮经济;为民理财,无朝无夕。四八初冬,淮海战急;抢救伤员,如火取栗;先君领队,担架前役;支前助战,人人有责;妇老残幼,吾母组织;安置伤员,制鞋筹衣;日夜制送,以解军急。淮海决战,全线大捷;渡江成功,南京旗息;人民政府,北京成立;四海震荡,九州洋溢;新政首要,扶民生息;百业待兴,农业第一;恢复农市,供销社立;吾父受命,履职社事;职位虽微,尽职尽力;春风绿野,鱼水惬意;古寨三树,足迹淮地;德布职场,情惠民济;二十余载,全心全意;笃职耿耿,与人谐契。事业初成,洪志未迤;天有不测,妖风四起;天庭弄朝,鹿马为戏;运动社会,小人得志;恶徒横行,无纲无纪;火烧九州,民生凋敝;名曰四清,玉鱼挑刺;先严一生,清白履职;覆巢之下,难逃涂壁;历史旧卷,嫁罪说事;革职停薪,开除党籍;猪场劳改,不容辨析;十年摧残,十年屈惎;唯恐累亲,巨难自值;身心交瘁,忧愤成疾;病入弥留,冰心未遂;唯念党籍,横招拒锡;耿耿此心,天地恸泣;含冤西去,千古难熄!天道唯公,泰岳屹屹;广袤苍穹,父星熠熠!

喜　鹊

(2020 年 2 月 17 日)

春日,于阳台浴息。常有喜鹊前来我小院的海棠树上戏要,是觅食,还是伴我浴阳呢?有感于此景,吟句以记之。

无冠无坠一身素,两色分明美战袍。
莹露清风洗羽翼,林虫草籽家常肴。
笑看群翠争八度,不屑昆华天际巢。
职守一生白士愿,谁说此辈不逍遥?

水仙子·识《易》

（2020 年 2 月 21 日）

（一）

老庄释经千万言，逍遥先读《秋水》仙，至善水性有柔坚。
绿树与枯枝，雨露雪山桑田。
太极图，道门玄，阴阳坤乾。

（二）

人生几度春秋年，悲欢离合苦与甜，东风不与周郎便。
汉坛一瓢浆，秋实春发乾元。
朝阳红，夕霞艳，天籁三弦。

大师之风

（2020 年 2 月 24 日抄录）

以前我读过冯友兰著《哲学人生》，曾有一“读后感”涂于末页。今又读该著，特将其抄录于此。

荷塘月色松风韵,博雅未名钟古情。
学贯中西千载史,志识今古五车薪。
笑谈鬓蓄美髯趣,巧对阴阳白骨精。
青瓦三松堂内燕,梧桐树下听琴声。
*冯翁有诗句曰:愿随前薪作后薪。

大师之愤

(2020 年 3 月 25 日抄录)

读《翦伯赞传》后,感慨之余,书七绝一首于末页,现抄录于此。

林秀一竿百尺根,竹帛五车剑花长。
一生标志存高远,半句戏言送九泉。

天净沙·抗疫大战

(2020 年 4 月 13 日)

(一)

蜡梅瑞雪融融,金鼠新桃灯红。
妖疫搅断春梦,烽燧冲冲,举国封城围攻。

（二）

新冠诡异残凶，抗疫战火熊熊。
白衣夺命匆匆，妖气澒澒，呼唤金棒悟空。

杂感三首

——官场与酒肆

（2020年4月15日）

（一）

千古庙堂事，鹰扬与脚惊。
子陵蓑衣冷，庄子识鱼情。

（二）

车马如酯醉世杰，黄花不解雪梅香。
世人都颂陶朱智，史笔何为唱汨江？

（三）

鹿马戏忠士，三拳酒肆雄。
朝堂乱纪纲，村野各西东。
摇羽隆中对，三分称世宗。
错识三百年，华夏传正统。

病 床 叹 吟

（2020 年追记）

这次生病，从确诊（2019 年 4 月初）到赴成都华西医院动手术（6 月 21 日），8 月初回到北京，前后是 4 个多月。在北京就先后两次住院，动两次手术（在胆管里安放支架，第一次是塑料支架，第二次换成金属支架）。在华西是第三次手术。三次手术中，两次进 ICU，不堪回首！是在黄泉路上走了一圈又回来的了，实在不想回忆这些，也不想在这里记述它了。就将在病床上的两首病床叹吟戏语，写在这里，是记事，也是自嘲。

（一）

（2019 年 4 月）

——写于北京大学第一附属医院，第一次手术前

食道不让食物进，尿路反许黄胆走。

核磁共振层层照，PET-CT 密密搜。

原来胆管被堵塞，缘是胰头多块肉。

治疗方案有三招，刀割支架导弹头。

（二）

（2019 年 9 月）

——写于从成都华西医院回到北大校医院后

松风竹韵唱天籁，雨布云行万物生。
莫信庄周化羽梦，犹惜关圣麦城魂。
一生谨慎中庸道，半路翻车夕照门。
胰上徒增瘤二两，立失体重四十斤。
遍求医诊京都院，保守治疗自养身。
千里寻医古蜀府，彭博愿试割K什。
黄泉门口赌一把，老本合盘就百斤。
幸醒犹如隔世梦，泪盈满面是亲人。
一刀决胜千钧敌，战地复修难速成。
胰胆指肠多殉难，腹空不受半杯羹。
血红跌过危标线，养液强输补血成。
日瞕天棚无字卷，夜听滴漏有青灯。
奈何时日不待我，天命难违苦亦争。
幻化千秋总有时，顺其自然度余生。

水之歌

（2020 年 9 月 10 日）

这首小诗想说明我对水的两点看法：其一，是水的液态结构，应该是具有椅型构象的三聚体,可惜我现在无法用实验方法来证明这一看法了;其二,是中医所说的人体经络,可能就是水络,是生物电和信息的传输载体,所以西医解剖学是无法看到的。

物象茫茫天地间,至丰至广六分成。
十八体重轻盈秀,氢二氧一气态身。
固化体脝八面胀,冰峰五岳击阊门。
三分环聚椅型体,四海五湖涛浪征。
脉走根茎养绿叶,气行经络听涛声。
润泽芳色增妍媚,浪打朽枯石壁坑。
雨洗春华山野翠,风吹秋景稼禾魂。
云翔雨布生灵秀,万类昌怡大地春。
更喜南溟千顷浪,庄周吟唱逍遥鲲。
但期星宇有族类,共享乾坤天籁呻。

2020 之恙

(2021 年元旦,于大兴原生墅)

(一)疫　战

三星一线位,土木轨相重。
庚子周期律,乾坤太极风。
地球生异恙,人类有灾凶。
澒澒新冠疫,战局尚未功。

（二）局　变

江湖尚有抱拳礼，纲纪岂容乱臬圭。
万类相生共雨露，千秋泰否有爻规。
新冠击碎霸王梦，徒对孤帆哭乌骓。
六九乾坤新世道，江东着意共谐辉。

下　篇

永远的怀念

花文廷教授讣告

著名有机化学家、中国共产党党员、北京大学化学与分子工程学院花文廷教授因病医治无效，不幸于 2021 年 2 月 14 日在北京逝世，享年 86 岁。

花文廷教授于 1935 年 2 月 26 日出生于江苏省沭阳县一个苏北农村的红色革命家庭。1962 年毕业于北京大学化学系，遂即留校任教，先后任助教、讲师、副教授、教授、博士生导师，享受国务院政府特殊津贴，至 2002 年 9 月正式退休。他曾任北京大学化学系党总支书记、校党办主任、校党委常委、科技开发部主任、副教务长、研究生院常务副院长等职务，以他的远见卓识，为化学学科和学校的科研、教育及科技开发事业、为北京大学创建一流大学做出了重要贡献。

花文廷教授长期致力于有机杂环化学和药物合成等领域的教学和科研工作，培养出硕士、博士研究生数十名，发表学术论文多篇，撰写了《杂环化学》与《现代合成反应》等专著与译著，为我国有机杂环化学领域的发展做出了重要贡献。他于 1972—2005 年长期担任《化学通报》副主编，认真负责，尽心尽力，对办好期刊有高度的责任感和无私奉献精神，为期刊的发展做出了积极贡献。

花文廷教授热爱祖国，忠诚党的教育事业。他治学严谨，淡泊名利，品德高尚，亲切待人，深受广大师生的尊敬和爱戴。花文廷教授虽然离开了我们，但他的音容笑貌将永远铭记在我们的心中。深切缅怀花文廷教授！

受疫情影响，尊重家属意愿，丧事从简。

北京大学化学与分子工程学院

后 事 备 忘

2021 年 2 月 14 日上午(正月初三晨)	病　逝 (北京大兴仁和医院)
2021 年 2 月 15 日上午	院所领导及同事同学来家慰藉 (北京大兴区原生墅 68-2)
2021 年 2 月 16—17 日上午	遗体告别仪式 (北京八宝山福泽厅套间)
2021 年 3 月 20 日上午	骨灰覆盖党旗安放仪式 (北京老山骨灰堂)
2021 年 11 月 7 日(立冬)上午	安　葬 (北京昌平区佛山陵园,恩泽园一区双狮墓 9 排 026 号)

沉痛悼念花文廷教授

——花文廷教授骨灰覆盖党旗安放仪式

花文廷教授于2021年2月14日因病仙逝于家中，享年86岁。花老师曾于1978年担任北大化学系党总支书记和校党委委员，为化学系的教学和科研、改革和发展殚精竭虑。后来(1983)又任校党委常委，党办主任；1984—1994年任副教务长，自然科学处处长，科技开发部主任，研究生院常务副院长等职务，为北大的管理和发展做出了重要贡献。花老师是一位好老师、好党员，是我们的良师益友。

2月17日上午，在八宝山举行了花文廷教授的遗体告别仪式。

3月20日上午，在老山骨灰堂举行了花文廷教授骨灰覆盖党旗安放仪式。北京大学化学与分子工程学院、中国科学院化学研究所、北京大学出版社的领导，以及这几个单位的师生代表、花老师的生前友好和课题组在京学生随同家属一起出席了骨灰安放仪式。几位领导和来宾先后从不同角度缅怀和追思了花文廷教授奉献给北大的一生；其课题组学生代表赵洪武发言中数度哽咽，泣不成声；最后，花文廷教授的夫人赵学范老师作了满怀深情的发言。他们一致表达了对花文廷教授的钦佩和怀念之情。

花文廷教授，我们永远怀念您！

李克安

于北京老山骨灰堂

献给亦师亦兄亦友的爱人

文廷,我亦师亦兄亦友的爱人:

今天是你的“五七”,你骤然离世已经35天了。北大化学院和出版社两个单位的领导护送着党旗亲临八宝山和老山骨灰堂,你的同学、同事、学生和亲戚近20人前来为你送行。化学院的讣告和陈佳洱校长的悼文充分肯定了你毕生热爱祖国,忠诚于党的教育事业的献身精神。你为人正直,刚正不阿。在担任化学系党总支书记、校党办主任、党委常委、副教务长及研究生院常务副院长、科技开发部主任等重要岗位上,兢兢业业,殚精竭虑,无私奉献。你不愧为中国共产党的优秀儿女,也没有辜负革命家庭对你的殷切希望。你热爱有机化学专业,在教学岗位和科研工作中治学严谨,淡泊名利,先后指导了数十名硕士和博士研究生,其研究成果包括研究论文89篇、会议论文8篇、中国专利4篇、开发研究成果13篇。

让我不能忘怀的是你战胜病魔的意志,大无畏精神和乐观积极的人生态度。从两年前被确诊为胰腺肿瘤算起,你从未消沉过,无论是住在北京大学第一医院,还是出院后发高烧,天天赶到医院急诊楼输液,抑或是飞赴成都华西医院接受手术,你都积极配合治疗。每次回校医院或西苑医院看病,你都和前来探望的同事、同学们谈笑风生,关切地询问北大和化学学院的发展近况。就在你去世前一个月,还亲笔为世人留下了一首弥足珍贵的诗作,题为“2020之恙”。诗作不仅袒露了你倾心国运世事的博大胸怀,鞭挞了国际反华霸凌势力,更热情地讴歌了作为东方大国的中国，在以习近平同志为核心的党中央领导下取得的抗击新冠疫情的决定性胜利，社会和谐稳定，经济可持续发展，可谓“江东着意共谐辉”。你的一生是我学习的榜样，让我深受教育的同时也为你感到骄傲。

庄严的党旗覆盖着你，肯定了你入党 65 年来对革命的贡献；庄严的党旗呵护着你，温暖和引领着你。你的亲朋好友，你的学生也时时在怀念你，你不会孤单！

愿你安息，我亦师亦兄亦友的爱人！

学范泣笔

于大兴原生墅，2021 年 3 月 20 日

致玉国书记

惊悉花文廷教授不幸于本月 14 日逝世！我以无比沉重的心情向他致以深切的哀悼！

我曾与他共事多年，我深感他热爱祖国，忠诚党的教育事业。他不但在党政工作中兢兢业业，无私奉献，还在教学工作中治学严谨，淡泊名利，品德高尚，亲切待人，深受广大师生的尊敬和爱戴。虽然他离开了我们，但他的音容笑貌将永远留在我的心中。我会缅怀他一辈子！

请代我对他的家人进行慰问，并请他们节哀顺变！

谢谢！

即颂时祺！

陈佳洱

怀念花文廷同志

老花走了!

之前大概一个月,他还跟我通过电话。他住得离学校很远,对学校情况不大了解,问我一些学校里的事情。可是我也退休太久了,对学校的许多事也不大清楚,有的回答不出来,只能表示抱歉。可见他心里一直牵挂着学校。接着,他又大谈了一通近来的科技信息,他对有的事表示疑惑,跟我交流了一些看法。可见他一直保持着一种“凡事问到底”的科学家的素养。

这样一个活生生的人,怎么一下子就走了呢?我总觉得有点不信,但这却是事实!我跟他共事有 15 个年头,这在人的一生中也不算短了,而且很长一段时间还是同住一幢楼。但因为我们都是做些为北大师生服务的工作,各自围着自己的服务对象转,在外面奔波的时间比较多,所以真正待在家里畅谈的机会却颇少。我们都是学校党委常委,常委会开会还比较频繁,我们两个都比较本分,除了汇报讨论自己掌管的工作之外,都不属于积极发言者。由于工作内容相近,我们配合得很默契,常常是三言两语,心照不宣。这样,现在想对他说点什么,反而觉得百感交集,不知道从什么地方说起。

我跟他接触时,他主管北大科技开发工作,我主管理科科研与学科建设工作。科技开发部和自然科学处两者是合署办公的,可以说是你中有我,我中有你的。后来,他担任研究生院常务副院长,我主管教学科研与学科建设,两者也是密切相关的。所以还是从科技开发说起吧。

我们开始相识,是在20世纪80年代北大最穷的时候。1985年北大全体教职工平均月工资才85.83元,而物价已经在上涨。化学系一位新晋升的学部委员(后称"院士")竟会提出"希望家人每天能吃一根香蕉"这样可怜兮兮的要求。个别教师甚至在西校门外摆起了修鞋摊,既是为了弥补家用之不足,也是一种无声的抗议吧。各院系为了稳住教师队伍,都采取了各种办法进行"创收"。这种情况一方面使学生无心读书,"读书无用论"再次沉渣泛起;另一方面则使学校教学与经济管理秩序有点混乱。于是,学校在1988年年初召开了为期四天的"深化教学改革和开展有偿服务工作会议"。这次会议上我们两人在演"双簧",我讲教学改革,老花则讲各院系要合理有序地开展"有偿服务"。我们同舟共济,帮助北大度过一段艰难的困境。我们成了难兄难弟。

对于学校科技开发来说,规范校内"创收"只是一种"副业",何况当年学校还专门设有经济管理办公室。对于老花来说,更重要的还是学校科技成果转化和校办产业这两项。它们不但要体现高校为国家经济建设和社会发展做出直接贡献,而且还是当时学校补充经济来源的重要渠道。由此可见老花所负的责任之重。

先说说成果转化。北大理科在长期科学研究中,开发出了许多有重要经济价值的成果。其中最著名的就是王选院士汉字信息压缩和激光照排系统及数学系与信息科学中心在石青云院士领导下研发出的指纹识别系统等。对前者将在下面叙述。指纹识别系统在国际竞争中居然取得了领先水平。但如何将这一技术转化为产品,并在国际市场上打开局面,老花是呕心沥血,想方设法。最后成功地在美国创办了北大控股(51%)的指纹公司,并形成了规模产品,还打开了市场局面。只可惜后来因为石青云院士过早去世等原因,无奈之下,老花再度赴美转让指纹识别技术。尽管北大在该领域就此销声匿迹，但老花开其先河，功不可没。

其实，北大科技成果转化的大头还是化学系。徐光宪院士团队稀土材料萃取技术已经成为举国之宝了，无须赘述。其他，如虾饲料合成，是十分有市场价值的发明，老花为了解决中试基地，曾多次跑东北和山东，最后落脚在济宁生产，形成了大宗产品。又如，为使汽车尾气处理器和吸氧剂等科研成果能实现生产，老花也费尽了心力。需知，当年我国工业基础还很落后，经济主要是靠劳动密集型产业来支撑的。因此要使学校的科研产品能在市场上大批量面世，必须适销对路，为市场所必须；还需要经过小试、中试等中间环节，道路是非常曲折的。他就心甘情愿地干着这些往往吃力不讨好的事。他自己带领的团队（课题组）所研制的一些药物，何尝不是如此。

至于办校办企业，老花更是操碎了心。这不但是当年高校对社会经济发展做出直接贡献的一个渠道，也是学校科技成果转化和“创收”的一条重要路径。北大方正集团的前身北大新技术公司成立后，能够打开局面，“方正”产品迅速超越了原来指定生产王选汉字激光照排系统的潍坊计算机公司的“华光”型产品，就是因为北大有王选团队不断地创新。后来北大方正集团能成为高校企业的龙头老大，依靠的就是学校源源不断的科技成果。以后，北大与日本佳能公司又率先成立了中日合资的北佳公司，在激光打印机的生产和销售上都名列前茅，也是因为北大有很强的研发力量。不久，北大又成立了以研发生产血脂康出名的维信生物科技有限公司，科技开发部也出了大力，使用了学校自己的科研成果。凡此种种，不一而足。现在因某些校办企业出了一些问题，舆论场就否定当年学校成立企业所起的重要作用，说欧美许多国家就不允许大学办企业等。似乎当年是办错了。这完全是不顾中国国情的风凉话。从当时国内企业的科技生产条件看，不走校办企业这条路，一些高科技产业还真出不来。上述种种成果中，老花都是功不可没的。

在这个过程中,我们俩也配合默契。有些事他会和我商量,并且希望我出面做点工作。比如,新技术公司成立时,总经理楼滨龙就是我从无线电系推荐给他、经他考察并经丁石孙校长批准而任命的;北佳公司成立的时候,因为涉及许多外事,他也曾要我出面做些事,我也尽力做了。我们的心是相通的。

老花出身于苏北革命老区一红色家庭(父母都是地下党员),他身上带着老根据地的红色基因,待人诚恳,工作刻苦,不谋私利,看不惯那种趋炎附势的人。我在抗日游击区的学校读过书,那段短暂经历使我对党密切联系群众的作风有刻骨铭心的印象。老花身上就有这种作风。

这里还要说一件小事。1986 年我家从蔚秀园搬到畅春园 52 楼四单元一层。后来老花也举家从燕东园搬到畅春园 52 楼二单元四层,并把他在燕东园院里种的竹子挖给我了。我把它们种在畅春园小院栅栏外,后来竟长成一片茂密的竹林,所以我家小院总是郁郁葱葱的。春天里,有三四棵春笋会穿过栅栏拱到院子里来。我给老母亲做笋烧肉吃,她老人家高兴地说,想不到在北京还能吃到这么鲜嫩的春笋。这时我想起了老花!

老花值得我永远怀念!

王义遒

深切怀念良师益友花文廷教授

惊悉花文廷先生因病逝世，不胜悲痛。他是我的良师益友，无论他曾经是我的领导，还是教育教学上的同事，都对我帮助和关心很多，我非常感谢他，对他的不幸去世深感惋惜。

我有幸在他的直接领导下(他曾担任北大化学系党总支书记)工作和学习，当时我担任化学系总支委员，先后担任过化学系办公室主任、教改组组长、学工组组长，有事向他请示，他总是耐心听取意见，直接给出自己的中肯建议，对我的鼓励和帮助很大。76级学生中有一些学生学习基础很差，跟大家一块上课很困难，系里决定并报学校批准，成立一个小班，全年级有30多位学习确有困难的学生进入这个小班学习。为了加强对这个小班的领导，总支委派时任化学系教改组长的我兼任小班的支部书记。系里对小班的管理和教学工作极为重视，配备了教学效果好的老师担任小班的教学工作，如后来成为院士的黎乐民教授担任小班数学老师(我担任数学辅导教师)。花老师多次鼓励我做好小班的管理和教学工作。由于根据小班学生的实际情况组织教学，最后小班同学全部正常毕业。据了解，这些同学在其工作单位，表现都很好，有人还做出了很有水平的成果。这证明当时系里的决策是正确的。

1978年，为了加快人才培养的速度和提高人才水平，同时满足“文革”中毕业的北大毕业生再学习的愿望，经上级批准，系里准备办一个回炉班，即从化学系63级、64级和65级三个年级的学生中招收一部分学生进回炉班学习。花老师建议我负责这个工作,我担心这里有不少同学是我的大学同学,怕人情世故难办而做不好这项工作。花老师说,让你负责是组织对你的信任,相信你能做好这项工作。我在他的鼓励和支持下,完善程序,坚持原则,做好保密工作,圆满地完成回炉班招生工作。经过两年的在校学习,这些同学被用人单位一抢而空,很多人成为单位的业务骨干。

花文廷老师后来担任了学校党委常委,分别担任过党办主任、副教务长、研究生院常务副院长、科技开发部主任等职,为学校的管理和建设做出很多贡献。我也被学校任命为教务部部长,后来又成为专职副教务长。我从花老师那里学到很多宝贵经验,有机会见面时还不失时机地向他请教相关问题,都得到他的热情鼓励和帮助。

花老师在北大学习和工作了 65 年,为北大的教育教学、学术研究、化学院的建设和发展、北大的建设和管理,呕心沥血,殚精竭虑,做出了杰出的贡献,是一位令人钦佩的优秀人才。

我的爱人段晓青是我的同班同学,她曾任北大出版社的学科副总编。她对花老师为人的诚恳热情、对事业的精益求精,深表钦佩。

花老师永远活在我们心中。

李克安

邢其毅后代致哀思

前些时收到叶蕴华老师告知花文廷老师不幸去世的消息后，我即刻转告了邢祖侗，也在视频中告诉了我母亲。她当时听到后还请我代她向花老师的家人转达哀悼。我也给叶老师发了哀悼花老师的短信，不知为何没有收到。再发此文，寄托我们的哀思。

我们从小对花老师的名字就很熟悉。常听到父亲提起花老师对他的关心、支持和理解。在动荡的年代中父亲每每经受到挫折和不公待遇时，花老师总是能及时挺身而出，给我父亲理解鼓励与安慰。花老师是我父亲极为尊重的学校领导，也为他自己培养出的学生而感到骄傲。父亲去世后花老师特地撰写了多篇怀念文章，发表在多种出版物中。其中特别是花老师在《松风岁月》一书中的赠诗，情感至诚，令我们十分感动：

“合成魅力天籁唱，有机化学饮琼醍。

华章传道比东壁，授业李桃效仲尼。”

在此以追忆花老师为我父亲写下的诗句作为我们家人对花文廷老师的怀念和追思。

愿花老师安息！

邢祖建代表母钱存柔

及邢其毅后代致哀思

于美国纽约，2021 年 4 月

回复“邢其毅后代致哀思”

在老花猝然离世两个月之际,突然收到叶蕴华老师转来邢祖建代表钱先生及全家发来的悼文。连读数遍,依然不能自持,眼泪夺眶而出。

最为难能可贵的,是悼文真实写出了老花对邢先生的崇拜、爱护和支持。在面对文中提到的这些情况时,他从来都是挺身而出,刚正不阿的,从不人云亦云,也从不顾及因此可能对自己带来的负面影响。

谢谢你们还记得老花为怀念邢先生而作的诗句。愿他们师生能在另一个世界重逢,再续师生缘。

我会尽快把此文转给老花的学生,一定会编撰在他的纪念文集中。再次感谢,并请代为问候钱先生安好。

赵学范泣笔,于大兴原生墅

2021 年 4 月

百日遥祭

今天是5月24日,你离开我们整整100天了。这是我悲怆、孤独,泪水浸泡的百天。我已记不清120是如何载着我们离家驶向大兴仁和医院的,也没有亲见你是怎么被穿上寿衣的,你没有一声呻吟,没有一句呼唤,没有留给我只字片语。也许"走"得快,对你而言没有太多痛苦,是人们说的"福报"。但快得让我不敢相信这是真的,快得让我无法接受,一个除夕晚上还下楼与我共进晚餐、边吃饭边接儿子视频电话的人,怎么会说走就走了呢?如果时间可以逆转,我情愿重返病房,再给你递药端水。从2019年4月3日确诊,先后在北大医院住院,两次安放支架,出院回家后5月3日开始高烧,半个多月来不得不去急诊楼输液,天天晨起夜归奔波于畅春园和平安里之间,5月22日住进北大校医院,直到6月9日直飞成都,急诊住进华西上锦分院,6月21日由彭兵教授主刀手术。你前前后后经历了多少折磨,数度高烧,手术后的极度不适、水泻,甚至出现危及生命的败血症,这些你都挺过来了,只在ICU住了一夜便回到原病房。可今年初一初二你才躺了两天,怎么就一去不回了呢?虽然仁和医院急诊科诊断为"突发心梗",但是追究去世原因现在已经不重要了。

儿子1月中旬去了加拿大,疫情期间无法赶回。刘梅带着桐桐2月14日当夜从青岛返京,用了两三天时间整理出你三个笔记本电脑里的文件,分门别类存盘。我从手机里找到2019年春节你和桐桐在昆明滇池草海的合影,刘梅做了处理,并联系店家制作了遗像。痛不欲生的我不得不强打精神,竭尽全力办理你的一桩桩后事:先是只允许我一个人进入殡仪馆,出示相关材料,签字,安排你住进"义善厅"单间。次日上午接待来大兴看望我们的化学院及有机所领导、同事(还有席振峰院士)、56级老同学一行十人。晚上招呼天黑才从南京、重庆匆匆赶来与你告别的弟妹及侄儿侄女十人(你接受大大小小三次手术,你弟妹们几乎都亲赴医院看望,文斋和蕾芳赶到北京大学第一医院那天正值你改安金属支架后住进普外的ICU,幸亏他们在,否则我一个人真招架不住了。6月中旬文秀文斋再度飞往成都,手术当天陪我和子叶一起在家属候诊区坐了几个小时,祈盼你顺利闯过这一关。文斋和元清还先后陪床护理,让我得以短暂休整。芸芳母子从重庆赶过来,子皓从美回国出差的短短几天还飞往成都,都在术后看慰了你)。到成都看望你的还有姑家表弟管烨博士,他在赴蓉参加"四川省区域地质志评审验收会"期间到医院看你。不能忘怀的还有"华烁科技有限公司(湖北省化学研究院)与气体净化事业部"的大学老同学孔渝华和事业部副总经理钱胜涛两位研究员。他们争取到赴蓉参加化肥信息总站7月下旬举办的"全国气体净化技术交流会"的机会,利用会议空隙前后两次到医院探视(除转达事业部领导对你这位技术顾问的关怀问候外,事业部和孔渝华本人还分别捐助4万元和2万元用于补贴你的手术开销。术后你极度虚弱,就没敢告诉你。孰料却永远失去了接受你批评的机会,悔之晚矣!)。15日当天我与王树多次联系,对他和关烨第老师起草的讣告提出修改补充意见,并联系八宝山租订了"福泽厅"套间16至17日(24小时)的使用,确定在17日10至12时告别仪式后火化。告别仪式庄重肃穆:北大校党委等六部门,化学院,有机所,亲朋好友,5603级同学,同事及你国内外的学生送的花圈从大厅里间一直摆放到外间。你的学生孟鸿沉痛悲切地主持了告别仪式,他从深圳飞过来,几乎彻夜未眠。出席告别仪式的共40余人全都沉浸在悲痛中。孙儿静桐代表其父子叶恭恭敬敬地多磕了几个头。文斋和蕎芳率一清和元清16日晚为你彻夜守灵。尤其要感谢我表妹解慧和妹夫胡自强,他们从初二来家看望我们到次日叫救护车并跟随到大兴仁和医院及八宝山,从告别仪式到骨灰安放,一直在忙前忙后张罗安排。一些在京的老同学、老同事也都克服身体的种种不适赶来参加。

你是农民的儿子,1935年2月26日(阴历正月二十三)出生在江苏省宿迁市沭阳县张圩乡引河村,家住前六塘河西岸(属旧制的严荡乡)。三四十年代你父母投身革命,成为地下党组织的骨干力量,母亲刚解放时当过乡妇联主任。儿时,你蹲过日伪的监狱,敌人想以你为人质,抓住你打游击的父亲。有一次你被抓,险些被活埋,后来侥幸逃脱,穿过收割大豆后的庄稼地跑回家,双脚被豆茬扎得鲜血淋漓。你当过儿童团长,扛过红缨枪。你加入共青团期间,团组织还没有公开,是在青纱帐里开展活动的。1956年4月9日你在中学读书时成为中国共产党预备党员,从中学到大学的十二年一直享受着全额助学金。1956年9月考到北京大学,入校后正值"整风反右"运动,因为你们五大班没有划一个右派,你预备党员的转正期被延长了一年。"文革"后你放弃了去英国深造的机会,服从组织安排,从1978年起担任化学系党总支书记,投身到拨乱反正、落实党的知识分子政策、恢复正常教学科研秩序等艰巨的工作中,因此也赢得了像邢其毅院士等一批老教授的信任和拥戴,成为他们心目中尊敬的领导和真挚的朋友。你毕生都献给了党的教育事业,献给了北京大学。

告别仪式后,我通过关烨第老师向化学院党委转达了给骨灰盒覆盖党旗的意愿。院办王中琰老师经请示上级领导批准后,当天就订制了党旗,并在3月20日(正值你离世"五七")清晨亲自开车护送到八宝山,让我一取到骨灰即刻就覆盖上党旗,再由胞弟赵宇及其子赵铭杰一路护送。骨灰覆盖党旗安放仪式在老山骨灰堂"追思厅"举行。化学院院办王中琰老师、中国科学院化学研究所王树副所长及北京大学出版社王明舟社长亲临会场,先后从不同角度缅怀追思了你的一生。你的学生赵洪武发言几度哽咽,泣不成声。我最后发言,并向大家致谢。李克安老师第二天就赶制出了记录骨灰覆盖党旗安放仪式的《美篇》,再现了现场的庄严肃穆和凝重,网上点击率很高,很多人在阅读《美篇》后献花或写“美评”寄托对你的怀念与哀思,参与者包括叶蕴华老师和你的小妹芸芳、子侄、同学、同事及国内国外的学生。有大家的参与和支持,后事办得很圆满,愿你在天之灵安息,并原谅我没能在你生命的最后时刻寸步不离地守护陪伴你。

你在重病中,前后几次审查北大出版社的书稿清样,纠正了一些涉及化学专业的科学性错误,为我复审和质检的图书把关。你在重病中,还活跃于年级微信群里,与同窗好友和诗赠文沟通交流。去年五四期间,孔渝华倡议并资助出版《560305 同学纪念册》,孙士英、程敦慧、沈杉松等同学积极响应,电话微信即刻成了热线,大家分工协作,经过五个多月的共同努力,饱含浓浓同学情谊的纪念册终于赶在十月底印制出来了。《同学纪念册》没有辜负老同学们的良苦用心,她在床头枕边陪伴你度过了生命的最后岁月。你为纪念册撰写了洋溢着青春气息、充满时代激情的前言,还写下了回顾同学情谊、讴歌北大精神的四首诗。在诗前的按语中,你告诉我们,北大是我们永远的精神家园,是我们共同的“原乡”。完成于 2021 年元旦晚上 7:54 的《2020 之恙》是你留给世人的最后一篇诗作。尽管我是这首诗的第一读者,然而却永远失去了逐字逐句向你讨教的机会。除夕前,你把这首诗写在给孔渝华拜年的微信中,之后,老孔将其公布于群里,产生了很大反响。沈杉松专门撰文做了释义和评析。大气磅礴的诗句,热爱祖国,放眼全球,以天下为己任的胸怀感染教育了每一位读过这首诗的人。你生前眷恋不舍的是国家的发展,是同事同窗朋友及师生间的友情,是家人手足亲属间的亲情。你在生命的最后时刻展现出的崇高精神境界,是留给我和子孙后代最宝贵的精神财富,你永远是我们学习的榜样。

我们相识于1964年秋(大三开始学有机化学,你任实验指导老师,我当时是学习委员)。“文革”的暴风雨,尤其是我父亲的突然去世催化了我们相知相恋的进程。1969年春我们步入婚姻殿堂时,你还是尚未解放的“黑班底”。我们的感情经受住了“文革”的洗礼。半个多世纪以来,尽管过的是柴米油盐酱醋茶的平凡生活,可我们相互扶持,相互照顾,共同分享着彼此事业的成就,相继平稳地步入退休后的生活,也体验了含饴弄孙的天伦之乐。新冠疫情居家隔离的半年多是儿子和我们待在一起最长的时间,他做饭烧菜很用心,还不时地订些外卖,尤其是你钟爱的比萨。你生活一直很有规律,一日三餐荤素搭配,早晨起床后坚持活动,午睡后吃一些水果,吃饭和睡眠其实都好过我。还记得你曾不止一次笑眯眯地对我说,你现在过得像个皇帝。回北大看病是你最期盼的时光,你会和前来看望我们的同学、同事嘘寒问暖谈笑风生,分手时总是依依不舍。你接听电话时底气十足,除夕下午还和吴海臣聊了很久,甚至还探讨了你当年退休时尚未完成的一个课题。上述种种使我过于乐观,以为过了严冬,你会恢复得更好。但你没有等到2月26日86周岁生日,更没有等到3月6日(我的阳历生日,与你的阴历生日正月二十三恰在同一天)我们本可以同天庆贺的共同生日。你却猝然离去,撒手人寰。

我们的“两地书”(通信)一直被我珍存在一个纸盒里,现在我把它放到了枕边。曾想过闲暇时拿出来一起读读,我们也曾年轻过,也曾热恋过,也曾拥有过甜蜜的岁月。我还记得1965年秋北大师生专列赴四川参加社教运动的艰苦岁月,我和其他几名同学被分配到峨边县宜坪公社最远的泉水生产大队,是你的信和你写给我的一首首诗陪伴和鼓励我多次往返于公社与大队之间数十里蜿蜒崎岖的山路上。

谈笑洒落论古今,举国风雷少激情。
谨习雄文承先辈,慎为小将步后尘。

最后以你为我退休而写的一首诗结束本文,这首诗作于 2005 年春我的六十甲子(见本文集 p.164):

着意辑书唯锦绣,香津润笔捉刀功。
燕园邀月庆花甲,小墅吟风竹伴松。

2008 年中秋你又字斟句酌地认真修改为:

鸡报畅园甲子到,捉刀卷海无秋冬。
霜染青丝挂笔时,小墅吟风竹伴松。

青丝作意辑万卷,香津润笔捉刀功。
风霜畅园花甲岁,春满原生竹伴松。

谨以此文遥祭告慰你在天英灵,愿你安息,我亦师亦兄亦友的爱人!

学范泣笔,于大兴原生墅
2021 年 5 月 24 日

愿爸爸在另一个世界快乐

我是相信人有命运的，春节前一天晚上，我做梦梦见父亲走过来对我笑了笑，笑得很和蔼很平静。我心里担心，第二天早上赶紧打越洋电话回家（正值北京除夕夜），碰巧父母在吃晚饭。现在想起来很庆幸的是和爸爸通了视频，还和他说了两句话，但是也没有想到那竟是最后一次和他面对面视频通话了。当时感觉他身体精神状态很好，以为这个冬天就可以平稳地过去了。没想到没过两天，不幸的事情就发生了。事情发生得很突然，对我们是这样子，我猜想对于爸爸他自己来说可能也没有预料到。但这可能对于爸爸来说是好的选择，最后没有太多的遗憾和太多的担心。

现在有这么多亲戚朋友来送他，我想他应该是很开心的吧！最后我只想说，愿爸爸在另一个世界快乐，没有烦恼！

儿子叶
于温哥华

崎岖人生路　引领后来人

就在2021年2月14日这天，大哥走完了他既阳光灿烂又艰难崎岖的86年人生路。我们无论如何也没有想到这一天会来得这么快，这么突然，2月11日(大年三十)我们还通过微信电话，他的声音还是那么洪亮。

大哥比我年长四岁，小时候我们就在一起玩耍，一起干活。夏天一起下河游泳，冬天全家围着火盆取暖，晚上你还给我们讲天南海北的新鲜事，有时也会讲鬼故事吓唬我们。当时我们父母都是地下党员，父亲打过游击，母亲是乡妇救会长；淮海战役时父亲是担架队长，他带领民兵运送物资到前线，再把伤病员送回后方。在父母革命精神影响下，你很小就参加了儿童团，站岗，放哨，查路条，还是当时尚处于地下的共青团的骨干力量。你前后几次被日伪军关押，被国民党军抓捕，虽饱受磨难，但最终在地下党的帮助下，你凭着机智勇敢，几次死里逃生。按政策，你完全应该享受离休待遇。为此事我拜访过和你同时入团的眭育生同志，他也证实了你们在中华人民共和国成立前的那段革命经历，他是在一家国企党委书记的位置上离休的。由于你整天忙于工作，不愿意花大把的时间去找介绍人和证明人，也就此放弃了。后来你再和我谈及此事时，也是淡然处之，从没有将其放在心上。你是我们的长兄，在年少时就为父母分担家庭的重担，一年四季不论是耕锄犁耙还是收割种养你都在行，你在后来讲起这些往事时还是那么自信和开朗。在涟水县王庄小学上学时校长是地下党党员，你是尚处于地下的共青团团员，那时你就是学校的骨干力量。你没有因为这些活动耽误文化学习，功夫不负有心人，通过自己的努力你在 1950 年考取了省立淮阴中学。淮中名师很多，在他们的影响下你立志做一个有知识有文化有益于社会的人。中学毕业前你加入了中国共产党，明确了自己一生的政治方向。高三时你入选了留苏预备生，后来虽然没有去成，可你顺利地考取了北京大学，第一次背着行李出远门，从此离开了土生土长的家乡。

从你到北京上大学开始回家就少了，我们见面的机会也少了，但只要一见面，我们就有说不完的话。在我心目中，你的头脑就是知识的海洋，耳濡目染之下，我也暗下决心，一定要好好学习，立志做一个有知识有文化的人。就在 1960 年夏天，我考取了北师大，也到北京上学了，从那时候起我们见面的机会又多了。记得有一次我去 24 斋找你，你看到我灰头土脸的，就赶紧带我到洗脸间盥洗，然后再一起到大饭厅吃饭。后来你住过的朗润园、燕东园和畅春园，都是我非常熟悉的地方。1960 年你作为预备师资比其他同学提前两年参加工作（同时还坚持上课，修满学分，1962 年正式毕业），为了减轻父母的经济负担，由你定期供给我零用钱。

也就是在同年 11 月下旬的一个晚上，你正在化学系七斋一层带有机实验课，二楼实验准备室乙醚突然着火了，你闻讯即刻赶到，可进去后火势越来越大，手提灭火器起不了什么作用，最后连实验室的门都打不开了，只能打破窗户往楼下跳。你是最后跳下去的，被烧成重伤，还伴有腰椎压缩性骨折。因为烧伤面积最大，你被送往积水潭医院，住进了无菌病房。经查左手三度烧伤，右手二度烧伤，脸和头部也有烧伤，头发都烧光了。我得知后匆忙赶往积水潭医院，但只能在走廊里隔空探视，听说时任副校长的傅鹰教授去看你时也没有让见。后来你转回校医院后我们才得以相见，并知道了详细情况。你的左手重度烧伤，医生前后两次从你腿上取皮移植到了烧伤处。在英国医生洪特的严格要求下，你坚持练习左手的攥和放，刚长出的嫩肉就撕开了,鲜血淋漓,这样的锻炼需多次反复。虽然左手手背上还是留下了明显的烧伤疤痕,但其功能基本恢复了,对以后做实验影响不大。

大概是1964年,北大的校系和教研室三级领导都集中在前门国际饭店开会,我去看你时感到气氛很紧张,你也没有和我多说什么,后来才知道你在“文革”中被认定为“黑班底”,并因参加这次会议受到了批斗。1965年我毕业后离开了北京,但只要我去北京总是要去北大的。“文革”期间有一次我去北大,在24斋二楼就目睹了学生手持长矛参加武斗的场景。“文革”后我也去过几次北大,那时你担任化学系总支书记,正值“拨乱反正”落实政策,从反右到“文革”有很多冤假错案需要处理,忙得不可开交,经常有人堵在家门口等你。

后来你被调到学校工作,从校党办主任、校党委常委、副教务长,直到研究生院常务副院长、科技开发部主任,为学校的改革发展和创建世界一流大学做出了卓越的贡献。还听你说你有两次出国进修的机会,但都因为工作需要,服从组织安排而放弃了。你经常和我们兄妹讲,我们出身农民家庭,能上大学很不容易,一定要学好专业知识为社会多做贡献。你重视专业发展但并不追名逐利,直到退休前你都没有离开过教学和科研岗位,先后为国家培养了几十名硕士生、博士生和博士后;即使在退休后,你依然在关心他们的研究成果和科研方向。

大哥,你一生吃过很多苦,闯过很多关,崎岖的人生路造就了你热爱祖国、乐于奉献的赤子之心,跨越时代的人生经历造就了你不畏艰辛、踏实奋进的工作精神,良好的家风传承造就了你热爱生活和以关心他人为重的优良品质。你的高风亮节和亲切质朴的人格魅力是我们兄妹及晚辈的最好榜样,在你的引领下我们都没有辜负你的期望,子侄辈均学业有成,事业兴旺,花氏家族的家风也在不断发扬光大,继续传承。往事如烟,不断在脑海中回旋,虽然再也听不到你温馨的话语,看不到你亲切的身影,但兄弟情谊永生难忘。

二弟 文秀

2021年5月于南京

竹青居　竹永青

我们兄妹五人年龄差距较大，我恰居其中：比长兄大哥小11岁，比最小妹妹芸芳大12岁。所以大哥在成都华西医院上锦分院住院期间，说起芸芳来成都看他的事情时，曾不无感慨地说："芸芳小我两旬，一共也没见过几次面，她还跑来看我。"

大哥1950年秋就离家远出到40公里之外的淮阴中学读书，当时我才四岁半，蕾芳是年底才出生的。在我们的印象中，大哥除夕会和我们一起"烤元宝火守岁"、大年初一会带着我们"开大门，放鞭炮"；夏日的晚上，大哥会在我们家门前晒场上给我们讲"岳飞枪挑小梁王"、讲"岳飞拜周桐为师"、讲"岳云八大锤"，引得左邻右舍都到我们家晒场上纳凉。

大哥于1956年考入北京大学化学系，毕业后留校任教，终其一生，可谓地道的"北大人"。我们年岁稍长了，和大哥见面的机会却越发的少了。但是，难得的见面，往往令我们铭记于心，终生难忘。有一次妈妈让我送大哥到钱集乘车返京，一路上谈到我们各自在校学习、生活情况。他问我在校定量供应够不够吃（意谓能不能吃饱），我说"够吃"，他说他吃不完。我随即说："二哥不够吃的，你可以将节余下来的粮票寄给二哥呀。"他笑着说："那怎么能行呢，国家供应我们的粮食，吃不完还应该交给国家的。"这在今天看来，似乎有点"过分"，但当时的我，确实是真心地肃然起敬：这不就是文艺作品中所表现的老一辈共产党员的思想境界吗？后来他还深深感慨道："我或许可能会在政治上犯错误，但绝不允许自己在经济上和作风上犯错误。在政治上犯错，那是因为水平低，而经济问题和作风问题，则是道德品质问题。”许多年以后（七十年代吧），大队（公社化时期的农村行政生产单位，相当于现在的村）让我上大河工充当大队工程员，负责本大队民工的伙食及工程账目，并协助带工干部工作，父亲专程从单位赶回来叮嘱我：“没钱用找我要，共产党的钱（即公款）不能用。”当时我立即想起大哥“绝不允许自己在经济上犯错误”的话。联想爸爸做经济工作与钱打交道三十年，妈妈在农村基层工作一生，历次政治运动近乎吹毛求疵式的审查，也没有查出他们有一点经济问题。原来大哥这是恪守家教、垂范家风啊！

大哥对于家庭有着极其精辟而深刻的认识和理解，他认为家庭是每一个中国人执着的信仰和心中的金字塔。他的这一认识和理解，体现在他对于家人的悉心眷顾中。父亲在十年动乱中遭遇不公正对待，备受虐待，他深感痛心。在父亲病重弥留之际，他从北京赶回来，除了带领我们兄妹奉药侍疾，还多次恳求地方党组织哪怕只在口头上答应恢复父亲党籍，以期老人临终之际能获得一丝慰藉，带着中国共产党党员的荣光离开曾经辛勤奋斗过的故土（待到组织正式下文“恢复党籍”时，父亲已经去世数年了）。母亲年高不愿远离故土，他不计贵贱地购买保健品邮寄回来，还叮嘱母亲要按时服用。王莲香（我的妻子）患病需要手术，他除了安慰我们要相信现代医术，积极治疗外，还时时询问用药情况，讲解药理作用，指导放化疗期间如何调理保养以及应该注意的事项。母亲患病期间，他自己也是六十多岁的老人了。他经常电话询问母亲病情，自言自语念叨“但愿妈妈能闯过这个冬天”。听大嫂说，在那段时间，他一听到电话铃响就特别紧张。母亲去世以后，他主持翻修祖宅，并取父亲字号命名祖宅为“竹青居”。就在他患病前，还说今年（2019 年）清明节一定要回来给父母亲扫墓，孰料，这竟然成了他无法实现的遗愿。

大哥远出求学、工作，身在千里之外，却时时影响着、关注着弟妹及后辈们的成长。我初中毕业时，他从北京发电报鼓励我报考淮中。1960 年他作为预备师资留校，比其他同学提前两年工作，他从不足五十元的工资中，硬是挤出近半的收入，给在北师大上学的二哥发零用钱（听说是 5 元），给在渔沟中学读书的我和蕾芳寄生活费（15 元），而因此婉拒了邢其毅教授打算招他读研的安排。我 1978—1981 年在淮阴师专上学时，大哥知道我喜欢古文，特地托人为我买了一套王力的《古代汉语》和《十三经注疏》，还时时给我寄钱；1989 年，听说子皓在沭中成绩不错，几次鼓励他报考北大。他要求子叶、子皓说："我这一辈子就这样了，你们俩得给我拿个博士回来。"他身患重疾后，多次论及子辈孙辈，都不无欣慰地说："环顾周围，我们的孩子不比别人家差。将来的道路，就得靠他们自己了。"他也屡屡充满信心地寄望于孙辈，希望他们用自己的实践打破世俗所谓"富不过三代"的周期律。

一次在美国波士顿子皓家中，曾看到大哥的一位朋友写的文章，说大哥"思想水平高，见地很深，有见到'高人'的感觉，五体投地等"（详见收录在本文集 257—259 页李橦的追记"老花，亦师亦兄亦友"一文）。我们完全相信，其感觉是真切的，其言语是发自内心的。大哥曾说过：人处在政治、社会潮流之中，是可以自我把握而不被裹挟的。其实，这正是大哥在政治上不曾犯错误的原因所在。譬如，在当年那如火如荼的"整风反右"运动中，他身为班级骨干，所在班级却没有划定一个右派分子，而自己预备党员转正却因此延长了一年；"文革"中，在聂元梓如日中天之际，他不但没有趋炎，反而及时地选择毅然离开。这自我把握的定力，足见他是何等的大智大勇，更彰显出他那令许多人难以企及的高风亮节。

最近看到大嫂在群里发帖说，大哥在世时酷爱文竹，最近她网购文竹，查物流时发现，居然是发自沭阳，她以为这是"天意"。难道真是大哥在天之灵，示意我们天各一方的竹青居人，永葆竹青居的松风竹韵么？一定是！

三弟 文斋

2021 年 5 月于淮安

大哥,你没有走远

大哥仙逝百日,但他的身影仿佛还在身边。无数个晚上,闭上眼睛,他那乐观慈祥的笑容就会在脑海里浮现。小时候大哥为我缝补过衣服,那不像哥哥,就像慈爱的父亲,至今记忆犹新。“文革大串联”,我第一次去北京,大哥工作非常繁忙,还带我参观了北大校园,带我去王府井百货大楼,为我买了一件漂亮的衣服。工作时,他那执着敬业的精神时时鼓舞着我做一名好教师。我们每次见面,我得到的都是温暖与关爱。如今大哥虽已离去,但他那乐观,豁达,包容,积极向上的品格,永远影响着我们与子孙后代。

大哥,你没有走远,永远活在我们心里。也望大嫂保重身体,过好没有大哥的日子,以积极的心态怀念大哥!

大妹 蔼芳

2021 年 5 月于南京

来世再续兄妹情

音容笑貌今犹在，
和蔼慈兄不复还。
欲借话语忆亲情，
郁郁伤心言不尽。
愿兄天堂亦安好，
来世再续兄妹情。

小妹 芸芳
2021 年 5 月于重庆

大伯,你永远没有离开

艰苦的童年,
奋斗的青年,
光辉的中年,
迟暮的晚年。
辉煌的一生,
不忍说离去,
伟大的生命,
永远无生死。
大伯,你永远没有离开!

侄女 花一清
2021年5月于南京

满怀科研激情的越洋电话

在我们这一辈人中，我非常有幸和大伯的接触比较多。当我想写点什么的时候，从 1990 年年初到北京至 2019 年夏天的成都之行，还包括之前 1982 年夏天大伯返乡还是小学生的我第一次见到大伯的情景……许多往事仿佛就发生在昨天，一幕幕地浮现在眼前。但其中有两个场景让我印象最为深刻，每每想起都是温暖和甜蜜的回忆。当年去北京动身之前心里想，大伯是全国最高学府的教授，应该是不苟言笑的，不免有些忐忑不安。但一见面这些顾虑很快就烟消云散了，永远记得见面时大伯一直满脸微笑地看着我，目光中让我感觉到的全是关心和鼓励。

我 1989 年考入北京大学化学系就读有机专业，和大伯是同行，都做了很长时间的有机合成，后来他慢慢转向了有机材料，而我则转向了药物化学，但我每次从美国给他打电话时，多一半的时间都在探讨科研。每次通话后，我都会被大伯对科研经久不衰的激情和兴趣感动，让我既佩服又惭愧。

祝愿大伯在另一个世界里会尽快实现那几个您科研中曾经的梦想，同时也会为发现新的领域继续探索！

侄儿 花子皓

2021 年 5 月于波士顿

大伯用一生演绎了花家村的转型历程

我们的家族史
也是许许多多中国农村家庭的变迁史。
一个家族
就是一部电影,
大伯用一生
演绎了花家村的转型历程。
如今他在天堂,
想必仍关心庇护着家族的老少村民,
想必仍惦念生于斯长于斯的槐树村。
如今花家村的村民开枝散叶
奋斗在五湖四海,
但大伯的豁达与包容
坚韧与执着的风骨
无时无刻不在教育和影响着我们。
百日祭奠,
悲伤之余,
希望亲爱的大伯在天国喜乐,安康!

侄儿 花子宇

2021年5月于南京

大伯，您是我最敬重的长辈

不知不觉度黄泉，却是人间满百天。作为一个嫁入花家村的外姓人，我与大伯仅有数面之缘，电话也只通过一次，但是在我心里大伯就是长辈最理想的样子：博学睿智，幽默风趣，亲和仁爱！

读了好几遍大伯母为大伯写的祭文，并看到了这些珍贵的照片，令我感动，生活中的点点滴滴仿若在眼前。没有华丽的语言，有的是相濡以沫，陪伴一生的真挚与眷恋，举案齐眉，琴瑟和鸣，这应该就是夫妻之间最美好的写照吧！

逝者已矣，生者如斯。祝愿大伯在另一个世界继续笑容满面，依旧从事他最热爱的化学研究，也期盼大伯母节哀顺变，保重自己，我想这也是对大伯最好的告慰与纪念！

侄媳 李莉

2021 年 5 月于南京

大伯,您一直活在我们心里

今天距离大伯离开正好百日,而我却感觉他老人家一直还在:我们仿佛昨日才通过电话,几周前才见过面,音容笑貌历历在目。冷静下来,面临的则是无尽的悲痛,我和爸爸甚至都不敢多去谈论大伯,痛彻心扉的思念和哀伤无法用言语表达,只能用行动去践行。

我会一直记着大伯的告诫,老老实实做人,勤勤恳恳做事,不计名利,只凭良心,行医问诊丝毫不敢懈怠,因为我知道,您在远远地看着我们呢……其实,您一直都在,从未离开过,一直活在我们所有人的心里!

侄女 花元清

2021 年 5 月于南京

大舅引领我积极进取,奋发向上

时间过得真是很快,转眼间大舅离开我们已逾百日。或许因为接触太少,大舅给我最深的印象应该是敬畏。我们相聚次数很少而且时间比较短暂,虽然大舅没有给我过多的教导和苛求,但每次短暂的会面或通话却总能感受到他对我们的殷切希望。每年除夕夜我给大舅电话拜年,他除了问候我及妻子的家人,更多的是关心我的发展并给我适当的建议。小学时的寒暑假我大部分时间在外婆家和子皓大哥、子宇二哥一起度过,有一次大舅回来了,要求我们四兄弟(子皓大哥、子宇二哥、春霖弟和我)即兴写一篇作文(具体写什么内容已经不记得了)。我的写作能力一直很差,他们都完成了,我憋了很久才写了寥寥数语,生怕被大舅骂,急得都快哭了。还好,大舅没有批评我,只是语重心长地说了句"算了,小晖,和他们一起玩去吧,以后多读点书啊!"大学毕业后,大舅推荐我进入北大方正南京分公司工作,开启了我新的人生。虽然大舅和公司总经理很熟悉,但从没有托关系给我任何特殊照顾,只是嘱咐我要不断学习、努力提高业务水平和能力。现在的发展也应该感谢那段时间积累的经验及打下的基础。

回首过往与大舅接触的时光,印象较深的是在外婆去世时伴随着他的巨大悲痛。对于大舅来说,母亲的离去是痛彻心扉的。我在小区门口看到大舅时,接过他手中的包,他那略显佝偻的身躯、并不矫健的步伐没有丝毫的停留,慈祥的面庞尽显严肃,风尘仆仆中难掩悲伤之情,让我备感心疼。我想天下最大的孝子也莫过于此吧。

值此大舅仙逝百日之际,心绪烦乱。回忆往昔,唯有大舅的人格魅力征服了我们每一个人。缅怀是为了更好地继承,虽然我无法达到大舅的人生高度,只能仰望,但至少在引领我积极进取,奋发向上。大舅,一路走好!愿您天堂有灵,福佑花家村的后人!

外甥 杨春晖

2021 年 5 月于南京

心系天下，世之楷模

不知不觉，大舅已仙逝百日。回首与大舅过往同处的时光，即使相见的日子甚少，但如今想起却仍历历在目。童年的相处最令我印象深刻，那时的我还很小，大概是在小学暑假，大舅回乡，我们去外婆家看望，白天玩了一身汗，晚上大舅亲自给我们洗澡。我站在澡盆里，大舅一边洗一边亲切地叫我“小黑蛋”，那个画面印在我的脑海里今生今世都无法忘怀！还有一次便是外婆去世的时候，大舅悲痛欲绝，让我感受到他真挚的孝心！最近一次的见面就是2018年秋在大兴原生墅了，我们谈笑风生，共享天伦。

虽然今生与大舅见面的机会很少，但他老人家一直是我的骄傲！年少时，“我大舅可厉害了，他是北大教授”的话语经常被我挂在嘴边，引以为傲！现在想想，这句话虽然有虚荣心的成分，但在我内心深处，大舅真是我膜拜的大神，可望而不可即的大神！我一直知道大舅是化学专家，却不知道他还有那么高的文学素养，诗词写得那么美！一直知道大舅一生钻研学问，却不知道他是那么深沉地热爱脚下这片土地，退休以后依然关心国家发展！前段时间痴迷《觉醒年代》，为蔡元培、陈独秀、李大钊这些北大名人志士喝彩。思念良久，我亲爱的大舅不就是和他们一样的人吗？一样学识渊博，一样心系天下，一样是民族脊梁和世之楷模！大舅，您永远值得我们骄傲与缅怀！

外甥 杨春霖

2021年5月于南通

九十冥辰追忆大哥

二〇二五年的农历正月二十三(阳历 2 月 26 日)是长兄花文廷诞辰九十周年纪念日,大哥离开我们虽然已经四年多了,但他的音容笑貌和崎岖人生路仍然历历在目,他对教育事业的贡献、丰硕的科研成果以及对北京大学的终身付出都已收集在即将出版的《花文廷教授纪念文集》中,如果我们登录百度百科,豆包,DeepSeek 等网络平台,对他的事迹都有详细的介绍。作为他的胞弟,我印象更深的是他对我们花氏家族的转型和发展做出的重大贡献并产生了深远的影响:在他的引领下,从我们这一辈开始,逐步完成了以农耕生活为主体的生活方式转型为以智力劳动为主体的生存方式,在生存环境和生存理念等方面都产生了翻天覆地的变化。

九十年前的一九三五年,大哥出生在苏北平原六塘河畔的一个农民家庭,我们的父辈和祖父辈都是以农为本,以种田谋生。就在这种封闭、落后、贫穷的生活环境中,大哥在年少时直面艰辛,拨开迷雾,毅然地走上了革命的道路和求知求学的艰辛历程,在家乡读完小学和中学后,又顺利地考取了北京大学,毕业后留校任教直至退休。在大哥的影响和鼓励下,我也顺利地走完了求学之路;文斋、霈芳、芸芳受"文革"的影响在求学的道路上虽未能完全如愿,但由于他们自身的努力和大哥言传身教的影响,也有了前进的动力,找到了各自的目标和方向。他们三兄妹中除小妹在商业系统工作外,其他二人均在光荣的人民教师岗位上工作直至退休,也都逐步完成了生存方式和生活方式的转型，这种转型主要体现在户籍的城市化，工作进入了体制内，退休后生活有了保障。这种转型是质的飞跃，特别是对我们的后辈影响重大。我们的变化改变了他们生活和上学的起点，使他们的起跑线又向前推进了一步，从而他们都较快地进入到社会发展的前沿，并拓宽了各自的发展空间，提升了生活质量。每当我想起我们的家族能够稳健地快速转型，总是忘不了转型的开拓者和引路人。大哥将永远地活在我们的心中。

二弟 文秀

2025 年 2 月于南京

九十冥诞忆长兄

大哥生于一九三五年(乙亥)正月二十三日(公历1935年2月26日)。依乡风乡俗,今天是他九十诞辰。虽不能谒灵面祭,谨以此文缅怀大哥生前音容笑貌,传布后昆,也算合乎“慎终追远”之传统了。

大哥生逢乱世,艰辛备尝。1943年“正月二三夹击”(日伪军一次跨地区大规模扫荡)搜捕共产党人以及抗日进步人士,爸妈当然是重点关注对象。敌人将抓捕到的人两三人一组绑串起来,集中押送钱集据点审讯,大哥也在其中。地方恶霸葛大眼狂妄叫嚣:“没抓到花锡成,抓到他儿子啦!”后来知道,送到钱集据点的人,大多被活埋了。大哥中途在绑在一起的那个成年人带领下趁机逃脱,才幸免于难。听大人们讲,祖父、大哥和介于二哥文秀与我之间的另一个兄弟(祖孙仨)同时染上痢疾,“走”了祖孙俩,唯有大哥侥幸痊愈。还是听大人们讲,大约在1944年或1945年初冬敌人另一次清剿时,我们全家“跑反”到油坊庄(涟水县地名,妈妈的娘家)躲避,只留年迈的奶奶一人看家。一天晚上派大哥回家取些东西,奶奶心疼孙子,自己在前屋“切山芋干”望风,让大哥在后屋休息一下,准备黎明时分再走。不知怎么走漏了风声,半夜就被敌人(估计可能是土匪绑票)带走了,关押在古寨西北张庄一户人家。大概看大哥年幼,疏于防范,也幸亏那家人心善(实际也是地下党暗中相助),在院墙边靠了两根木棒,暗示大哥趁夜攀援木棒翻墙逃回。

大哥遭遇的另两次风险是在执业期间。第一次是1962年11月下旬，化学系七斋二楼实验准备室因为乙醚引起失火，当时他正在一楼带有机化学实验，闻讯后跑到二楼火场救人，但很快火已封门，出不来了。他当机立断，踹开窗户，指挥几位遭困人员跳楼。待他最后跳时，刻意跳往稍远处，造成重度烧伤和腰椎压缩性骨折。虽经积水潭医院烧伤科全力救治，几个月后基本恢复健康（包括三度烧伤的左手也得以保全，只是留下了前后两次植皮后难以消除的疤痕）。这要是在改革开放时代，应该是无可争议的见义勇为英雄，怎么嘉奖也不为过分。可在当时，仅仅获得副校长傅鹰教授携一盒高级糖果亲自探视的殊荣。第二次是在江西省鄱阳湖鲤鱼洲农场（实则就是“五七干校”）劳动时，他们连队（对干校成员的一种组织形式）组织会游泳的人雇民船出湖购买蔬菜等生活必需品。大哥原本也在出湖之列，后因上面通知翌日连长开会，所以没能成行。孰料因风急浪大，所雇船只不幸出事，出湖采购人员全部罹难，大哥侥幸得免。

在驻地机关干部及父母（均为地下党党员）的双重影响下，大哥不仅思想进步，胆识及理想境界也明显高于同龄人。听妈妈说，我们兄弟姐妹都是七岁（六周岁）上学，但大哥历经战乱，多次辍学。他幼时加入儿童团，后加入尚处于地下的共青团。1950 年毕业于河东王庄小学（属涟水县），考入离家七十多里的苏北地区最高学府淮阴中学，他独自一人背着背包步行到涟水县城迁转团关系，再步行到淮阴中学报到入学；1956 年 4 月加入中国共产党，同年考入北京大学化学系学习，从此真正进入其为理想奋斗的理性人生。当时考上大学的极为稀罕（20 世纪 70 年代恢复高考之前，河东河西前后三庄，此外还有葛荡的葛银城考取上海某大学，二哥考上了北师大等三个大学生），能考上全国最高学府北京大学的，更是凤毛麟角。

确如二哥所说：大哥是我们兄弟姐妹的灯塔。可不，记得早先大哥回家过年时，带着年幼的我们“开大门”放鞭炮；记得夏日的晚上，在门前晒场上给我们及纳凉的邻居们讲《说岳全传》；记得奉母命送大哥去钱集乘车返京时的一路攀谈;以及挤在长途汽车门边艰难地与我摆手告别的身影(详见本书“竹青居　竹永青”)……尤其记得我年幼时一个暑假中的一天,就在我们家的堂屋当间,他将我拥在怀中,先是跟我讲解“X 光”透视查病的原理,又为我朗读他正在与别人合译的一本俄文版化学专著。当时我虽然一句也没听懂,但心中的那种钦佩、崇敬与神往,真是难以言表:大哥真是太有学问啦!于是心中悄然萌生了一个念头:我也要像大哥那样上大学。就这样,我们兄妹四人就是在对大哥的钦羡和仰视中立志砥砺前行的。

大哥早年就明确了自己立身处世的底线(详见本书“竹青居　竹永青”),那就是把自身道德修养看得重于自己的政治生命。

大哥恪遵诺言,始终如一。在日常生活及经济上不曾犯错。他办公室电话可以直拨国际长途,但他给家里打电话全部是付费的。我常常心中暗忖:大哥也太“讲究”了。后来还得知他曾受命去美国谈判,从北大和美方合资创办的指纹公司退股(该公司现已上市,当时是大哥任开发部主任期间亲自赴美创办的),美方投资人曾暗示可以“帮忙运作”,大哥毫不犹豫地婉拒了。不但将 150 万美元撤资款项如数交给北大,还同时上交了当时鲜有人知的 50 万美元注册基金退还款。闻听此事后,我不由得想起父亲对我的告诫:“共产党的钱(公款)不能用。”也想起母亲乐于扶危济困,从不占别人一点便宜的磊落人生:“苟非吾之所有,虽一毫而莫取。”这就是我们的家,这就是我们的家风。大哥一生都不曾越雷池一步。

大哥具有很高的政治素养,在历次政治漩涡中,从不随大流,从不人云亦云,他总能高瞻远瞩,坚守自己做人准则,把握正确的方向。20 世纪 50 年代末“整风反右”时,身为年级党支部委员、系总支干事的大哥,无疑是班级甚至是年级中当然的学生骨干。而到运动结束时,北大划定右派分子总数 699 名,学生右派 589 名,他们 56 级化学系其他四个班级占了 10 名,而大哥所在的五大班没有一人被打成右派分子。虽然他因此而被批为右倾，预备党员转正也延迟了一年，但他淡然处之，且并无悔意。

聂元梓新北大公社如日中天之际，有意拉拢大哥“入伙”。作为被批被斗的“黑帮分子”，在谁都是求之不得的天上馅饼，但大哥只参加了一两次核心组成员会议，就觉得“道不同不相为谋”，毅然地离开了该组织。韩天石奉调中纪委任职时曾热情相邀，可是大哥以为，放弃所学专业投身政界，即使名高爵显，也非其所愿，还是婉拒了。

邓小平南方谈话最初在北大常委会上传达时，常委们可谓义愤填膺，非议连连，除汪家镠书记外，大哥是保持沉默的“光荣少数”。散会后，汪书记在大哥临出门时“随口”问一声“老花怎么看”，大哥止步回头笑道：“我的态度，还用说吗？”——大哥分管科技开发工作，治下方正公司蜚声海内外，科技开发的生意遍布世界各地，其对于改革开放的态度当然无须多言——而当汪书记传达了中央态度之后，起先鼓噪的诸君立即“欢呼万岁，英明伟大”，有的甚至下到基层作“南方谈话辅导报告”，大哥依然很淡定地泡在他的实验室里。

有两件事彰显了大哥威武不能屈的一身傲骨。一次是在大哥正被审查批斗期间，军管人员拿着我寄去的家信给大哥。大哥正疑虑间——他拿不准信中有无犯忌的不当字句——只听军管人员说：“你先看吧，看完后我们还要看看。”大哥立即将未拆信封递过去说：“你们看吧，我不看了。”那人坚持要大哥拆看之后再进行审查阅读。大哥坚决地说：“要么你看，我就不看了，如果我看了，就不会交给你看。”军管人员终于忌惮保护私人信件的法律规定，无奈地悻悻离开了。另一次是运动临近结束的时候，组织上准备“解放”大哥进“三结合”领导班子，“工宣队”找大哥谈话，要求大哥“正确认识群众的冲击批判活动”。大哥立即反驳道：我的认识一直没错，需要端正认识的是你们。这一身正气，是某些政客投机分子所不具备且望而生畏的。

我常常在想，我们的大哥，是基于淳朴清正的家风熏染，千锤百炼而成的人格修养,公正无私的政治操守,从而造就了他兢兢业业、精益求精、与时俱进的学术人生。他在顺境中没有迷失方向忘乎所以,在逆境中也没有自我沉沦忘记自己的人生追求,他肩负党政双重事务重担,仍然不放弃教学科研。挤压着自身的健康,浇灌出朵朵科技新葩。大哥学养深厚,育人无数,著述等身。他培养的研究生、委培生多数成为相关领域的学术骨干。他的专著《杂环化学》是该领域内第一套专业学科教材。

我和蕾芳、芸芳与大哥年龄差距较大,和大哥的接触以及对大哥的了解不如二哥。我和大哥近距离接触时间最长的是在成都侍疾期间。每天白天我和二哥及大嫂、子叶轮流护理,夜晚由我全程陪护,少不了闲聊。大哥对于自己的病情极为淡定,只是偶尔谈及。大概是手术后第三天晚上吧,大哥问我:“你说我做这么大的手术,危险期要多长时间啊?”我回答说:“你术前(癌细胞)没转移,术后无胰漏,现在的关键就在于增加营养、适当锻炼,增强体质,争取早日康复。”他听后释然笑道:“你都护理出经验来了”,并给我口授了作于入住北大第一医院后的“一律”,算是对自己病情的自道吧。其律曰:

食道不准食品过,尿路倒许黄疸走。
核磁共振密密查,PET-CT 细细搜。
原来胆管被堵塞,只缘胰头长块肉。
破解方略有两招,刀割支架导弹头。

我们谈得最多的还是家事,慨叹父祖两辈历经千辛万苦艰辛创业,泽被子孙;特别悲慨父亲苦难的一生。他遥想父亲幼年遭遇父残母弱的困窘,仍然不堕创业兴家的勇毅,盛赞父亲农闲经商反哺农耕的机敏,尤其敬佩父亲矢志于将我们全家带出小农经济困境的远见卓识;大哥特别愤愤于父亲遭遇太多不公的屈辱晚年,惋惜父亲辛劳一生,却没能分享儿孙们家兴业旺的融融之乐。每言及此,我们都不禁黯然,深责自己没能为父母分担更多辛劳。有一次,大哥好像是自言自语,又像是对我说:“芸芳小我两旬,一共也没见几次面,她还跑来看我。”说罢,久久无语。大概这才是他留恋亲情的委婉流露吧。

其实,大哥对于我们这个家,一直是情深意远的。他1962年北大毕业(北大当时学制六年),邢其毅教授尤其希望大哥继续读他的研究生。可是大哥考虑到父亲正值困难(工资不高,审干被整)时期,母亲地方工作繁忙,还要独立操持家务,祖母年高,弟妹们年幼求学,可谓内外交困。于是毅然放弃读研,选择尽快就业以纾解家庭困境。这一艰难抉择,可以说影响他一生事业的发展。邢其毅教授直到晚年还念念不忘地说:“老花,你本来就应该是我的学生(研究生)。”真的,大哥那不高的工资收入,有将近一半拿来资助我们弟兄姐妹上学,可是他自己的生活却极其俭朴。1989年曾听他讲过一个令人辛酸的笑话:他第一次被安排参加涉外宴会,正值冬天,因没有一件像样的外套,为了御寒,就多穿两件内衣。可是宴会厅内温暖如春,他没有外套可脱,搞得频频擦汗,很是尴尬。

对于家庭,大哥考虑得比我们甚至比父母都更深远。以前我知道他十分在意我们兄弟姐妹以及子侄们的学业。可是这次成都侍疾期间,他每每提及的是所谓“富不过三代”的话题。他曾经对子叶、子皓说过:“我这一辈子就这样了,你们俩得给我拿个博士回来。”我体会到大哥对“富不过三代”的隐忧,就是对我们的后代能不能保持大的格局,志存高远,坚持对理想的追求的一种期冀。古人不是有言:“取乎其上,得乎其中;取乎其中,得乎其下;取乎其下,则无所得矣。”意思就是,目标定得高一些,照这个方向努力,即使不能实现,结果也不至于太差。没有追求、没有理想,天上即使掉下馅饼,也不一定就能砸到你的头上啊!

古人云:不求谓之清,不偏谓之正,不受谓之廉,不污谓之洁。清正廉洁四字,大哥足以当之。大哥基于自己对于家的理解、根据我们家的一贯行事总结出来的“以孝立身,以和立德,以学立业”,既是大哥自己坚守的原则,也足以作为家训传之后世,教育子孙。

忽然忆起一首旧作:

“桂魄扶桑分冷暖,牡丹山菊自芬芳。

六塘水浅成清德,小院农门作鲤庭。”

鲤庭,典出《论语》,是孔子教育儿子孔鲤的孔氏庭院。

我觉得,我们的父兄对我们的言传身教,让我们受益良多;他们平凡而光辉的“清德”,值得我们世代传承;他们兴宗旺族的冀望,则是我们每一位族人——尤其是子叶、一清、子皓等两辈近三十位年轻后辈——的责任。让我们各以自己的努力,告慰父兄吧。

最后,谨以拙作《壬寅除夕怀长兄》痛悼与缅怀大哥:

沉沉牵一线,脉脉意萦萦。

隐隐跫音暖,阳阳春满楹。

依依夜幕下,恨恨锦官城。

漫漫佛山远,频频念长兄。

三弟 文斋

2025 年 2 月于淮安

深切的怀念，永远的记忆

我们总是亲切称呼花文廷教授为老花。2021 年大年初三（2 月 14 日）早上接到学范师妹的电话，得知老花走了，突发心梗，走得很快。听到这一消息，我悲痛万分，许多往事涌上心头。老花病后我们联系较多，除了问候、询问他的病情外，还回忆了许多我们共同经历过的往事，经常一聊就是半个多小时。我也到校医院和家中看望过他。他对于自己所患的重病一直保持乐观的心态，总是谈笑风生，他战胜疾病的坚强信念给我留下了极为深刻的印象。除了消瘦以外，他头脑非常清楚，说话声音洪亮，如果不见其人，根本想象不出他是一个重病号。

我和老花有多年的交情，一幕幕往事难以忘怀。1956 年 9 月我上大学二年级时，迎来 56 级的新同学花文廷，他是 56 级同学中几位预备党员之一，因为入学时 56 级中党员人数不多，就与我们 55 级党支部合并，在一起过组织生活。当时我也是预备党员，对 56 级中能在高中时期就入党的花文廷同学非常佩服，就这样我认识了风华正茂的花文廷。

1959 年北大开展“反右倾机会主义”政治运动。老花和我服从组织安排，分别从无机化学专业和催化专业调到有机化学教研室，参加“反右倾机会主义”运动，我们又在一起工作了。当时人工合成胰岛素是一项重要的政治任务：1958 年“大跃进”期间，北京大学与中国科学院生物化学研究所开始合作进行“人工合成胰岛素”的研究工作,后来北京大学、中国科学院上海分院与复旦大学各自相继开展了人工合成胰岛素大兵团作战。北大的主力是55级五年级与56级四年级有机专业的同学,而老教授和资深老师却靠边站。当时任教研室副主任,毕业留校才一年的54级施溥涛、老花与我均没有做过科研,却成为大兵团作战的主要负责人,负责人中还有一位资历比我们老的教研室副主任,52级的陆德培老师。为了完成合成胰岛素这一政治任务,连课都停上了。我们日夜奋战,每天早晚都开会讨论科研进展与存在的问题。实际上,几个单位的大兵团作战都没有取得实质性进展,加上国家进入经济困难时期,不到一年各单位的大兵团作战都结束了,北大恢复了正常的教学秩序,老花又回到56级学习。回顾我和老花,都是在北大极左的“反右倾”政治运动中同时进入有机教研室的,在近一年的大兵团作战中朝夕相处,我们更加熟悉了。1960年老花作为预备师资留校工作,1962年正式完成学业后又回到有机教研室。我的同年级调干生尚振海1960年毕业后也分配在有机教研室,我们三人成为教研室的新成员。邢先生讲大课,我们和其他老师一起协助邢先生辅导、答疑和指导三年级同学基础有机化学实验课。邢先生十分重视实验课,每周所有老师必须自己做一遍学生下周要做的实验,讨论实验关键与要求。同事中有叶秀林、张明哲、金声、徐瑞秋等一批资深教师也和我们一起做实验,我们虚心向他们学习,很快适应了助教这项工作,从此我们由同学成为同事。

1966年“文革”期间,我俩都因为是原北大党委书记陆平和化学系党总支书记王孝庭的“黑帮爪牙”而受到不同程度的冲击。以后我们各忙各的,联系很少。“文革”结束后,1978年至1985年老花被任命为化学系党总支书记。他全力投入到为化学系历史遗留的冤假错案的平反工作中,由于老花的坚强领导和细致的组织工作,化学系内涉及老师和学生的冤假错案的平反工作顺利完成。

老花十分重视化学系的统战工作。他想方设法发挥在“文革”中

“靠边站”的老教授们的学术指导作用，让他们重新上讲台上课，恢复他们中断的科研方向以及原来担任的教研室主任职务。他还竭力推荐化学系的老教授们参政议政，如徐光宪、高小霞、邢其毅、唐有祺等院士都先后当选为全国人大代表或全国政协委员。

除肩负繁重的党务和行政管理工作外，老花同时坚持承担教学和科研任务。当时恢复了有机教研室与邢先生的教研室主任职务。由于原教研室副主任陆德培和施溥涛在“文革”期间先后调离北大，1978 年尚振海和我曾担任过几年教研室副主任，协助邢先生安排教研室的教学、科研等工作。这时老花不仅仅是我们的同事，也是我们的领导。关于有机学科的恢复、课程设置、人员安排，我们常常找老花商量，请他出主意，帮助我们做好教研室的工作。

由于“文化大革命”，好几届学生没有上完基础课就分配到全国各地工作了，因此化学系 1978 年开设了“回炉班”，主要招收 63 至 65 级的同学回北大补修化学系主要的基础课。教研室安排老花、樊杰和我讲“有机化学”课。我们面对的都是已经有若干年工作经验的同学，他们也非常珍惜这次回校再学习的机会。我们三人十分重视这一次讲课任务，经常一起反复讨论和琢磨如何在较短的时间内让同学们有最大的收获。由于合作默契，认真备课，我们顺利完成了这项任务。事实证明，“回炉班”同学之中许多人都成为各单位的骨干或学术带头人。

由于老花在担任化学系党总支书记期间工作成绩卓著，被调到学校，先后担任了校党办主任、校党委常委、科技开发部主任、副教务长、研究生院常务副院长等职务，为北大创建一流大学做出了重要贡献。他到学校工作后我们联系不太多，偶尔碰到他时，他还会非常亲切地询问我的身体如何，了解系里的情况，并跟我聊些时政新闻。

改革开放以后，开始招收硕士与博士研究生。有机化学为跟上国际发展的形势，为研究生新开设了几门选修课。老花在担负繁重的党务和行政管理工作期间,从没有中断教学和科研工作。他首次为研究生开设“杂环化学”选修课,并在多年授课的基础上撰写了《杂环化学》一书。邢先生亲笔为该书写了序言,于 1991 年由北京大学出版社正式出版。杂环化合物与药物有密切关系,杂环的命名比较复杂,当年国内有关杂环化学的参考书不多,老花写的《杂环化学》对于推动和发展我国杂环化学与药物研究做出了重要贡献。他指导研究生的科研主要是从事新型大环的合成、结构和光电性能研究,并发现一类新型荧光剂。先后合成了十余种二类新药,获四项发明专利。他培养的研究生中,有些已成为该领域的领军人物。

老花与我退休后,于 2004 年被中国化学会全国科学技术名词审定委员会聘为第二届全国科学技术名词审定委员会化学名词审定委员会委员。因为第一版《化学名词》是 1991 年出版的,随着学科的迅速发展,出现了许多新的化学名词需要修订与增补。这项工作的负责人是上海有机所吴毓林教授,经他安排,老花负责“杂环化学”部分,我负责“生物有机化学”部分。由于有的名词在不同的参考资料中的命名与定义不相同,我和老花常常就这些名词定义和命名问题进行讨论。第二版《化学名词》终于在 2016 年由科学出版社出版。

邢其毅院士是老花和我共同敬仰的老教授。老花在好几个不同版本的图书中,先后撰文介绍了邢先生的简历与学术成就。前几年邢先生入选第七版《辞海》,辞海编辑部邀请我写有关邢先生的词条,并要求将其简历与成就压缩到 400 字。这实在是太困难了,经再三协商,编辑部勉强同意稍微增加一些字数。为了写好这一词条,我和老花多次通过电话与邮件讨论,在他的帮助下,经反复修改,最终于 2017 年 7 月交稿。

2001 年中国化学会在杭州举办第二届全国有机化学学术会议暨庆祝邢先生 90 华诞报告会。邢先生因身体原因未能赴会,老花和我与有机所的同事一起参加该会,老花与我都做了口头报告。2011

年中国化学会在南京举办第七届全国有机化学学术会议，并安排纪念邢先生诞辰100周年的专场。这次老花、关烨第、裴伟伟和我作为退休教师代表应邀参加了纪念会，王剑波介绍邢先生的生平，老花代表邢先生的老学生在会上发言。专场会议还安排黄乃正院士等作了精彩的学术报告。在退休后能和有机所在职教师们一起参加全国有机化学大会，纪念我们永远敬爱的邢其毅老师，我们都非常高兴。这是我和老花最后一次一起参加全国有机化学学术会议，是一件值得回忆的有意义的往事。

老花是我相识65年的老同学、老同事、老领导和老朋友，我深深地感到，他是一位坚持原则，刚正不阿，敢讲真话的中国共产党优秀党员。他在工作中有魄力，是一位颇具领导能力的人才。他博学多才，对学术研究锲而不舍，把毕生精力都奉献给了党的教育事业。他在不同的领导岗位上工作过，始终待人坦诚宽厚，平易近人。他是我的学习榜样。老花虽然走了，但是他的行政业绩、学术造诣和音容笑貌永远留在我心中！

叶蕴华

2021年4月

永远的怀念

2021年3月20日,覆盖着中国共产党党旗的花文廷教授骨灰盒安放于老山骨灰堂。花文廷教授是优秀的中国共产党党员,历任北京大学化学系党总支书记、校党委委员、北京大学校党办主任、校党委常委、科技开发部主任、副教务长、研究生院常务副院长等职。他工作的特点是创新、实干、勇于担当,为北大创建一流大学做出了重要贡献。他忠诚于党的教育事业,热爱化学,热爱有机专业,长期坚持教学与科研并重,培养了博士、硕士研究生数十人。他具有远见卓识,为了有机化学专业快速步入国际发展前沿,从1995年开始,他积极支持并亲自参与了有机专业大力引进国外优秀留学人才项目,从而拓宽了有机专业发展领域,增强了科研创新实力,教师队伍年轻化的问题也逐步得以解决。

花文廷教授为人正直、豁达,关心同志,团结同志,经常热心帮助有困难的同志解决问题。更令人敬佩的是花文迁教授在与病魔斗争中表现出的顽强、乐观的精神,并积极配合中、西医治疗的科学态度。每次到医院看望他时,他总是兴致勃勃地问询化学院、有机所有什么新进展?老同事们身体可好?他一直是那样的坚强,和老同学、老同事在一起总是谈笑风生,从这个备受重疾折磨的病人身上,完全感受不到病态。当问及他的身体时,总是说“吃得香,睡得好”。

花文廷教授热爱祖国，关心国家发展，去世前一个月还作诗《2020之恙》，反击国际反华势力的恶语诽谤。花文廷教授爱国爱党的高尚品德将永远活在我们的心里。

安息吧，花文廷教授，我们永远怀念你！

关烨第

2021年3月

深切缅怀花文廷教授

2019 年 7 月得知花老师贵体欠佳时，就感到非常意外。

同年 9 月，我们到北大校医院探望他，他的夫人赵学范老师说：手术非常成功，术后感觉良好。当时他声音洪亮，依然是谈笑风生，精神状态非常好。

我们一直在祈盼着他早日康复，他自己也满怀信心。

2 月 14 日，惊悉老花突然仙逝的噩耗，难以抑制的悲痛，不禁潸然泪下。

我 1965 年在北京大学化学系毕业留校任教，就和花文廷教授同在一个教研室，同在一个党支部。他是党支部书记。

他在党支部会上的每次发言，都给我们留下深刻的印象，思想水平高，有深度，对事情分析透彻；他工作有魄力，原则性很强，有时显得很严厉。但他正直，实事求是，真诚，平易近人又善解人意，待人亲切友好，很有亲和力，深得大家的信赖和爱戴。

老花一直担任党务和行政管理职务，工作繁忙；同时还承担着重要的教学任务和科研工作。他的科研工作硕果累累，成就突出。他不愧为又红又专双肩挑的好干部、好领导、好老师。

我退休后，有时间和同事们去逛公园了，也有时间陪家人去旅游观光。感受到大自然风光美景后，感慨万端，就想拍摄下来，并制作成幻灯片(PPS)。有一次，我把自己摄制的“大丽花”幻灯片(PPS)，群发给同事、同学和亲朋好友分享 ，没想到第二天就收到老花的回复：很欣赏你摄制的PPS，即兴写小诗一首，[1]现附录于下：

绿叶修枝满园翠，缤纷怒放不压芳。

春苞半含晶珠露，千般妩媚更端庄。

花文廷 作

2008年6月21日

我读完后，惊叹不已。哇！一位学理科的老师，竟有那么高的文学素养，佩服！

斗转星移，时日如飞，半个多世纪过去了。回忆起当年，我一个大学才毕业的学生，刚到教研室时，心情很紧张，政治上单纯，也很幼稚。我有幸在有机教研室，遇上老花这样品德高尚的党支部书记，得到党组织及他的关心和爱护，他尽心引领培育了我在政治上逐步成长。我万分感激他！

老花，祝愿您在天堂再无病痛，安息吧！

我永远怀念您！

何美玉

2021年3月

---

① 收入"抱闲杂记"的不是一首，而是四首（分别为：四君子别赞，大丽花，兰花，荷莲）。且原诗现已经原作者（花文廷）斟酌推敲后修改为：

绿叶盘笼生紫瑞，香风袅袅入云烟。

春苞含笑吐晶露，娇艳端庄赛洛阳。

（见本文集 pp. 168—170）——编者注

深切哀悼恩师花文廷教授

我是北京大学化学系1960级学生,毕业后留系工作。

在读大三时,花老师是我们有机实验课的指导老师。花老师治学严谨,关心学生,在我的心中留下了深刻的印象。花老师热爱他的工作,热爱他的学生,他对工作兢兢业业,对学生无私付出。花老师心地善良,对我的学习和工作都给予了很多帮助。

花老师是我的好老师,好领导,花老师永远活在我的心中!

李俊然

2021年3月

老花,亦师亦兄亦友

我和花文廷老师的相识,是在1965年,主要的来往只一年的时间,但受益终身。

那年11月,北大一部分学生、老师,被派往农村参加“四清(社教)”运动。我刚上化学系三年级,就被分配到了北京石景山公社模式口村,加入那里十几个人的工作队,懵懵懂懂走上社会,来到全新环境。

每个月工作队放假一天,其他队员,不管来自部队、工厂、医院、研究所,还是其他大学,在北京都有家,都回去团聚了。离我最近的,是在石景山公社四清工作队的同班同学徐晓林,就走十几里路,找她消磨一天。在那里,见到了花文廷老师。他是石景山四清工作团成员,下面十几个工作队的领导班子。

徐晓林向我介绍说,叫他老花吧,是有机教研室的党支部书记,也是业务尖子,你看他手上被烧的伤疤,就是为化学系做出的牺牲呢!我立刻产生了崇敬之情,不过还是去掉了师道尊严,直称他老花。老花没有任何架子,一见如故,立刻像老朋友、老大哥一样聊起来了。当时的他其实才只有三十岁,但那么老成持重,谈吐不凡,让我敬佩有加,感到遥不可及。

这是我有生第一次和一个年龄、阅历比我高一筹的人近距离接触,无拘束地交谈,总的感觉是新鲜,开窍!当然,那时聊的都是国家大事,运动啊,形势啊,政策啊,他那带着南方口音的普通话,简洁利落，举重若轻，总是切中要害，值得深思玩味，让我脑洞大开。老花非常健谈，循循善诱，是位分析问题的高手，使我这个不擅交际的人毫无拘束，敞开自如。我想，这就是一种人格魅力吧。

从此每月都有这么一天，或者两天，我总要来到这个只有几排红砖平房的石景山公社大院，找老花和徐晓林，享受畅谈的愉悦，吸取精神的营养，度过美妙的一天。老花因为身居上层一些，见多识广，信息灵通，会告诉我一些新事件、新动向，不知不觉中我看问题有了新视角，每每有脑洞大开、心血来潮之感，对我参加的“四清运动”有了一些更深层的认识。他不是那种居高临下倚老卖老的长者，而是一位可亲可敬的朋友，他那里没有装腔作势的假大空，也没有乏味说教的心灵鸡汤，而总是深入心扉地启发人思索。广博的见识，深邃的思想，质朴的人格，让我觉得相见恨晚。四清一年，在我一生很重要，有着许多难忘的故事，与老花的结识交往当是非常浓重的一笔。

时间久远，具体聊天内容都已日渐淡忘了，但那时的心境，感觉，情绪，依然清晰，时常回荡心头，宛如昨日。也有特别震撼的事，至今还记得。一件是当学习姚文元批海瑞罢官进入高潮时，他跟我说，北京市委要有麻烦了，这件事针对的是彭真。我心中一惊，却不想会这么严重。又一次，他说，北大也要不太平了，北大的事是和北京市委连着的。我又是一震。不过，孤陋寡闻的我，还没往心里去。不多久，就天翻地覆了，我马上想到老花，啊呀，他早料到了，真准！这就是政治水平啊，可我当时就是没懂，一种醍醐灌顶的感觉油然而生。

是的，不经意中，我遇到的是第一位人生导师，一个让我心服、敬佩、尊重之人，一个成熟敏锐、洞察世事的人。我应该去找他聊聊新形势，听听他对事态的分析。可是，让我不可思议的事情发生了，得到的消息是老花成了黑帮线上的人，被打倒了，挨批判了！这是我第一个熟悉的、敬仰的活生生的人，这是我以为杰出优秀的榜样，应该成为国家栋梁的人，竟成了革命的对象。那场一开始让我热血沸腾的"革命"，随即在心里落下了阴影，从此我的不理解，滋生了最早的萌芽。

往后，历史的轨迹不断脱离人们的预料，一个变化接着一个，我和老花也各自走着自己的人生，相见不多了。等我再返北大，念回炉班，读硕士、博士，重新成为学生，老花则从系领导当上了校领导。我们也曾路上相逢短暂交谈，我也曾登门到他家拜访，但他在我心中已是高高的领导，只有远望了。这是我的错，他不会这样想。今年初，从同学那里突然得知了老花去世的噩耗，极其震惊，特别沉重，深切悲痛！他是我非常敬重，钦佩，信服，怀念的人，他是和我接触不算多但是对我非常重要的人，亦师亦兄亦友，而我还没有来得及亲口告诉他。这也是我的遗憾，就以这篇小文，悼念他，弥补我的遗憾吧！

李檀追记

2021 年 5 月，于西雅图

沉痛悼念花文廷老师

昨天(2月14日)此时,传来花老师病逝的噩耗,尽管消息来源可靠,可还是不敢贸然发声,只好在群里发问,直到看见兄弟转发的阮慎康悼文。

回忆起在北大读书期间,没有与赵学范打过交道,花老师也没有带过二班实验。第一次见面是1968年秋在学三食堂(31楼西侧、大浴室北侧),化学系斗争“王孝庭黑班底”的大会上,全部十几名总支委员都被押到了台上。我们62级,一班坐在前,二班在后,我就注意着前面的赵学范,当口号员喊起“打倒花文廷!”时,她居然不动声色,不举手,也不喊口号!当时就觉着此人女丈夫也。

后来就到了百年校庆(1998年)之际,那次同学聚会之所以圆满成功,除了赵学范的努力之外,花老师的影响也起了很大作用,那次花老师亲临我们0362级同学聚会会场。由于赵的姐姐与我们同住北师大一幢宿舍楼,在花老师来串门时,近距离拜访过他。2008年同学聚会花老师就没来了,不过写过一首诗祝贺大家聚会。2013年化学院校友理事会开会,是最后一次见到他,还与他们夫妇同桌共进午餐,会后集体照相。2018年同学聚会由二班牵头,我曾动员赵同学把花老师请来一起住两天,赵学范回道“他可是大男子主义”!不过花老师又写了一首贺诗。

现将花老师的两首贺诗一并抄录于下:

(一)

(2008 年 9 月)

峥嵘岁月四十冬,又品燕园茗意浓。
柳岸吟风博雅韵,钟亭悟道未名宗。
方程价键隆中对,试管如戈赛子龙。
问故笑谈霜鬓后,喜逢枫岭叶正红。

(二)

(2018 年 5 月)

未名悟道同筑梦，六二零三共济舟。
分子王国吟幻化，卷丛书海逍遥游。
笑谈职场天涯路，慢品程门曲径幽。
冯妇谁说难再作，初心如故自风流。

今日看到赵同学写的“献给亦师亦兄亦友的爱人”一帖,很感动。你们也已过了金婚纪念。履诚兄说得好:“花老师先走了,别太悲伤!往生的人将生活在另一个世界,那边也很美好;他也会看到你和孩子们的幸福生活,只是看不到现实生活中不好的东西。”

最后用我孙子的称谓叮嘱一句:姑奶奶一定要保重!

您的学生 赵承易

2021 年 2 月 15 日

阮老师写的花老师正直做派,使我想起几十年前化三(03631)齐菊生撰文对他的评价,发给大家看看。

【附 036301 齐菊生为花文廷老师撰文】

前记:花文廷老师,“文革”前,原为北大化学系有机教研室教员兼党支部书记。公元一九六六年七月,因漫议“文革”旗手,被化学系“三十年同学情谊”秘记黑账。一九六八年秋,63 军、工宣队进校,即被告发。成为工、军宣队当政之后,所开辟的化学系批斗会场(即在 31 楼西侧、大浴室北侧的学三食堂中),与化学系第一杂家郭正谊教授一起“同台献艺”的第一批挨斗对象。“文革”后,被调任北大党委办公室主任。

事情经过如下:当年七月二十几日晚,江青、康生、陈伯达率“中央文革”全体,莅临北大东操场,召开全校大会。批判原河北省委文教书记,时任北大“文革”工作组组长张承先镇压学生运动的资产阶级反动路线。会上,江青拖着三十年代的上海舞台腔,声嘶力竭地喊道:“阶级斗争跑到我们家里来了! 我的二儿子(指毛岸青)原来有一个小护士照顾他。但是,你们北大中文系有一个叫张韶华的,跑到我们家,就把她(小护士)赶走了。而且,到处宣扬她(韶华)是毛主席的儿媳妇。这样的儿媳妇我们不承认!!!”

文廷兄当时还没有领略到敬爱的周恩来命名的“无产阶级文化大革命的光辉旗手”的厉害,依照普通老百姓“清官难断家务事”的思维逻辑,竟于会下脱口而出:“怎么把家里的事也拿到大会上来说了?”遂被笑面友朋牢记于心,种下了两年后,作为当年中年组男子双打第一种子选手,以“恶毒攻击江青同志”的罪名挨斗的祸根。现在想来,文廷兄当年未能更好地掌握“与时俱进的三鲜精神”。设若当年文廷兄不是纠缠于什么“清官难断家务事”,而是在万人大会上,展开在家里用 King Size 床单写好的“旗手您好!”的横幅,万绿丛中一点红,舔到上峰最舒服的部位,上峰当年也会像站在天安门城楼上一样，指着 King Size 床单说："查一查……"想来，文廷兄的官运，何止是小小的北大党委办公室主任！后生可畏，后生可畏呀！

郭正谊教授，外号人称"郭老"，是化学系有名的杂家。作为当年中年组男子双打另一位第一种子选手，挨斗的罪名是所谓"传播小道消息"。小道消息的内容，在批斗大会上并未公布。批斗之后，也未来得及打听。因为紧接着第二次批斗会批判老年组男子单打选手傅鹰老教授之后，我随即被隔离审查。等到化学系第三次全系批斗大会召开时，我就作为青年组男子单打第一种子选手，被荣幸地押上主席台了。于是乎，化学系的批斗会，圆满地实现了"老、中、青三结合"。

敢想敢说，口无遮拦，是北大人的共同特点。郭教授的口无遮拦，当年未及领教。现仅举一例。"四人帮"倒台之后的一九七八年，郭老给 77 级上"自然辩证法"课，内有恩(格斯)爷大段批判杜林参加所谓"降神会"，即"带有德国特色的中国跳大神"的内容。郭老言道："其实，当年恩格斯和杜林一样，也是"降神会"的积极参加者。只是后来要批判杜林，恩爷才不再跳大神了……"这让人们想起了"文化大革命"中最常见的一句套话，那就是：受蒙蔽无罪，反戈一击有功！这句套话之所以是放之四海而皆准的真理，是因为连伟大导师恩爷都未能免俗。

详见拙作《燕园轶事》《北京大学化学系的告密文化》

【附录：花主任文廷六题】

其一

信口常情漫女皇，
无奈有耳只隔墙。
笑面友朋心难测，
学三批斗在食堂。

其二

口蜜腹剑叹友朋，
笑里藏刀好奉迎。
无常暗送不知死，
零三挨斗第一名。

其三

运命河东复河西，
笑面探马处处栖。
两面三刀情谊重，
化系挨斗你第一。

其四

民谚经年真理出，
要拿村长当干部。
浑将“文革”真旗手，
认作瀛台一煮妇。

其五

经年俗谚真理存，
村长本是领导人。
文廷不识茅太座，
骤变牛鬼与蛇神。

其六

小议皇娘不羁才，
黑名单里将你排。
慢待村长茅太太，
立马儿揪上斗鬼台。

作者：冼达尤，耿卓宏
（闲打油，跟着哄）

【附 036202 赵承易应花老师诗作】

昨日看到陶惟胜发来花老师的贺诗很受感动，又见他邀李鹏写诗作答。聚会过后还处于亢奋之中，今天(2008 年 10 月 28 日)早早爬起来，胡乱涂了几句，小子不才，不敢班门弄斧，只作抛砖引玉吧。

(一)

泣别燕园四十秋，相逢一笑泯恩仇。
泰陵歌舞唤旧意，农园推杯醉方休。
鸟巢漫步留倩影，巨蛋驻足赏风流。
莫道前途无聚日，同窗情谊暖全球！

（二）

花甲之年聚燕京，
文采翩翩寓师情。
廷中老臣谁堪比，
赵国廉颇赤胆精。
学为人师出版社，
范世行为有侠心。
幸得鼎力同学聚，
福如东海诗聆听。

纪念花文廷老师

老花走了,总觉得不像是真的。从老花生病,到手术,到恢复,我一直都在关注,以为情况在好转。未料病情突然急转直下,我感到特别意外和难过。

与老花最后一次通话还是两年多前他得知我重病,电话中他给了我真诚关切和热情鼓励;见他的最后一面则更早了,应该是在化学楼院里。当时他身体精神都那么好,神采奕奕,甚至没有任何老态。至今我眼前的老花还是那个形象。

遗憾的是由于我的身体状况力不从心,在他生病住院期间没能够去看望他;事后也没有能够去八宝山为他送行。现在这些都已经无法弥补了,仅以此小文寄托我对老花的哀思和感谢。

我是化学系63级的学生,花文廷老师没教过我们。在1965年秋冬的“四清运动”,我才第一次认识了花老师,从此,老花的称呼沿用至今,也延续了半个多世纪亦师亦友的交往。是缘分,更是我一名普通学生的幸运。

当时我与老花、郝润蓉老师及张滂教授一起分到石景山公社参加“四清”。郝老师负责石景山分团的资料汇总,有机化学教授张先生进查账小组,我和老花则分在公社,负责清查机关干部的所谓“四不清”。在此期间与几位老师朝夕相处七个月,直至“文革”开始,返回北大。

1965年参加“社教(四清)运动”是我的第一次社会实践(以前多

次下乡拔麦子、插稻秧算作劳动锻炼吧)。作为一名没有任何社会经验的学生,我开始时什么都不懂,什么也不会做,所以特别紧张。最初让我负责团员青年的工作,是老花教我如何组织会议、如何讲解政策提出要求、如何阅读整理各类材料,等等等等。我召开会议时,只要老花有时间,他总会坐在旁边,为我坐镇把关。我从老花那里学到了很多如何开展社会工作的方法,学习了与人交往的能力,开阔了思路。这些直接教导的和潜移默化的教诲让我成长、成熟,使我感到终身受益。

我们这个四清小组的组长是天坛医院副院长,他是一位残疾军人;老花任副组长,具体工作都是老花负责。给大家印象极深的是老花的善良正直,平易近人却又不失领导风度。虽然他当时已经在化学系担任多年的党政领导,但在公社干部大会上老花的讲话从来没有官腔套话,没有盛气凌人,没有无中生有,更没有威逼利诱。所以石景山公社当时的“四清运动”,很平稳,很顺利。即使查账发现了问题也是认真慎重处理,反复查证。我跟着老花就曾跑过几个大队,一一核实。因为老花的平易近人和实事求是的作风,给那里的基层干部留下良好的口碑,群众的评价是“北大真有水平,北大领导就是不一样!”

岁月蹉跎,我毕业后历时近十年辗转农村、工厂再回北大读研时,又见到老花。他除了在有机杂环化学领域的造诣外,更是成为化学系领导的一把手。但是他待人依旧热情亲切,和他谈天说地依旧没有任何顾忌。在研究生学业和毕业后去向等人生的重大问题上,老花都给了我中肯的建议和帮助。这一切仿佛就在眼前,我永远铭记在心。

又是十年,我从国外留学回来,老花已经担任校级领导,但他那种平和而深邃睿智的才干、实实在在的平民作风,依然如故!我因为曾经在物理系协助过研究生办公室的工作,所以参加了当年在植物园杏林山庄召开的研究生院工作会议，当时正值老花担任研究生院常务副院长。他的开场讲话一如既往的实事求是，有理有据，整个会议气氛极好。晚饭后大家从山庄边门进入植物园景区，边散步还边讨论白天意犹未尽的话题，大家对北大的研究生工作和对北大的未来都充满信心和希望。这些细节至今我依然历历在日，记忆犹新。

老花在自己的专业领域和党务工作及行政管理工作方面的干练和成就，都令人钦佩。他这一生，值得骄傲和欣慰，作为他的学生，我感到的只有幸运和感激。我们不仅永远记得老花的音容笑貌，记得他为化学系、为北大殚精竭虑的贡献，更记得他的善良睿智和亲切质朴的人格魅力。

老花在天之灵会听到我们的声音。

花文廷老师安息！

您的学生 徐晓林

2021 年 3 月

与文廷学兄做最后告别

——悼词与吊唁

悼　词

尊敬的学长花文廷：

五班同学惊悉你驾鹤西去，无比悲痛，眼含泪水，深情回忆大学期间，你对同学们无微不至的关怀和热心帮助。你不分左中右，不分贫与富，一律平等对待。你为人正直、真诚，坚持原则，绝不随波逐流。

你是五班的灵魂，五班的舵手，是我们尊敬的好学长，同学们爱戴的好同学、好兄长。

你的高尚品德，人格魅力永远记在我们心中，你的音容笑貌永远活在我们心底。

今天我代表五班同学向你告别，为你送行！

安息吧！我们的好学长，愿你一路走好！

五班同学 程敦慧　叩上

2021 年 2 月 17 日，于八宝山福泽厅告别仪式

吊　唁

六十五载同窗情，
相识相知在燕园。
培养介绍我入党，
文廷情谊记心田。

程敦慧

实在太突然了，老花，我们的好学长离开我们！前不久还一直有微信、电子邮件联系！老花高尚的人品，深刻的思考，在风雨飘摇年代掌稳五大班的航向，避免了政治灾难。对学友，心热如火，难忘啊，痛心不已！前年冬去北京，他不厌其烦约来老学友相聚，退休前还来大连参加我指导的博士生论文答辩。

沉痛啊！老花，愿你一路走好！

陈惠麟

得知老花去世，深感悲痛。老花是我们的好学长，好朋友，好领导。他热心关爱五大班的每位老同学。退休后我们接触较多，经常谈起老同学们的情况，还尽力帮助他们。他的逝世使我们失去了一位可敬的老朋友。

愿老花一路走好！

高宏成

突闻花文廷老同学仙逝，不胜悲痛。在我心中老花胜过好兄长，与他交往中获益良多。

愿老花一路走好，望学范节哀保重！

黄伟锐

惊悉花文廷学长不幸逝世，万分悲痛。老花为人正直，坚持原则，实事求是，不随波逐流，和佩强一起，顶住极左压力，使我们560305的60名同学，没有一个划为右派。他不势利待人，无论上中下，左中右，贫穷还是富贵，都可做他的朋友。他一直是我们班级的灵魂人物，受到大家的爱戴和尊敬，不论身在何地，都和他保持着心灵的联系。

老花你先走一步，咱们天国再见。望家人节哀顺变！

李正德

惊闻噩耗，十分悲痛！真是太突然了，万万没有想到我们的老学长、老领导竟先去了。想起在校时对我们的教导和帮助，心中仍充满感激和温暖！

愿老花一路走好，家人节哀顺变！

孙修德

真没想到，花文廷走得这么突然，我十分难过。老花是我们的好同学和受人尊敬的领导，我会永远怀念他。

愿老花一路走好，家人节哀顺变！

谭慎操

噩耗传来,花文廷同学仙逝。老花是我的长兄,也是我的同学,还是我们的领导。他很关心我们的进步,在学校主动介绍我入党;工作后也时常关心我们的情况。近几年微信发展很快,有些人随便转发有关信息,他说社会上有些情况我们不太了解,对有关信息也不要随便转发,以防贻误大事。他始终关心我的成长,今天他突然离开了我们,我极为悲痛。望其家人节哀。

王海根

从微信得知花文廷仙逝的消息,太突然了,心中久久不能平静。春节前几天我与他通电话,他的精神很好,声音响亮。谈到一年多与疾病的抗争,他说大家的关心,特别是五班老同学的支持是他最大的动力,还有赵学范的悉心照料。现在他离开了我们,内心感到十分悲痛。他是我的好学长,是进大学时班级工作的好搭档,我配合工作当个好助手,留校工作后我们是好同事,遇事会充分征求他的意见。现在他走了,他的为人,他的处事,他的音容笑貌将永远留在我的心里。

愿老花一路走好,也请小赵节哀顺变,多保重。

吴佩强

惊悉我们的学长花文廷不幸逝世,万分悲痛。老花不仅是我们的同学,更是我们大学时受尊敬的领导。

愿老花学兄一路走好,望家人节哀顺变!

徐志杰

惊悉学长花文廷逝世，十分悲痛。老花是我心目中可敬的兄长和老师。愿老花一路走好，望家人节哀顺变！

薛　森

刚才从微信看到学长老花仙逝消息，感到太突然了，十分悲痛。老花是我们的好学长，是我们可信赖的老同学，他的为人处世值得我们尊敬，他的音容笑貌永远会在我们心中常驻。

愿老花一路走好，望家人节哀顺变！

张庆熹

花文廷学兄的仙逝，是我们北大560305(五班)同学的重大损失，我们失去了一位好学长，一位好师长，一位好同学，每个人心中都万分悲痛，对他深切地缅怀和悼念。

1956年9月我考入北大，与文廷兄分在同一班，在十三斋还住在同一间大寝室。文廷兄是我们的团支部书记，给了我们全班同学很多帮助和关心，我和大家一样十分尊敬他。他处处以一个共产党员的标准严格要求自己，在班上起到了表率作用。他学习努力，成绩优秀，在学业上，尤其是在思想上帮助每一位同学，使我们五班同学十分团结友爱。在毕业后走上祖国各个工作岗位都做出了优秀成绩。我也是在他的帮助下紧紧靠拢党组织，努力以共产党员标准要求自己。我至今要感谢文廷学兄对我们的帮助。

今天，我深切地悼念我的好学兄、好同学花文廷同志，并请文廷兄的家属节哀保重。

五班老同学 赵秉熙

发于广州

花文廷老同学的去世,令我非常悲痛。他一生为党和人民的教育事业忠心耿耿,对同学和朋友的帮助不遗余力,他做事高水平,做人低姿态。他是我们年级里特别无私无畏的优秀党员,他的乐观正直和实事求是的品格深深地感染并影响着五大班的每一位同学。他的音容笑貌永远活在我们心中。

老花安息吧!

邹继纯

老花是我们的表率，年级的领军人物

转发我刚刚收到的信息——惊悉花文廷同学于今天上午去世，深感悲痛。老花是我们年级的领军人物，是我熟悉的好朋友，他的远见卓识，亲切待人给了我许多教育和启发，他为我们年级、我们系以至学校做了许多贡献，他是我们学校的领导，历任北大党委常委十余年，任副教务长、研究生院常务副院长、科技开发部主任等职务，为创建一流北大，尽心竭力，功不可没。

我记得我曾经请教过他关于我们国家领导干部“学位”问题，因为社会上普遍传说，那些部长、局长的所谓“博士”学位，大多都有水分。那么，李克强在北大拿的博士学位呢？老花听后，明确地对我说：“李克强的博士学位是货真价实的，我当时是副教务长，亲自审核李克强上课、考试的情况，他的翻译、著作及论文水平完全是合格的、优秀的，是我亲自颁发给他博士学位的。”由此也澄清了我心中的疑惑。

老花仙逝，我们祝愿他在天国安好，老花千古！

阮慎康

别文廷兄寄语

惊闻噩耗,热泪夺眶!虽万般抗争,终不敌病魔,不胜痛悼!

六天前我们还互致问候和祝福,期盼新冠霾尽,共聚一堂话短长,不意转瞬间竟咫尺天涯,泪别西东了!

请向学范和子叶转达深切哀悼和诚挚慰问。如果可能,希望能送兄长最后一程。

驾鹤赴天国,
浩气留世间;
追思高风节,
秉志共释然。

沈杉松

深切缅怀文廷好友

2021 年阴历正月初三(2 月 14 日)中午收到学范的微信,告知我们的兄长花文廷仙逝的噩耗,甚为震惊和悲痛! 除夕前一晚,我们还互通电话,互祝牛年吉祥如意,祝愿兄长平安幸福! 孰料,没隔几日竟成了天地各一方! 我们为失去一位兄长、挚友感到万分悲痛,祝愿兄长在天国安息!

回顾老花身患重病的近几年中,饱受病痛的折磨。他以坚强的意志和乐观的精神与肿瘤做斗争。记得开始在北大第一附属医院做了胆管支架,出院回家后发炎发烧,正值“五一”期间,只能每天由学范、子叶陪伴到西什库北大第一附属医院挂急诊,在楼道里输液到半夜两三点钟,再回到北大畅春园爬四楼回家,连续好几天,但他从不叫苦。在 2019 年 6 月 9 日拖着瘦弱的身躯飞赴成都,到华西医院接受手术。于 6 月 21 日历经了长达 7—8 个小时的手术,术后老花在 ICU 室只待了一天就转到普通病房。对于一位 84 岁的老人是罕见的,老花正是以惊人的坚韧毅力和强烈的求生欲在支撑着。在四川成都炎热的夏天忍受着术后的痛苦,在学范和子叶的悉心调养和护理下慢慢恢复,竟然于 7 月 28 日乘高铁(商务座)平安回京。在近两年的养病期间,他一直抱着乐观开朗的心态,还每天坚持看书,关心国内外大事。几次到北大校医院和西苑医院看病都能直腰拄杖快步行走。见到我们总是精神矍铄地畅谈,使大家都很高兴。我们每次离别时都期待着下个月再见,没想到……。

花文廷同学在生病期间,怀念大学的生活,想念同学、同事,作诗“北大5603颂”,从而引发了我们班孔渝华、程敦慧等同学的倡议,要尽快编印一本《北大560305同学纪念册》。老花同学、兄长竟以其个人魅力及亲和力,使我们大家齐心协力,很快联系起全班同学,建立了24人的微信群和十余人的电话联系联络网。老花对北京大学和我们的班集体怀有深厚的情感,抱病为纪念册撰写了非常激励人心、感人肺腑的前言,还为纪念册赋诗四首。我们班的纪念册终于于2020年10月下旬面世。这也是全班同学们献给我们学长的一份心意!

花文廷是我们班的核心和灵魂,使我们五大班团结得像一个亲密友爱的大家庭。大家由衷地感谢他。对于花文廷兄长的离世,我们都极为悲痛。他的音容笑貌永驻心间!

花文廷同学、兄长千古!

孙士英　高宏成

一件小事

在冬天即将过去，春天就要来临之际，我们的好兄长竟驾鹤西去，永远离开了我们。我们感到无比的悲痛！为失去我们敬重的领导、亲密的同学而无比地难过。看到八宝山送别的照片，我们潸然泪下，无比动容，感同身受，难以自拔……往事历历在目，一件小事折射出我们的好领导、好兄长的高尚人品。

那已是三十年前的事了，我工作单位一位同事女儿高考成绩不错，要报考北大，他请我帮忙，我婉言谢绝，称我在北大没有什么人能帮忙了，他却执意要我想办法。他既是同事又是邻居，抬头天天见，我实在没办法。想起我们的好兄长老花，但又不好意思开口，毕竟是求人的事，我也怕他为难，但我那位同事总是纠缠不休。出于无奈，抱着忐忑不安的心情给老花打了电话，说明情况。没料到老花很热情地给我回了电话，告诉我他已不分管招生工作了，还介绍了有关老师的联系电话。我非常高兴地把这一个信息告知我那位同事，之后最终虽因为差 2 分没能被北大录取，但还是给我上了一堂课。我们的好兄长真是亦师亦友亦兄弟，可亲，可爱，可信赖，做人正直，待人真诚，为人厚道！

好兄长，你虽然走了，我们会永远感激你，想念你，你永远活在我们心中！

薛　鉴

于 2021 年 2 月 19 日

赋诗一首送老花

惊悉花文廷同学不幸仙逝,备感悲痛,他的音容笑貌仍然宛在眼前。愿他一路走好,望家人节哀顺变!

燕园曾同学,亦友亦师情。

遽然赴天国,闻讯泪沾襟。

五班无一“右”,至今思文廷。

陈用烈

对话文廷学兄

2019 年 7 月初，我借出差到成都参加会议之机前往成都华西医院上锦分院，看望已接受胰腺癌手术治疗的文廷学兄，并受老同学孙士英群主的委托，代表五班老同学向他表示慰问。他的胰腺癌已是晚期，北京各大医院均以高龄为由拒绝为其手术。华西医院的手术很成功，切得很干净，他很高兴过了第一关。我的表哥与一位同事均为胰腺癌晚期，分别在上海与北京治疗，但生命均只能延续约 6 个月，故我很希望文廷学兄能创造生命延续 3 年、5 年……的奇迹。不久全国出现新冠疫情，我在武汉基本每隔半个月就通一次电话，与他交流在大学和毕业后的生活、工作、时事及养生、保健、与癌症抗争等的信息。一年半以来，他一直说除了体重（80 斤）没有增加外，其他都还不错，头脑思路清楚，精神也好。

2021 年 2 月 14 日（初三）中午接到孙士英发来的“好兄长花文廷于今天早晨仙逝”的噩耗，太突然了，实在是无法接受。文廷兄，就在春节前几天我曾与你联系过，你还记得吗？2 月 8 日我通过视频电话向你拜早年时，你声音响亮，神清气爽。你与我都认为未经化疗（身体弱，医生同意），靠中药度过一年半，这是最为艰难与最大的胜利，也为今后的恢复打下良好的基础。在谈到下一个目标时，你乐观而爽朗地说：“面对这个癌王，我随时做好最坏准备，等熬过这个冬天后，想把几十首诗词整理出版，留个纪念。”今天要告诉你，请你放心吧！你的学生王树、孟鸿他们已经着手这项工作，你的纪念文集不久即将面世！

谈到反右,我问你:我们56级其他四个班共划了10名右派,而我们五大班为零,大家都十分感谢与钦佩你。当时是什么情况使你这样沉着与稳重?你说那次在东操场召开全校党员露天广播大会。江隆基书记以个人名义(不代表党委)说,“这次整风,大家有意见可以提,但是要注意方式方法”。你听后印象很深,觉得心中有底了。在“社教”“文革”等运动中你受到不公正的待遇与冲击时,你都能宽容、谅解相待,得到大家盛赞。电话中我也深深地感谢你,由于你将我父亲在1959年审干运动中受到的错误处理向中组部反映而得到平反,使我们全家得以放下包袱,轻装前进。我还就平时关心的几个问题与你聊了一个半小时,才依依不舍地结束了视频通话。

2月10日你又接连发给我三条微信,你说这次生病期间,充分体会到我们老同学间真挚深厚的情谊,太珍贵了,太珍贵了!同时还发给我一首你的近作——题为《2020之恙》的弥足珍贵的诗作。我转发到群里,供老同学们分享。大家反响十分热烈,让我们看到了你博大的胸怀,国运、世事,事事倾心与心怀天下、放眼世界的高风亮节!我还回复你,等春节后再向你请教这首诗……。

文廷兄,你是我们五班的核心与旗帜!你是我政治上、思想上、业务上学习的榜样!你的音容笑貌,永远留在我心中!

愿你一路走好,我们以后在天堂再相会!

孔渝华

2021年2月20日

永远怀念老学长花文廷教授

化学系 56 级有 322 名学生，分成五个大班。我们五班同学中，只有花文廷、吴佩强两位预备党员。当时，要求进步、要求入党的同学都团结在他们的周围。

花文廷入学后，担任五班团支部书记。他年长大家，对班上同学不分来自大城市还是偏僻农村、学习情况差异、思想进步不一，都给予同样的兄长般的关怀和帮助。因此，五班同学之间的关系是融洽的，这就使得远离家乡的年轻学子逐渐感受到了集体的温暖。班上年长一点的同学在生活上关心年幼的同学，同学中遇到思想问题，能互相关心、交心，解开心结，共同进步。五班的风气是团结向上的，班级成员都自觉地维护着班集体的荣誉。这种风气的逐渐形成，都是花文廷、吴佩强两位党员，以身作则的结果。直到毕业后的几十年，每次聚会，同学们回忆起大学生活，都感到五班同学间的同窗情谊胜似手足，生动事例历历在目，终生难忘。

1957 年的"反右"运动，是我们这一代人永远难以忘怀的大事。当时五个大班中，只有我们班没有一名同学被划为右派学生。这一结果，历来都是同学们议论的重要话题之一，深感生活在五班是幸运的。

花文廷、吴佩强他们两人是我的入党介绍人，是我大学期间，追求进步，努力为共产主义奋斗终身的领路人。我十分尊敬他们。

花文廷一入大学，就担负团支部书记工作。大学毕业留校工作后,肩挑两副重担,而且担子越来越重。他勤奋好学,治学严谨,教学、科研硕果累累。担任学校党务、行政管理工作,责任越来越大,更加兢兢业业,淡泊名利,从不随风,从不跟风。

花文廷教授是我们五班同学的好学长、好榜样,我们永远怀念他!

程敦慧

读诗有感

文廷兄在他生命最后的日子里，还为我们留下了弥足珍贵的诗作。从中，让我看到了他博大的胸怀，国运、世事，事事倾心；也更让我倾慕他的深邃的学养，从星象到卦易，博古而通今。

一首“疫战”，从星象和卦易学的角度观察2020这个奇特和多难的年份：新冠疫霾笼罩寰宇，漫无边际，人间萧肃，世象黯然；奋起抗御，功犹未成，更待不懈努力。

“局变”则酣畅淋漓地鞭挞了特朗普等人的霸凌乱世，谎言滥政，落得社会撕裂，众叛亲离，落寂败选，背上了“美国史上最差总统”的耻辱。霸王梦碎，不由得“徒对孤帆哭乌骓”。

笔锋一转，进而热情奔放，讴歌朗朗乾坤，东方大国在共产党的坚强领导下，团结一致，齐心协力，取得了抗击新冠的决定性胜利，社会和谐稳定，经济发展，风景这边独好，有道是“江东着意共谐辉”。无愧是点睛之笔。

2020之恙

（一）疫　战

三星一线位，土木轨相重。
庚子周期律，乾坤太极风。
地球生异恙，人类有灾凶。
澒澒新冠疫，战局尚未功。

(二) 局 变

江湖尚有抱拳礼,纲纪怎容乱臬圭。
万类相生共雨露,千秋泰否有爻规。
新冠击碎霸王梦,徒对孤帆哭乌骓。
六九乾坤新世道,江东着意共谐辉。

花文廷

2021 年元旦,于大兴原生墅

老花国学功底深厚,文采斐然,引经据典,挥洒自如。更为难能可贵的,是他在重病之中还能写出这样的好诗,胸怀天下,令人敬佩。如今斯人已去,阴阳相隔,悲夫!?

沈杉松

悼挚友文廷兄终归凤凰峻岭

——时值立冬(11月7日),天降瑞雪,谨以拙作为兄送行

凤凰回归凤凰岭,未名曾待鸿儒笔。
析微分子三千界,秉烛传薪五十秋。
绛帐烟深桃李盛,霜钟声远云水长。
湖光塔影半生缘,冰雪送行赛江南。

【注】

诗中"未名曾待鸿儒笔"喻逝者如鸿儒,与未名湖精神相契;

"析微分子三千界"喻其化学成就也;

"霜钟"系未名湖畔钟亭报时之景,指岁月沉淀与学术坚守;

"湖光塔影"呼应逝者数十年燕园生涯;

末句"冰雪"既示仙逝时令,亦隐喻其高洁风骨,恰如未名湖冰雪;

"赛江南"以南北景致对比,寄哀思于壮阔。

沈杉松

感恩命运的眷顾

——我和花老师的缘分

2021年2月14日(大年初三)上午,接到师母万分悲恸的电话,我们急急忙忙赶到大兴仁和医院,见了恩师最后一面。一生在教育科研战线奋斗的教师,我们仁爱慈祥的领路人与长者,永远离开了我们。花老师无论是作为教师,还是科研带头人,他一直怀着对国家教育事业的满腔热忱,对国家教育和科技事业的责任心与无私奉献精神,在肩负学校满负荷的党务工作和行政管理工作的同时,挤出时间,无微不至地悉心指导学生,在科研领域带领大家刻苦钻研,培养了大批优秀的教育与科研人才。我们永远铭记恩师踏实严谨的治学精神,渊博深邃的个人学识,严于律己的品德修养。

说起我和花老师的缘分,我非常感恩命运的眷顾。我于1994年考入北大读硕士,有幸加入花老师课题组,在恩师的支持与鼓励下我硕博连读在组里攻读了博士学位(1994—1999)。花老师在杂环化学领域有很深的造诣,他思维活跃,喜欢开拓创新。我的第一个课题是共轭大环化合物的合成,经过分析众多合成失败的经验教训,在花老师指导下我们设计了一个全新的席夫碱合成路线,很幸运的是仅用一个月时间就顺利地合成了组里的第一个共轭大环化合物。初次成功的喜悦令我毕生难忘!这之后,共轭大环化合物的性能研究成为我们的一个新课题。当时花老师的课题组一直从事新型杂环化合物的药物活性研究以及新药的研发,经过深入思考,花老师提出了富有创新的想法，他对我说，新型光电材料是国家未来发展的大产业，共轭大环化合物具有独特的化学结构，在光电领域具有广阔的应用前景，希望我为组里光电材料的研究开个好头。后续我们研究了这类材料的电学性质以及电致发光性能，获得了一系列研究成果。花老师的这些创新学术思想一直潜移默化地影响着我的学术生涯。

除了学术上的指导，花老师在生活上也给予了我们无微不至的关怀。在读研阶段，我们课题组的学生补助是学院里最高的，这不仅是对学生身体健康的实际关怀，也是对我们努力工作学习的鼓励和肯定，我们都备受鼓舞！我在国外做博士后期间，每次和他通电话，他都不厌其烦地询问我的科研进展以及遇到的困难与挑战，让我感受到了父爱一般的温暖。我回国独立开展科学研究后，每次去看望花老师，他都悉心地给予指导帮助。花老师罹患疾病后，他始终乐观豁达，坦然面对病情。花老师是我人生道路上最感谢与佩服的人，他的精神一直激励和影响着我在科研道路上勇往直前。

我敬重恩师的人格，他一生淡泊名利，在学问上总是低调谦逊。我至今还经常想起每次去看望恩师时，他兴奋、亲切的笑容。感谢恩师，您的言传身教，是我人生路上最宝贵的财富，我会时刻铭记在心。我将带着这份感恩，在未来的学术道路上，继续努力前行。

愿您在天堂安息，我们永远怀念您！

您的学生 王 树

2021 年 3 月

缅怀恩师

2021年大年初三中午师弟王树给我电话,心情非常沉重地告诉我这个噩耗:花老师走了。顿时,我整个头脑都蒙了,内心十分沉痛、悲伤和懊悔。大年初一给花老师电话拜年没有联系到他,我就发了微信给花老师,花老师晚上就回复给我,我也没有在意,想着再抽时间到北京去看花老师,并向他汇报工作。可是再也等不到那天了……回想起来十分懊悔,禁不住让我彻底崩溃,泪流满面。就在今天中午,抑制不住悲悔交错的内心感受,在短短半个小时内把失散多年的师兄弟妹从国内外云集起来,商量花老师离去后我们能做的后事。由于疫情,很难召集大家到北京相聚。我提议大家写点简短的吊唁和感受献给恩师。开完师兄弟妹们的网上视频会议,按捺不住自己的伤悲,泪眼蒙眬,花老师挥之不去的身影浮现在脑海,不由回忆起我在花老师课题组读研期间点点滴滴的往事。

我于1992年到1995年在花老师课题组读硕士研究生,我的研究课题是含苯基噁二唑杂环共轭大环分子材料合成和光电性质研究。在90年代中期,花老师最早开始研究吸电子共轭大环体系,以及应用在光电OLED领域,即或就是现在,其富有创意的想法都可以作为大作发表。这些学术思想也一直潜移默化地影响我的学术生涯。我清晰地记得在1995年北大毕业后去新加坡国立大学学习和工作期间,就是结合花老师在噁二唑大环体系的思想,懵懵懂懂地把苯环换成噻吩环合成系列共轭高分子发光PLED材料,并发表了数十篇化学和材料领域的论文。直到现在,杂环芳香光电化合物还是我的研究领域之一。

敬爱的花老师,您是我的学术启蒙导师。一日为师,终身为父,您的恩情我永生难忘,您的教诲我永远难忘。没有您的学术导引,无法成就今天的我!您热爱科学,辛劳和敬业的一生让我无时无刻不铭记。记得2019年您住校医院期间我们去看望您,看到您瘦弱的身躯,我们都很难过,您却以乐观坚强的心态安慰我们说,没事的,并谈笑风生地跟我们讨论科学研究的情景还历历在目。听师母说,就在大年三十花老师还跟师弟在电话里详谈了自己退休时尚未完成的一个课题,念念不能忘怀化学分子!那种酷爱科学的激情在一位86岁的身患胰腺癌绝症的老人身上……您让我们不能不再次敬佩您!用"春蚕到死丝方尽,蜡炬成灰泪始干"来概括您的一生,再贴切不过了!

敬爱的花老师,您就像慈父一样对待我们师兄弟。在读研阶段,我们课题组的学生补助都是学院里最高的,您经常召集我们聚在一起开学术研讨会。学生病了,您总是非常关心;学生毕业找工作时,您也总是尽快帮助联系工作单位,争取留在北京。为了帮助学生出国留学,您时常亲自执笔写推荐信。为了促进大家团结互爱,您时常自费请大家聚餐,既交流了学术思想,也增进了相互的情感交融。毕业后您还常常和我们通电话,除了生活、工作中的寒暄,多数时间跟我们探究科研,交流学术思想。在您家里客厅的书橱上还整整齐齐地摆放着JACS等系列期刊和学术专著,很多学术思想都是您无私地传授给我们的。在毕业后我们遇到任何困境和挫折,都会得到您的鼓励和帮助。我们师兄弟妹今天相处得这么融洽,也是您教导我们相互尊重、相互爱戴的优良品德的结果。花老师,您是我心里的依靠,我也时常跟我的学生提及您,每每给研究生上课,我总是提及您的噁二唑大环分子设计理念;在与学生聚会活动中,也会想起您善待我们,犒劳我们的场景。在管理工作中,您的谆谆教诲和您曾作为北大校领导以身作则的无私楷模潜移默化地影响着我们的教学科研和管理工作。今天您离开了我们,北大校园再也看不到您的身影,我感觉像是灵魂失去了依靠,心里空荡荡的;可恍惚之间,似乎您的音容笑貌依旧回荡在燕园。您的言传身教和学术思想,深深地烙印在我的心里。在这里我深深地向您鞠躬,无限地思念!

我泪流满面地想起"子欲养而亲不在"这句话,更现实的感受是"子欲听而师不在!"敬爱的花老师,您的突然仙逝给我们留下了无限遗憾,您那句句亲切的话语和慈父般的笑容永远闪耀在我们记忆的脑海中,您那执着、默默奉献的科学精神和那刚直不阿的品格永远是我们学习的榜样和楷模,也给我们留下了深深的怀念。

师恩难忘,愿您老人家天堂安好!

您的学生 孟 鸿

2021 年 2 月 15 日夜于深圳

花老师，我们永远怀念您

我从大学三年级（1997 年）的时候到花老师课题组做本科论文，毕业后又留组读了硕士学位（1998—2001 年）。前后四年多的时间里，花老师在科研上的悉心指导，在生活上无微不至的关怀，都令我毕生难忘。花老师在不对称合成领域有很深的造诣，在我的硕士论文里他帮助我设计的一个高苯丙氨酸的合成路线，即使用今天的眼光来看也依然是十分的精巧和简洁。在生活上，花老师平易近人，爱生如子，让我感受到了慈父般的温暖。我在国外学习期间，花老师仍然时时关心我的学业和生活状况。回国工作后，每次去看望花老师，不但会谈到我们自己的工作和生活，也能定期了解到其他师兄弟的近况。

一年多前，当我得知花老师罹患重疾后，心情非常沉重。但我见到花老师后，发现他情绪饱满，乐观豁达，坦然面对疾病。我几次给花老师去电话，他都谈到自己还经常看书，思考科研问题。直到几天前的大年三十，花老师在电话中还跟我详细描述了他退休时尚未完成的一个课题，思路十分清晰。未曾想，短短几天后，竟然天人永隔。过去一年来，由于疫情，我们未能常去看望花老师，如今想来，追悔莫及。

花老师，我们永远怀念您！

您的学生 吴海臣

永远铭记亦师亦友的花老师

我是1999年来到花老师课题组做博士后研究工作的,2001年留校在北大化学院工作。花老师一生生活俭朴,性格耿直,极富爱心和责任心,对待工作严谨,对待学生悉心呵护。我从花老师身上学到了对待科研学术和工作上的严谨认真以及做人的正直,在花老师课题组期间里收获颇丰,成熟了很多。时光如水,总是无言,清韵烛光,师恩难忘。我衷心感谢我的恩师花文廷老师,他不仅在学业上、人生道路规划上,还有为人处世方面,都给了我宝贵的指导,亦师亦友。

从花老师身上,我看到了北大人风格的宽厚儒雅,厚知博学,实事求是,严谨治学。转眼间时光匆匆而过,过往成光年,往昔成纪念。多想留住这流年,留住这岁月,让这一刻成为永远,永远。花老师虽离我们而去,但他善良正直、热爱生活、追求真理、严谨求实的优秀品质,永远铭记我心间。

愿花老师一路走好,在天堂不再受病痛困扰!

您的学生 杜大明

悼念敬爱的花老师

惊闻花老师逝世的噩耗，心情非常沉重，追随花老师学习的一幕一幕浮现眼前：我是 1986 至 1989 年师从花老师读硕士，从论文选题、实验路径方法到成文答辩，花老师循循善诱，不辞辛劳，悉心指导，他严谨的学风让我在毕业后的工作中受益匪浅。

花老师平易近人，善解人意，爱生如子。1989 年夏我患病住院，花老师无微不至地关心我，和系里商量待我康复后延期论文答辩；毕业后又为我留京操心，和定向单位为我争取考博和留北大的机会，后因种种原因未能如愿。花老师爱生如子的恩德令人感戴。让我非常惭愧的是近两年因个人和家庭变故和花老师联络少了，没能常去看望花老师，留下永远的遗憾和自责。

愿花老师一路走好，学生永远怀念您！

您的学生 兰家谷

怀念花文廷老师

我是花老师 1996—1999 年的博士生谢伦嘉。在北大的三年里,花老师不仅指导我的学业,还指导我如何做人。花老师常说:“凭本事吃饭,凭良心做人。”我考入北大前已硕士毕业,工作 10 年了,走了不少弯路。有机会跟花老师学习,使我受益匪浅。在我脱产北大的学习中,花老师知道我家庭生活困难,拿出自己的钱帮助我。当我在北大学习和生活中出现迷茫情绪,感叹“博雅塔下瞻博雅,未名湖畔思未名”时,花老师写诗鼓励我。摘录如下:

钟亭未鸣还钟亭,
燕园霓醉不燕园。
轻裘肥马车后土,
执鞭杯瓶乐荒苑。

之后,又字斟句酌地修改为:

清风博雅笑浮生,
斯水未名胜有名。
肥马轻裘车后土,
立心天地塔影铭。

更难以忘怀的是，为恭贺王树、徐东成和我三博士及李志涛硕士同披金穗，花老师在百忙之中，还专门留下了韵句（藏头诗）以记。

（一）

谢伦嘉趣旋光艺，
王树戏游分子城。
徐志东成逐浪梦，
李君志远觅涛声。
毕精书海穷学理，
业旅化学觅大乘。
贺颂诸君加冕庆，
记言枫叶伴征程。

（二）

地北天南聚燕园，松涛竹韵寒窗情。
未名博雅修身处，枫岭钟亭听玄音。
键键合合藏妙语，瓶瓶罐罐显神灵。
今朝达道披金穗，来日听君论九经。

花老师，您的学生将永远怀念您！

您的学生 谢伦嘉

深切缅怀我的恩师

惊悉花老师病逝的消息,我的心情十分沉重和悲痛,学生永远怀念您!恩师对学生的精心栽培和关爱,学生会永远铭刻在心!

我在1997年加入花老师课题组攻读博士学位,在三年的学习生活里,恩师不仅传授给我精湛的专业知识,而且还教会我许多待人处事的道理;同时,恩师在生活方面也给予了我许多无微不至的关爱和照顾。每次见面,花老师总是嘘寒问暖,非常关心我的工作、我的家庭和我的女儿,恩师还经常送给我女儿一些小礼物。每每和花老师分别的时候,总有种意犹未尽和恋恋不舍的感觉。

花老师,您是学生的良师益友,您学识渊博、治学严谨和平易近人,您的这些优秀品格让学生受益匪浅,终生难忘,您永远是学生工作和生活中的学习榜样。

花老师,您不仅是我的学业导师、事业导师,更是我尊敬的长者和前辈,学生永远怀念您!

您的学生 赵洪武

想念敬爱的花老师

惊闻噩耗，回想起花老师的言传身教，再看到你们发过来的照片，我心里非常难受。

我是1991年加入花老师课题组的，硕士毕业后继续跟随花老师完成了我的博士科研。在北大10斋和北大化学系度过的六年时光里，我有幸能够聆听花老师的教诲，使我终身受益。花老师平易近人，和蔼可亲。在六年的时间里，花老师从没有责备过我一句话。实验不成功，花老师总是给予鼓励，并一起探讨，分析原因。生活上，花老师也经常给予我们关怀和帮助。虽然和花老师见面机会不是很多，但他的音容笑貌却深深地印在我脑海里，花老师待人接物的人格魅力，极大地影响着我的工作和生活。

非常痛惜最近几年未能回国与花老师见上一面。愿花老师走好，您的学生永远怀念您！

您的学生 陈延涛

关门弟子对您永远的怀念

人生无常,突然间要给自己的导师写悼词了,不胜唏嘘!

我于1999至2002年期间读博,花老师2002年退休,我算是关门弟子。翻开博士毕业论文,致谢部分是这样写的"三年来,从论文的选题、实验方案的设计到最后的完成,先生都倾注了大量的精力;我所取得的点滴进步,都凝聚着先生的心血。先生渊博的学识、敏锐的洞察力、严谨的治学态度以及对科学孜孜以求的献身精神,使我受益无穷,毕生难忘。先生的平易近人和生活中无微不至的关怀使弟子如沐春风。"毕业已经二十多年了,当年的感言依旧清晰。现在再来追忆花老师,我会加上新的感悟:"思想自由,兼容并包"的特质在花老师身上知行合一。花老师是真正的北大人,有北大人的风骨。年轻时年少气盛,和花老师讨论学术问题时,想什么就说什么;花老师总是耐心地听完,非常尊重学生的想法。工作以后,遇到类似的情况经常碰壁,才领悟到遇到花老师是多么的幸运。开组会时,花老师会主动提醒我们:别的组来借药品要积极帮助,方便别人。类似无数的点滴小事,温暖人心。

花老师虽已远去,但他的音容笑貌犹存脑海。2016年春节曾去大兴老师住的原生墅拜访,回来时他一直送我到高米店南地铁站,谁料想,竟成为永别。花老师,我们永远怀念你!

您的学生 陈晓

追忆花老师

我是1988年至1991年在花老师课题组做硕士研究的。直到现在，我还清楚地记得第一次和花老师在老化学楼的实验室里见面的情景。除了在学术上的悉心指导外，花老师对我而言，像慈父一样地在生活上关心照顾我。尤其是我在1991年硕士毕业后，花老师帮助我留在北京，留在北大科技开发部工作。和花老师一起在北大的七年时间里，种种往事历历在目，仿佛就在眼前。此情可待，却成追忆。

花老师，我永远也忘不了您那慈祥的笑容！

您的学生 蔡潮钟

花老师永远活在我们心中

在北大的三年，可以回忆的事情很多，但是唯一能让我终生难忘的是花老师的谆谆教诲和无微不至的关怀。他不仅给我们上课，指导我们做科研，更重要的是教我们如何做人。从他身上我学到了人可以什么都没有，但不可以没有理想，不可以没有坚持，令我受益终身。

花老师，您永远活在我们心中！

您的学生 李志涛

永远的感念

我是 1998—2000 年期间在花老师的实验室里做本科论文的。虽然只有短短的两年的时间，但我从花老师身上学到了对待学术和工作上的严谨以及为人的正直。这些品质无论在什么时候和什么地方都一直会影响和鞭策着我。对此，我会永远感念花老师的教诲。

您的学生 嵇 楠

追忆导师花文廷教授

惊闻花老师病逝的噩耗，一时竟难以置信。六年前北京一聚，竟然成了最后一面。在十斋实验室一起讨论科研课题，和花老师及师兄弟一起聚会，一幕幕场景又浮现在眼前。

我在 1991 年本科毕业到 1994 年硕士研究生毕业，师从花老师进行杂环化学及制药研究。花老师不仅是导师，更像父辈一样关怀我们，花老师的课题组就是一个大家庭。花老师不只教会我们怎样做学问，更教会我们怎样做人。

愿花老师安息，您永远活在我们心中！

您的学生 卢一民

在花老师课题组大家庭的日子

人们常说，十年树木，百年树人。花老师就是这样一位在我人生中留下一笔浓墨重彩的园丁。除了学业上孜孜不倦的教诲，花老师更是以身作则地传授我许多做人的道理。当年我十分幸运地加入花老师的课题组，得以亲身感受到，并在花老师言传身教的影响下，他和他的弟子们打造出的这样一个温暖而生机勃勃的大家庭。

谢谢您，花老师，愿您在天堂安息！

您的学生 杨 骏

感恩尊师

我是北大化学系本科 90 级学生，1994—1995 年期间在花文廷教授课题组做本科论文。时间虽然短，但花老师引领我步入有机化学科研的大门。不管是攻读博士期间还是现在在企业做研发工作，花老师的谆谆教诲让我终身受益匪浅。

感恩尊师！

您的学生 程 铭

追忆花文廷老师

我是1999—2000年在花老师的实验室做本科论文的。花老师和蔼可亲的笑容，温文儒雅的学者风范，谦卑不张扬的翩翩君子风度，让我亲身体验到做科学研究的人也可以有如此的人格魅力！

感恩能成为花老师的学生！

您的学生 孙稚平

怀念花文廷老师

昨天(2 月 14 日)晚上孟鸿师兄来电话告诉我花老师去世了。觉得太突然,元旦的时候打电话感觉他状态还不错,没想到这么快就走了。

花老师是我在北大读研究生的导师。他对我的关心和帮助让我终生难忘。1994 年春天我因病住进了校医院,花老师来医院看望我,让我安心养病,不要担心毕业论文的事。其后我身体一直比较虚弱,1995 年春节过后还待在家里休息了两个月。如果不是花老师的关怀和帮助,我是不能按期毕业的。毕业后我先是自己找到化学所的一个研究助理位置,可是有人从中作梗,那个位置就没了。花老师帮我找到某研究所,面试后人家很满意,但是有一条要求:不能出国。我虽然做啥事都很随意,可是还是有自己的人生理想,就是要去美国读 PhD,所以那个位置也没去成。后来花老师推荐我去方正化工,其老总王川是邢先生的博士,看我是花老师的学生,面试的时候就同意录用我了。

花老师不仅对学生爱护有加,而且对下属宽容体贴。花老师在“文革”中受到了批斗,网上看到署名“唐利”的一位北大化学系 63 级学生写的“我的北大‘文革’记忆(一)奉旨造反”文章,里面涉及花老师的一段抄录如下:……只好看教师的揭发,吃别人嚼过的馍,跟着起哄,加点大帽子、大口号。教研室一级也未能幸免,我只认识有机教研室的党支部书记花文廷。搞“四清(社教)”时,他是工作队副队长,住在公社,我离他很近,常去聊天。他年龄不到三十,思想水平不是一般的高,我五体投地。现在他也受到批判,我迷茫不解,不是滋味(经查,化学系 63 级无"唐利"其人,但其所叙之事可信)。[①] "文革"后花老师在系里、学校担任领导职务,对以前批斗过他的留校学生一律宽容善待。花老师对同事公正无私,系里教授有啥龃龉不合,一般都会找花老师调解。

花老师具有传统知识分子的风骨。邓公南方谈话后,具有商业头脑的校主要领导想给某成功人士镀金(授予学位)的机会。花老师当时是北大研究生院常务副院长(院长由校长兼任),主持研究生院工作。花老师说,授予学位可以,但必须照章修满学分。此事只好作罢(现在好像这种拿钱换学位已不罕见了吧)。

花老师的为人我从一件小事就能感受到:1999 年我去研究生院办理成绩单的时候,办公室的工作人员听说我是花老师的学生后,竟以最快的速度为我办好了成绩单、学位证书之类的材料。那时候花老师已经从研究生院退下来了,从他们的表现就能看出大家对花老师的尊敬和喜爱。

花老师引领我走进了科研的大门,从他身上我不仅学到了化学专业知识,而且感受到传统知识分子的人文关怀。我回国比较少,但每次回去都要抽空去看看花老师。2017 年夏天去看他,走的时候他一直送我到大兴高米店南地铁站,没想到竟成永别。

花老师千古!

您的学生 郑胜平

2021 年 2 月 15 日,于纽约

---

① 文中的"唐利"是化学系 63 级李橦的化名(其全文恰收录在本文集中,详见本书 pp. 257—259)——编者注

文集电子版读后感

——追思恩师花文廷教授

柔风永驻 未名长思承遗响

诗剑长鸣 天地有爻问师心

赵老师，您好！我有幸成为“花文廷教授纪念文集”电子版的首位读者，谢谢您的信任和重托。读完全书，百感交集。最深刻的感受就是花老师文采斐然！回忆起花老师生前往事，不禁潸然泪下！

读到诗词，虽然很多都是似懂非懂，但最令我动容的，是先生临终前仍以诗句为剑的意志。当肉身困于病榻，他的精神却在“六九乾坤”的宇宙中纵横，在“江东谐世”的愿景里突围。——真正的学者，从来不是书斋中的摆设，而是将生命熔铸成照亮时代的火炬。可惜我太幼稚单纯，没有抽出更多时间，抓住跟花老师交流人生和向花老师学习诗词鉴赏的机会。本应邀请他来北大深圳研究生院学术考察造访，但一直未能提上日程，这是我心中永远的遗憾！现在斯人已逝，“生欲敬而师已远行”，回想起来甚是悲伤！

掩卷长思，花老师留下的不仅是诗行与学问，更是一把叩问心灵的钥匙和为人师表的风范！或许，纪念他的最好方式，便是让那缕“心怀天下的柔风”继续吹拂，激励我们后学心中荡起理性与温情的涟漪和对事业的不懈追求，对我们精神的原乡——北大的厚爱。

永怀永远怀念花老师！风骨诗心照未名，文章剑气留燕园！

孟鸿

2025年4月12日，于北大深圳南燕